云南省 初中 学业水平考试
物理高效备考

Equations Of Mathematical Physics

主　编：李明航

副主编：段恒胡　刘国宏

编　委：（按拼音顺序排列）

<table>
<tr><td>陈雅菁</td><td>段家群</td><td>段赛江</td><td>郭秀平</td></tr>
<tr><td>胡　华</td><td>蒋　涛</td><td>李明讲</td><td>李淑雄</td></tr>
<tr><td>邱建明</td><td>屈生相</td><td>苏丽萍</td><td>万绍锋</td></tr>
<tr><td>万玉兰</td><td>王国忠</td><td>王　涛</td><td>杨继龙</td></tr>
<tr><td>杨　卫</td><td>尹以晓</td><td>张国祥</td><td>郑建芳</td></tr>
</table>

云南大学出版社

Yunnan University Press

图书在版编目（CIP）数据

云南省初中学业水平考试物理高效备考 / 李明航主编. -- 昆明：云南大学出版社，2015
ISBN 978-7-5482-2472-3

Ⅰ. ①云… Ⅱ. ①李… Ⅲ. ①中学物理课－初中－教学参考资料 Ⅳ. ①G634.73

中国版本图书馆CIP数据核字（2015）第275628号

出 品 人：周永坤
策　　划：张丽华
责任编辑：张丽华
装帧设计：周　旸
封面设计：金美昆

云南省
初中 学业水平考试
物理高效备考

Equations
Of Mathematical
Physics

主编◎李明航
副主编◎段恒胡　刘国宏

出版发行：云南大学出版社
印　　装：云南大学出版社印刷厂
开　　本：880mm×1230mm　1/16
印　　张：10.5
字　　数：314千
版　　次：2015年11月第1版
印　　次：2015年11月第1次印刷
书　　号：ISBN 978-7-5482-2472-3
定　　价：40.00元

社　　址：昆明市翠湖北路2号云南大学英华园内
邮　　编：650091
电　　话：（0871）65033244　65031071
网　　址：http://www.ynup.com
E-mail：market@ynup.com

目　录

初中物理知识点

一、力 学

1. 速度公式和平均速度公式：$v = s/t$，理解：速度与路程、时间无关。

2. 质量（m）：物体所含物质的多少。同一个物体的质量不随它的位置、形状、状态的改变而改变。

3. 密度公式：$\rho = m/V$，理解：物质的密度与物体的质量、体积无关。

记住：$\rho_水 = 1.0 \times 10^3 \text{kg/m}^3 = 1\text{g/cm}^3$

4. 力（F）是物体对物体的作用（作用是指：推、拉、压、支持、排斥、吸引、撞击等等）。力不能脱离物体而独立存在。

5. 物体间力的作用是相互的。

一对相互作用力的特点：大小相等、方向相反、在同一条直线上，但作用在不同物体上。

6. 力的作用效果：一是改变物体的运动状态，二是改变物体的形状。

7. 力的三要素：力的大小、方向、作用点。

8. 力的示意图：一个力的大小、方向和作用点，可以用一条带箭头的线段来表示。

9. 重力（G）：（1）重力的大小：$G = mg$（物体所受的重力跟它的质量成正比），其中 m 表示物体的质量，g 是常数，g = 9.8N/kg，其意义为：在地球上质量为 1kg 的物体受到的重力是 9.8N。粗略计算时 g = 10N/kg。

（2）重力的方向：竖直向下。

（3）重力的作用点叫做重心，重心可能在物体上也可能不在物体上。

（4）重力的施力物体是：地球。

10. 摩擦力（f）：（1）滑动摩擦力的大小：与物体间的压力大小和接触面的粗糙程度有关；摩擦力方向：与受力物体的相对运动方向（或运动趋势的方向）相反。

（2）增大摩擦的方法：①增大压力；②增大接触面粗糙程度；③变滚动摩擦为滑动摩擦。

（3）减小摩擦的方法：①减小压力；②减小接触面的粗糙程度；③用滚动摩擦代替滑动摩擦；④使接触面分开。

11. 牛顿第一定律：一切物体在没有受到力的作用时，总保持静止状态或匀速直线运动状态。

12. 惯性：一切物体都有保持原来运动状态不变的性质，这种性质叫做惯性。惯性是物体的属性，所有物体在任何情况下都具有惯性，物体的惯性与物体的速度、受力与否、运动或静止无关，惯性仅仅与物体的质量有关，质量越大则惯性越大。

13. 二力平衡的条件：作用在同一个物体上的两个力，如果大小相等，方向相反，并且在同一直线上。（概括为：同体、等大、反向、共线）

注意：处于静止状态或匀速直线运动状态的物体一定受到平衡力。

14. 求浮力大小的四种方法：

（1）二次称重法：$F_浮 = G - F$（G 为物体的重力，F 为物体浸在液体中的弹簧测力计的示数）

（2）阿基米德原理：$F_浮 = G_排 = m_排 g = \rho_液 g V_排$

（3）物体漂浮或悬浮时：$F_浮 = G$

（4）压力差法：$F_浮 = F_下 - F_上$（$F_下$ 为下底面受到的压力，$F_上$ 为上底面受到的压力）

注意：物体所受浮力的大小与液体的密度和物体排开液体的体积有关，即 $F_浮$ 的大小由 $\rho_液$ 和 $V_排$ 来决定。

15. 物体的浮沉条件：当物体浸没于液体中时：

（1）$F_浮 > G_物$或$\rho_物 < \rho_液$时 ←→ 物体上浮 —→ 漂浮于液面 ←— $V_物 > V_排$

（2）$F_浮 = G_物$ 或 $\rho_物 = \rho_液$ 时 ←→ 物体悬浮 ——→ $V_物 = V_排$

（3）$F_浮 < G_物$ 或 $\rho_物 > \rho_液$ 时 ←→ 物体下沉 ——→ $V_物 < V_排$

16. 压强的定义式：$P = F/S$，理解：压强与压力、受力面积有关。注意：压力不是重力，仅当一个物体放置于水平面时 $F = G = mg$。

增大压强的方法：（1）增大压力；（2）减小受力面积。

减小压强的方法：（1）减小压力；（2）增大受力面积。

17. 液体内部压强的规律：在液体内部的同一深度，向各个方向的压强都相等。深度越深，压强越大。液体内部的压强还跟液体的密度有关，在深度相同时，液体的密度越大，压强越大。其公式为：$P = \rho g h$（h 是深度，它是指所求点或面到液体的自由面的竖直距离，此公式还可用于求形状规则密度均匀的实心固体放在水平面上时对水平面的压强）。

18. 大气压强：

（1）马德堡半球实验最早证实了大气压强的存在。

（2）托里拆利实验最先用实验的方法测出了大气压的值。

（3）标准大气压：$1atm = 760mmHg = 1.01 \times 10^5 Pa$。

（4）大气压随高度增加而变小，这种变化是不均匀的。

（5）液体沸点随气压的增大而升高，随气压的减小而降低。

（6）大气压强的应用：抽水机，塑料吸盘，吸饮料，给病人输液，给钢笔打墨水，等等。

19. 杠杆：（1）省力杠杆：$l_1 > l_2$，平衡时 $F_1 < F_2$；等臂杠杆：$l_1 = l_2$，平衡时 $F_1 = F_2$；费力杠杆：$l_1 < l_2$，平衡时 $F_1 > F_2$；（2）杠杆平衡的条件：$F_1 l_1 = F_2 l_2$。

20. 滑轮：（1）定滑轮：$s = h$，在不计摩擦时：$F = G_物$；

（2）动滑轮：$s = 2h$，在不计摩擦时：$F =（G_物 + G_动）/2$，在不计摩擦和动滑轮的重量时：$F = G_物/2$；

（3）滑轮组：$s = nh$，在不计摩擦时：$F =（G_物 + G_动）/n$，在不计摩擦和动滑轮的重量时：$F = G_物/n$。

21. 功的定义公式：$W = Fs$，其中 s 是物体在 F 的方向上通过的距离，物体在 s 的过程中大小不变始终作用在物体上。使用任何机械都不省功。

22. 功率定义公式：$P = W/t$ 推导公式：$P = Fv$（F 的单位：N；v 的单位：m/s）。

23. 机械效率：$\eta = W_有/W_总$，在动滑轮、滑轮组、斜面中：

$$W_{有用} = Gh \qquad W_总 = Fs \qquad W_总 = W_有 + W_额$$

24. 在气体和液体中，流速越大的位置压强越小。应用：飞机的机翼、喷雾器。

25. 机械能：动能、重力势能、弹性势能统称为机械能；动能与物体的质量和速度有关；重力势能与物体的质量和高度有关；物体的弹性形变越大，它具有的弹性势能就越大。

二、电磁学

1. 正电荷与负电荷：用丝绸摩擦过的玻璃棒带正电荷，丝绸带负电荷；用毛皮摩擦过的橡胶棒带负电荷，毛皮带正电荷。

带电体的基本性质是：带电体具有吸引轻小物体的性质。

电荷之间的相互作用规律是：同种电荷互相排斥，异种电荷互相吸引。

检验物体是否带电的仪器是验电器，其原理是：同种电荷互相排斥。

2. 初中物理七个电学物理量：

电流 I（单位：A）；电压 U（单位：V）；电阻 R（单位：Ω）；电功（消耗的电能）W（单位：J，kW·h）；电热 Q（单位：J，kW·h）；电功率 P（单位：W，kW）；时间 t（单位：s，h）。

3. 分析电路的原则：

判断各用电器之间的关系时，把电流表看做导线，把电压表看做断路。

4. 在串联电路中：$I_总 = I_1 = I_2$　　$U_总 = U_1 + U_2$　　$R_总 = R_1 + R_2$

$U_1/U_2 = R_1/R_2$（在串联电路中电压与电阻成正比）；

$P_1/P_2 = R_1/R_2$（在串联电路中电功率与电阻成正比）；

在并联电路中：$I_总 = I_1 + I_2$　　$U_总 = U_1 = U_2$　　$1/R_总 = 1/R_1 + 1/R_2$　$[R_总 = R_1R_2/(R_1 + R_2)]$

$I_1/I_2 = R_2/R_1$（在并联电路中电流与电阻成反比）；

$P_1/P_2 = R_2/R_1$（在并联电路中电功率与电阻成反比）。

5. 欧姆定律：$I = U/R$，变形公式：$U = IR$；$R = U/I$。

6. 电功公式：$W = UIt$（$1kW \cdot h = 3.6 \times 10^6 J$）。

7. 电功率公式：$P = W/t$　　$P = UI$　　$P = I^2R$　　$P = U^2/R$

8. 焦耳定律：$Q = I^2Rt$，在纯电阻电路中：$Q = W$。

9. 电流表的使用方法：

①电流表要与用电器串联在电路中；

②电流要从"＋"接线柱流入，从"－"接线柱流出；

③被测电流不要超过电流表的量程；

④绝对不允许不经过用电器而把电流表连到电源的两极上。

10. 电压表的使用方法：

①电压表要并联在电路中；

②电流要从"＋"接线柱流入，从"－"接线柱流出；

③被测电压不能超过电压表的量程；

④电压表可以直接接到电源的两极上，此时测得电源电压。

11. 滑动变阻器的使用方法：

①滑动变阻器要与被控制的用电器串联连入电路中；

②滑动变阻器连入电路中时，一上一下接两个接线柱；

③在闭合开关之前，滑动变阻器的阻值调到最大。

12. 影响导体电阻大小的因素：材料、横截面积、长度、温度。

注意：导体的电阻是导体本身的一种性质，与通过导体的电流和导体两端的电压无关。

13. 螺丝口灯座的螺丝套不准接在火线上；开关必须接在用电器和火线之间。

14. 试电笔的作用：辨别火线和零线；检查用电器外壳是否带电。

试电笔的使用方法：使用时手指接触笔尾金属体，笔尖金属体接触被测导线，如果氖管发光则被测导线是火线，如果氖管不发光则被测导线是零线。

15. 家庭电路中电流过大的两个原因：一是用电器的总功率过大；二是电路出现短路。

16. 电路中保险丝作用：当电路中的电流过大时，它由于温度升高而熔断，起到保护电路的作用。保险丝是用铅锑合金制成的，其特点是电阻大，熔点低。

注意：不能用铜丝、铁丝代替保险丝！

17. 触电的分类：低压触电和高压触电。

低压触电：双线触电和单线触电。高压触电：电弧触电和跨步电压触电。

18. 一节干电池的电压为1.5V，家庭电路中火线和零线之间有220V的电压，火线和大地之间也有220V的电压。只有不高于36V的电压对人体来说才是安全的。

19. 半导体：导电性能介于导体和绝缘体之间，温度、光照、杂质等外界因素对半导体的导电性能有很大影响。半导体的应用：二极管、三极管、集成电路。

超导体：某些导体，在温度降低到一定时，电阻为零的现象叫做超导现象。超导体的电阻：$R_{超导} = 0\Omega$。超导体的应用前景：发电厂输送电能，降低电能损耗；制作电子元件，不必考虑散热的问题，尺寸可以大大缩小；磁悬浮列车。

20. 奥斯特实验说明了：

（1）通电导体周围存在着磁场；（2）电流的磁场的方向跟电流的方向有关。

21. 安培定则：用右手握住螺线管，让四指指向螺线管中电流的方向，则拇指所指的那端就是螺线管的 N 极。

22. 电磁铁：电磁铁的磁性强弱与有无铁芯、电流大小、线圈匝数有关。

23. 电磁感应现象（记住实验图）：闭合电路的一部分导体在磁场中做切割磁感线运动时，导体中就产生电流。其实质为：机械能转化为电能，其应用为：发电机。

24. 磁场对电流的作用（记住实验图）：通电导线在磁场中受到力的作用，其实质为：电能转化为机械能。应用：电动机。

25. 注意物质的一些物理属性：弹性、硬度、磁性、导电性、导热性。

三、热　学

1. 温度计的原理：常用温度计是利用液体的热胀冷缩的性质制成的。

用温度计测液体的温度时应注意以下几点：温度计的玻璃泡要全部浸入在液体内部，不要碰到容器壁和容器底；待温度计的示数稳定后再读数，读数时温度计的玻璃泡继续留在被测液体中，视线与温度计中液柱的上表面相平。

2. 体温计：量程：$35℃ \sim 42℃$，分度值为：$0.1℃$。"缩口"的作用是：水银收缩时，水银从缩口处断开，管内水银面不能下降，指示的仍然是人体的温度，所以再用时必须向下甩一甩。

3. 物态变化：

熔化（吸热）：固态变为液态；凝固（放热）：液态变为固态。

汽化（吸热）：液态变为气态；液化（放热）：气态变为液态。

升华（吸热）：固态变为气态；凝华（放热）：气态变为固态。

4. 晶体熔化的特点：晶体在熔化过程中吸收热量，温度保持不变。

晶体熔化的条件：达到熔点，继续吸热。

晶体凝固的特点：晶体在凝固过程中放出热量，温度保持不变。

5. 记住晶体和非晶体的熔化曲线和凝固曲线。

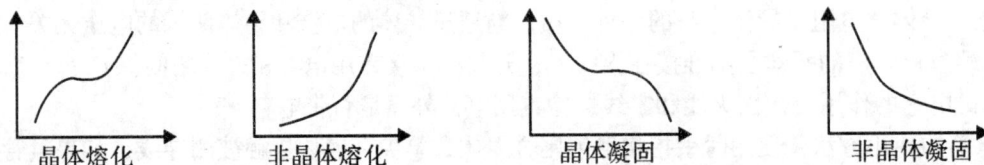

晶体熔化　　非晶体熔化　　晶体凝固　　非晶体凝固

6. 汽化的两种方式：蒸发和沸腾，蒸发是任何温度下任何压强下发生在液体表面的缓慢的汽化现象；而沸腾是一定温度、一定压强下在液体表面和内部同时发生的剧烈的汽化现象。

7. 液体沸腾的特点：液体沸腾时吸收热量，温度保持不变。液体的沸腾图像：

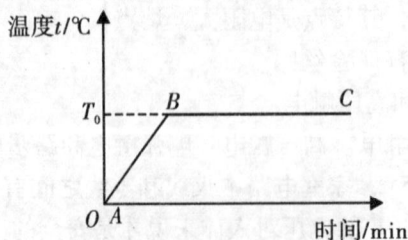

其中 T_0 是液体的沸点。

8. 影响液体蒸发快慢的因素：温度、表面积、液体表面上的空气流动速度。能用液体蒸发吸热来解释一些现象。

9. 通常情况下水蒸气遇冷（放出热量）会液化形成小水滴。

"白雾"或"白气"都是水蒸气液化形成的小水滴。

10. 使气体液化的两种方法：（1）降低温度；（2）压缩体积。

11. 分子运动理论：物质是由分子组成的；一切物质的分子都在不停地做无规则的运动（由扩散现象说明）；分子间同时存在相互作用的引力和斥力。

12. 物体内部所有分子热运动的动能与分子势能的总和，叫做物体的内能。一切物体在任何温度下都有内能。

13. 改变物体内能的两种方式：做功和热传递。（这两种方式改变物体内能是等效的！）

14. 内燃机：柴油机和汽油机；它们的结构和四个冲程〔吸气、压缩（机械能转化为内能）、做功（内能转化为机械能）、排气〕及各个冲程的特点。

15. 热量公式：$Q = cm\Delta t$，物体放热时 $\Delta t = t_0 - t$，物体吸热时 $\Delta t = t - t_0$。

水的比热容：$c_水 = 4.2 \times 10^3 J/(kg \cdot ℃)$。

其意义为：质量为 1kg 的水温度升高 1℃时所吸收的热量是 $4.2 \times 10^3 J$。

常见的物质中水的比热容较大：应用及解释一些现象。

16. 若热值为 q，质量为 m 的燃料，完全燃烧后放出的热量为：$Q = qm$（此时 q 的单位为 J/kg）；注意：若 q 的单位为 J/m^3，则计算热量的公式应为：$Q = qV$。

17. 能量守恒定律：能量既不会凭空消灭，也不会凭空产生，它只会从一种形式转化为其他形式，或者从一个物体转移到另一个物体，而在转化和转移的过程中，能量的总量保持不变。

18. 做功的过程就是能量转化的过程（或转移）的过程。

19. 从能量转化和转移的角度来了解效率：

（1）热机：$\eta = W_有/Q_放$；（2）用燃烧燃料来给水加热：$\eta = Q_吸/Q_放$；（3）用电热器来给水加热：$\eta = Q_吸/W$。

四、光 学

1. 光在同种均匀介质中沿直线传播；例如小孔成像（倒立的实像），月食和日食，影子的形成，激光准直等。光在不同介质中的传播速度不同。

光在真空和空气中的传播速度约是：$c = 3 \times 10^8 m/s = 3 \times 10^5 km/s$（$V_水 = 3c/4$　$V_玻璃 = 2c/3$）

光年：1 光年是指光在一年内通过的路程，光年是距离单位。

2. 光的反射定律：在反射现象中，反射光线、入射光线、法线都在同一平面内；反射光线与入射光线分别位于法线的两侧，反射角等于入射角。

一束光垂直于反射面入射时：$\angle r = \angle i = 0°$

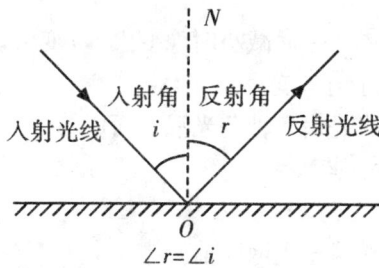

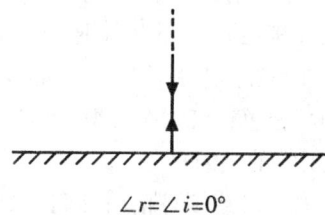

3. 平面镜成像：平面镜成像是由于光的反射形成的，平面镜所成的像是正立等大的虚像，像和物体到镜面的距离相等，像和物体大小相等，像和物体上对应点的连线垂直于镜面，像与物体的左右相反。

4. 光的折射：光从一种介质斜射入另一种介质（同一种密度不均匀的介质）时，传播方向一般会发生改变，这种现象叫做光的折射。光从空气斜射入其他透明物质时，折射光线偏向法线，此时折射角小于入射角；光从其他介质斜射入空气时，折射光线偏离法线，此时折射角大于入射角；光线垂直入射到介质表面时光的传播方向不改变，此时折射角等于入射角等于 0°。

折射规律的原理图（在空白处完成另外一种情况）：

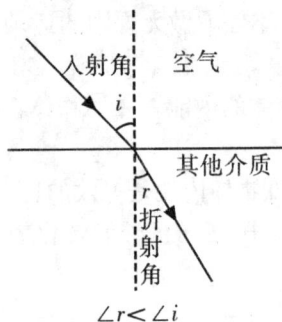

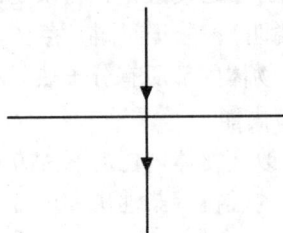

∠r<∠i   ∠r>∠i   ∠r=∠i=0°

5. 从空气看水、玻璃等透明介质中的物体，会感到物体的位置比实际位置高一些。这是光的折射引起的。看到水中的物体时，实际上是看到物体的虚像。

6. 凸透镜对光有会聚作用；凹透镜对光有发散作用。完成凸、凹透镜对光线作用三条特殊光线的光路图：

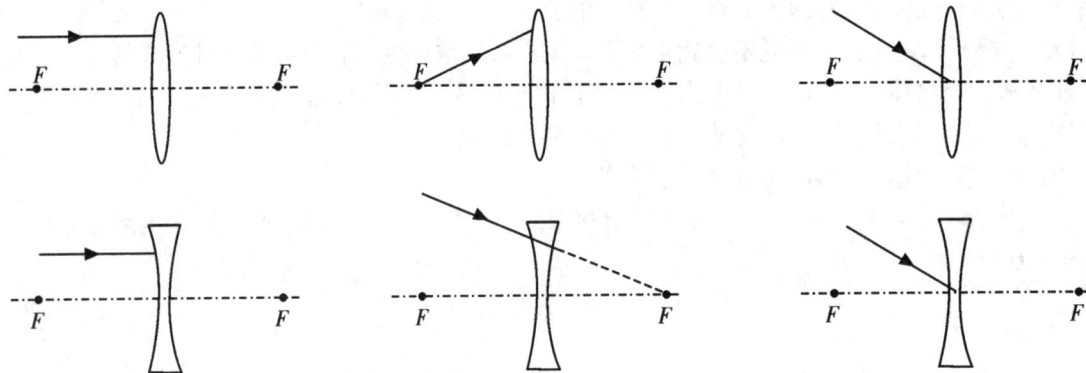

7. 光在反射和折射过程中光路是可逆的。

8. 凸透镜成像规律：物距 u，像距 v，焦距 f。

当 $u>2f$ 时成倒立、缩小的实像，此时 $f<v<2f$，实际应用：照相机，眼睛的结构；

当 $u=2f$ 时成倒立、等大的实像，此时 $v=2f$；（用于求焦距 f）

当 $f<u<2f$ 时，成倒立、放大的实像，此时 $v>2f$，实际应用：幻灯机，投影仪等；

当 $u=f$ 时不成像；

当 $u<f$ 时，成正立、放大的虚像，应用：放大镜。

9. 当物距 u 满足 $u>f$ 的条件时：u 增大时像变小，v 变小；u 减小时像变大，v 变大。

当物距 u 满足 $u<f$ 的条件时：u 增大时像变大；u 减小时像变小。

10. 光的色散：光的色散属于光的折射现象，说明白光是由各种色光混合而成的。

色光的三原色：红、绿、蓝；颜料的三原色：红、黄、蓝。

11. 近视眼的成因：

晶状体太厚（或眼球前后方向太长），使远处的物体成像于视网膜前。

近视眼的矫正：凹透镜。例如：近视眼镜。

远视眼的成因：晶状体太薄（或眼球前后方向太短），使近处的物体成像于视网膜后。远视眼的矫正：凸透镜。例如：老花眼镜（老花眼是远视眼）。

12. 显微镜：由目镜和物镜组成，目镜和物镜都是凸透镜，目镜成正立、放大的虚像；物镜成倒立、放大的实像。

望远镜：由目镜和物镜组成，目镜和物镜都是凸透镜，目镜成正立、放大的虚像；物镜成倒立、缩小的实像。

13. 光谱：把太阳光分解成红、橙、黄、绿、蓝、靛、紫几种不同颜色的光。把它们按这个顺序排列起来，就是光谱。

14. 红外线和紫外线是看不见的光。

红外线的应用：红外线拍照；红外线夜视仪；红外线遥控。

紫外线的应用：杀菌消毒（能杀死微生物）；防伪（能使荧光物质发光）；适量的紫外线照射有助于维生素 D 的合成，可促进钙的吸收；过量的紫外线照射对人体有害。

15. 物体的颜色：透明物体的颜色由通过它的色光来决定；不透明物体的颜色是由它反射的色光决定的；白色物体可以反射所有色光，黑色物体不反射任何色光。

五、声 学

1. 声音是由物体振动而产生的。一切发声的物体都在振动，振动的物体不一定发声。

2. 声音的传播需要介质，真空不能传声。声音以声波的形式在介质中传播。

3. 声速的大小跟介质的种类、温度有关。声音在固体和液体中比在空气中传播的快。声音在金属中比在液体和空气中传播的快。声音在 15℃ 时空气中的传播速度是 340m/s。

4. 人感觉声音的两条途径：通过人耳感觉声音和通过骨传导。双耳效应可以判断声源的方向。

5. 声音的特性：音调（与物体振动的频率有关）、响度（与物体的振幅有关）、音色（与发声体的结构有关）。

6. 人的听觉范围：20Hz～20000Hz。低于 20Hz 的声音叫做次声波，高于 20000Hz 的声音叫做超声波。次声波和超声波人耳都听不到。

7. 噪声的两种定义（从物理学的角度定义，从环境保护的角度定义）。

8. 控制噪声的方法：在声源处减弱；在传播过程中减弱；在人耳处减弱。

9. 声的利用：声音传递信息；声波能传递能量。

10. 回声：回声是由于声音在传播过程中遇到障碍物被反射回来而形成的。如果回声到达人耳比原声晚 0.1s 以上，人耳能把回声跟原声区分开来，此时障碍物到听者的距离至少为 17m。

回声应用：利用回声可以测定海底深度、冰山距离、敌方潜水艇的远近等。

六、信息的传递

1. 电话的原理：话筒的作用是把声音转变为变化的电流，听筒的作用是把变化的电流转变为声音。电话交换机的作用是提高线路的利用率。

2. 电磁波：导体中电流的迅速变化会在空间产生电磁波。即迅速变化的电流可以产生电磁波。电磁波的传播不需要介质；电磁波可以在真空中传播。

电磁波的波速（c）：$c = 3 \times 10^8$ m/s $= 3 \times 10^5$ km/s

电磁波的波速（c）、电磁波的频率（f）、电磁波的波长（λ）三者的关系：$c = \lambda f$

会从实例中判断哪些情况下是用电磁波传递信息。

3. 移动电话既是电磁波发射台又是电磁波的接收台。

4. 四种通信：微波通信、卫星通信、光线通信、网络通信。

地球的周围均匀的配置 3 颗同步通信卫星，就可以实现全球通信。

七、能源与可持续发展

1. 能源的分类：

（1）能源从其产生的方式可分为：一次能源和二次能源。

①一次能源：可以直接从自然界获得的能源叫做一次能源。

②二次能源：必须通过一次能源的消耗才能得到的能源叫做二次能源。

（2）从能源是否再生的角度可分为：可再生能源和不可再生能源。

①可再生能源：可以在自然界里源源不断地得到的能源，如水能（潮汐能）、风能、生物质能。

②不可再生能源：越用越少，不可能在短期内从自然界得到补充的能源，如化石能源、核能。

（3）按生成年代分为：化石能源和生物质能。

①化石能源：像煤、石油、天然气，是千百万年前埋在地下的动植物经过漫长的地质年代形成的，所以称为化石能源。

②生物质能：由生命物质提供的能量称为生物质能。如木材、草类、肉类等。

2. 核能：质量较大的原子核发生裂变或者质量较小的原子核相互结合，就能释放出惊人的能量，这就是核能。

核裂变：将质量较大的原子核分裂，会释放出巨大的核能，这种现象叫做核裂变。

核裂变的应用：原子弹、核电站。

核聚变：在超高温下，将质量较小的原子核结合起来，会释放出巨大的核能，这种现象叫做核聚变，也叫热核反应。核聚变的应用：氢弹。

3. 太阳能的利用：

（1）光热转化：用集热器收集阳光中的能量来加热水等物质，实现了把太阳能转化为内能。

（2）光电转化：太阳能电池可以将太阳能转变为电能；在航空、航天、交通、通信等领域中有较为广泛的应用。

4. 未来理想能源必须满足以下几个条件：

①必须足够丰富；②必须足够便宜；③技术必须成熟；④必须足够安全、清洁。

八、物理实验

1. 科学探究的步骤：（1）提出问题；（2）猜想或假设；（3）设计实验；（4）进行实验；（5）分析和论证；（6）评估；（7）交流。

2. 基本操作：

（1）用刻度尺测量长度、用表测量时间；（2）用弹簧测力计测量力；（3）用天平测量物体的质量；（4）用常见温度计测量温度；（5）用电流表测量电流；（6）用电压表测量电压；（7）连接简单的串联电路和并联电路。

3. 测定性实验：

（1）测量物体运动的速度；（2）测量水平运动物体所受的滑动摩擦力；（3）测量固体和液体的密度；（4）测量电阻和测量小灯泡的电功率。

4. 重点探究性实验：

（1）探究浮力大小与哪些因素有关；（2）探究杠杆的平衡条件；（3）探究水沸腾时温度变化的特点；（4）探究光的反射规律；（5）探究平面镜成像时特点；（6）探究凸透镜成像的规律；（7）探究电流与电压、电阻的关系；（8）探究通电螺线管外部磁场的方向；（9）探究导体在磁场中运动时产生感应电流的条件。

第一章 机械运动

一、学业水平考试要求

1. 知道机械运动，举例说明机械运动的相对性（a）。

2. 根据生活经验估测长度和时间。会选用适当的工具测量长度和时间（c）。

3. 用速度描述物体运动的快慢（b）；通过实验测定物体的运动速度（c）；用速度公式进行简单计算（b）。

（a：了解所列的知识内容。能描述研究对象的基本特征，举出例子，在有关问题中能识别它们。

b：理解所列的知识内容。能把握知识的内在逻辑联系，能与已有的知识建立联系；能运用知识对相关问题进行解释、推断、区分、扩展；会收集、整理信息，并能用来分析、解决简单问题。如解释简单的物理现象，区分不同的概念，进行简单的计算等。

c：能独立操作实验仪器；会实验探究。）

二、知识要点

1. 长度的测量是最基本的测量，最常用的测量工具是_____。

2. 长度的国际单位是_____，符号为_____，长度的单位还有 km（千米）、dm（分米）、cm（厘米）、mm（毫米）、μm（微米）、nm（纳米），它们的关系是：

$1km = 10^3 m$；$1dm = 10^{-1} m$；$1cm = 10^{-2} m$；$1mm = 10^{-3} m$；$1\mu m = 10^{-6} m$；$1nm = 10^{-9} m$。

3. 刻度尺的正确使用：

（1）使用前要注意观察它的零刻线、_____和_____；

（2）读数时视线要与尺面_____，读数时，要估读到分度值的_____；

（3）测量结果由数字和单位组成。

4. 测量长度的特殊方法：

测多算少法（累积法）、相互配合法、化曲为直法（替代法）。

5. 时间的测量：

时间的国际单位是_____，符号为_____。其他常用的时间单位：分钟（min）、小时（h）、日、月、年等。各时间单位之间的关系：

$$1h = 60min \qquad 1min = 60s \qquad 1h = 3600s$$

时间的测量工具：钟、表。

6. 误差：_____与_____之间的差异叫误差。

误差是不能消除的，它只能尽量减小，常用减小误差的方法是：

多次测量求平均值、使用更精密的测量工具、使用先进的测量方法。

7. 机械运动：把物体位置随时间的_____叫做机械运动。

8. 判断一个物体是运动还是静止的方法：若研究对象与参照物的位置_____变化，则研究对象是运动的；若研究对象与参照物的位置_____变化，则研究对象是静止的。

9. 物体运动和静止的相对性：同一个物体是运动还是静止，取决于所选的参照物。

10. 比较物体运动快慢的两种方法：

第一种方法：在相同的时间内，比较物体经过的_____；

第二种方法：在相同的路程内，比较物体所花的_____。

11. 速度定义：把_____与_____之比叫做速度；

速度的意义：用来表示物体运动快慢的物理量。

速度公式：_____

速度公式的两套对应的单位：s（路程）：_____ _____

t（时间）：_____ _____

v（速度）：_____ _____

速度的单位：m/s（米/秒）；km/h（千米/时）；它们的关系是：1m/s = _____km/h。

12. 匀速直线运动：快慢_____、经过的路线是_____的运动。在匀速直线运动中路程与时间成_____。

13. 平均速度：在变速运动中，用总路程与所用的时间之比可得物体在这段路程中的快慢程度，这就是平均速度，日常所说的速度多数情况下是指平均速度。

平均速度的公式：_____。

三、云南中考真题分析

（一）云南怎么考

云南省 2005 年：

6. 声音在空气中的传播速度约为 340m/s，若你呼喊与你相距 50m 远的某同学，约需_____s 他才能听到你的喊声。

云南省 2006 年：

17. 在右图中，刻度尺测得物体的长度为_____mm。

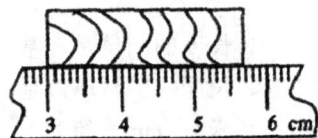

云南省 2007 年：

9. 2007 年 5 月，第七届全国残疾人运动会在昆明举行。本届残运会的开幕式和比赛实况都是通过同步卫星转播的。同步卫星相对于_____是静止的。"静止"的卫星_____惯性（选填"具有"或"不具有"）。

17. 如下图所示，刻度尺测得物体的长度为_____cm。

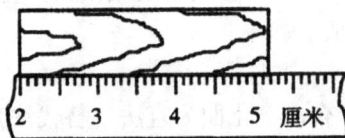

云南省 2008 年：

13. 我国首颗探月卫星"嫦娥一号"正在绕月运行，若以地球为参照物，该卫星是_____（填"静止"或"运动"）的；探月卫星距地球指挥中心约为 3.9×10^5 km，地球指挥中心向探月卫星发射的指令，经_____s 到达卫星。

云南省 2009 年：

17. 如下图所示，物体的长度为_____cm。

22. （7分）我国自主研发的涡桨支线飞机"新舟 600"，在科技人员的集体攻关下，于 2008 年 9 月试飞成功，填补了我国航空史上的一个空白。试飞中，若飞机以 500km/h 的速度水平匀速飞行了 1.2h，飞机质量为 20t。飞机水平飞行的路程是多少？

云南省 2013 年：

24．（8分）一轿车包括乘客质量 1600kg，轿车静止时轮胎与水平地面接触的总面积为 0.1m²。该轿车上午 11：30 驶入黄城高速公路入口，下午 1：30 到达青州出口，总共行驶了 240km。该段高速公路限速 120km/h，期间经过的隧道和桥梁限速为 80km/h。

（1）轿车全程行驶的平均速度是多大？

（2）轿车在行驶中有超速吗？为什么？

云南省 2014 年：

24．（8分）下图是根据某小汽车在一段平直的路面上行驶的时间和通过的路程绘制的示意图。

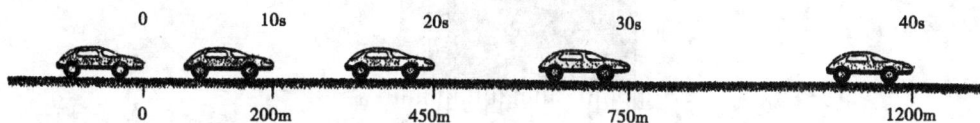

（1）判断图中小汽车是做匀速直线运动还是做变速直线运动；

（2）求图中小汽车全程的平均速度。

云南省 2015 年：

10．湖面如镜，划桨泛舟。以划船的人为参照物，小船是_____的。

20．下图中被测物体的长度为_____cm。

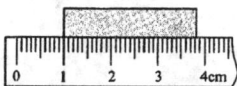

24．右图是小王同学在参加学校运动会 200m 比赛时的情景。他跑步时对地面的压力为 500N，鞋子与地面的接触面积为 80cm²，跑完全程用时 32s。求：

他跑完全程的平均速度。

（二）云南考题分析

1. 云南省对本章主要考查：刻度尺的使用；判断一个物体是否做机械运动；速度公式的简单计算；平均速度的概念；从图像上判断物体的运动特点。

2. 刻度尺的使用：刻度尺的读数要估读到分度值的下一位，一般都涉及刻度尺零刻度线磨损的情况，有时还涉及长度单位的换算。

3. 判断一个物体是否做机械运动：一是研究对象和参照物都是确定的，来判研究对象是否做参照物；另一种是研究对象和参照物只确定一个，再给出运动或静止的条件，来选择研究对象或参照物。

4. 速度公式的简单计算：给出速度、路程、时间中的任意两个量，用速度公式计算另外一个量，其中可能涉及单位换算、从交通标志牌获取已知物理量。

四、典例分析

例1.（1）观察下图，刻度尺的分度值是_____，被测物体的长度是_____，其中准确值为_____，估计值为_____。

（2）如下图所示，图甲中被测物体的长度为_____cm，图乙中被测物体的长度为_____cm。

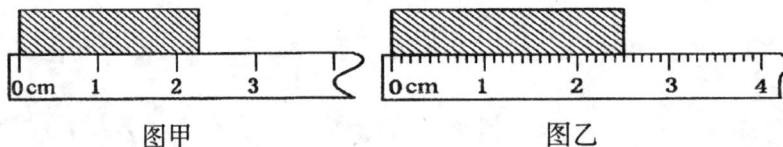

图甲   图乙

例2. 一辆小客车在平直的公路上匀速向东行驶，选择司机做参照物，小客车是_____的，选择路边的树做参照物，小客车是_____的，选择小客车做参照物，路边的树向_____运动。

例3. 一列长50m的队伍经过长100m的隧道，用时20s，则这列队伍的速度是多少？以这样的速度前进5min，这列队伍通过的路程是多少？

例4. 小明从学校骑自行车到家共需20min，其中等红灯用了5min，学校离他家3km，则小明从学校到家骑自行车的平均速度是多少km/h？

例5. 表示物体做匀速直线运动的图像是（　　　）

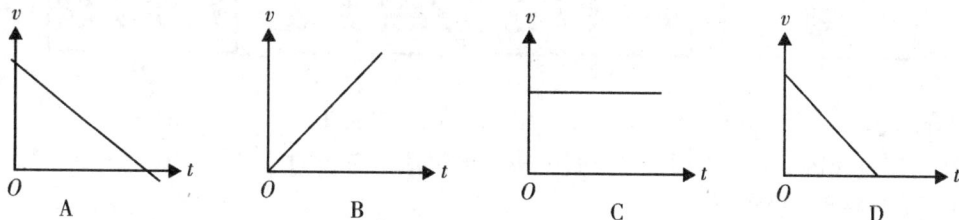

五、课堂达标训练

1. 2013年1月11日到1月16日，我国大部分地区的空气被严重污染，有害物质含量严重超标，其中PM2.5是天气阴霾的主要原因，PM2.5是指大气中直径小于或等于2.5 μm 的颗粒物，单个PM2.5隐藏在空气的浮尘中，容易被吸入人的肺部造成危害，下列关于PM2.5颗粒物直径的单位换算正确的是（　　　）

A. $2.5\mu m = 2.5um \times 10^{-6}m$ 　　　　B. $2.5\mu m = 2.5 \times 10^{-5}dm$

C. $2.5\mu m = 2.5 \times 10^{-6}cm$ 　　　　D. $2.5 \mu m = 2.5 \times 10^{-9}m$

2. 右图是小明用刻度尺测量一条形金属片长度的情形，该刻度尺的分度值和金属片的长度分别是（　　　）

A. 1cm、5.50cm

B. 1cm、8.30cm

C. 1mm、8.30cm

D. 1mm、2.80cm

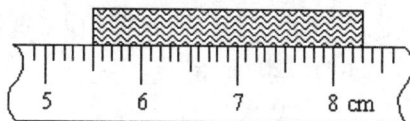

3. 小超为了检验躺着和站立时身体长度是否有差异，下列几种尺子哪种最合适（　　　）

A. 量程15cm，分度值0.5mm 　　　　B. 量程10m，分度值1dm

C. 量程30cm，分度值1mm 　　　　D. 量程3m，分度值1mm

4. 如下图是用厚刻尺测量木块的长度，其中正确的测量图是（　　　）

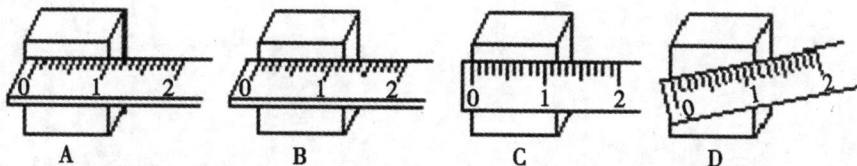

5. 有一位同学用毫米刻度尺先后四次测量一个物体的长度。测量结果是1.43cm，1.42 cm，1.42 cm，1.43 cm，根据记录分析，刻度尺的分度值为_____，物体的长度是_____cm。

6. 当甲车突然向前开动时，与之并排停放的在路边的乙车中驾驶员感觉自己在向后退，则他选择的参照物是（　　）

A. 甲车　　　　　　　B. 乙车　　　　　　　C. 路灯　　　　　　　D. 地面

7. 我们平常说"旭日东升"，是以_____做参照物的；飞行员在回忆飞机俯冲的情景时，说"大地迎面而来"，他是以_____做参照物的；"地球同步卫星总是静止在地球某处的上空"，这是以_____为参照物的，若以太阳为参照物，这个卫星应是_____的。

8. 如下图所示，是笑笑同学在相等时间间隔里运动的情景，可能做匀速运动的是（　　）

9. 54km/h = _____ m/s，5m/s = _____ km/h；72km/h = _____ m/s。

10. 在匀速直线运动中，下列关于公式 $v = s/t$ 的说法中正确的是（　　）

A. 速度 v 与路程 s 成正比

B. 速度 v 的大小与路程 s、时间 t 都没有关系

C. 当速度 v 一定时，路程 s 与时间 t 成反比

D. 速度 v 与时间 t 成反比

11. 比较物体运动快慢的方法通常有两种（如下图甲、乙），其中甲是_____相同，比较_____；乙是_____相同，比较_____。

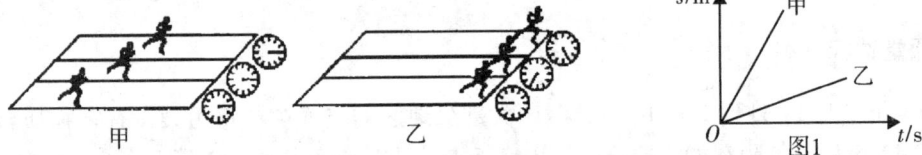

12. 如图1所示是甲乙两个物体的运动 $s - t$ 图像，则甲、乙两物体都在做_____运动，且甲物体的速度_____乙物体的速度。（选填"大于""等于""小于"）

13. 下列有关误差的说法中，正确的是（　　）

A. 多次测量取平均值可以减小误差　　　　B. 误差就是测量中产生的错误

C. 只要认真测量，就可以避免误差　　　　D. 选用精密的测量仪器可以消除误差

14. 笑笑一家驾车到瑞丽旅游，经过某交通标志牌时，笑笑注意到了牌上的标示如右下图所示。笑笑想了想，马上就明白了这两个数据的含义：

（1）120km 指_____；

　　　80 指_____。

（2）在遵守交通规则的前提下，试计算从标志牌到瑞丽最快需要用多少时间？

15. 为了探究小球自由下落时的运动，某物理实验小组的同学用照相机每隔相等的时间自动拍照一次，拍下小球下落时的运动状态，如右图所示。

（1）可以看出小球在做_____直线运动（选填"匀速"或"变速"），

其理由是_____。

（2）下列四个速度随时间变化的关系图像能反映出该小球下落运动的是_____。

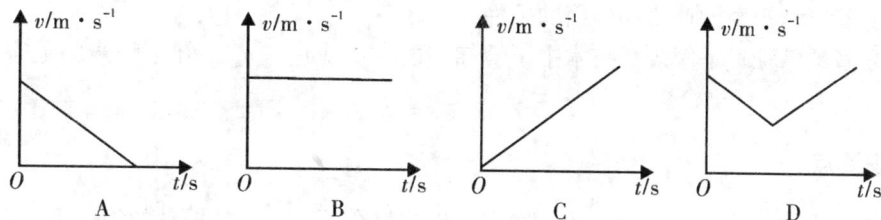

16. 南京长江大桥，下层铁路桥全长 6772m，其中江面正桥长 1576m。一列长 300m 的火车通过江面正桥用了 2min，求：

（1）这列火车的速度是多少 m/s？

（2）以这个速度行驶，通过整个铁路桥要多长时间？

第二章 声现象

一、学业水平考试要求

1. 通过实验，认识声的产生和传播的条件（c）。

2. 了解乐音的特征；了解现代技术中声学知识的一些应用（a）；知道噪声的危害和控制的方法（a）。

二、知识要点

1. 声音是由物体_____而产生的。发声的物体都在_____，振动的物体不一定_____。

2. 声音的传播需要_____，真空不能传声。声音以_____的形式在介质中传播。

3. 声速的大小跟介质的_____、_____有关。

声音在固体和液体中比在_____中传播的快。声音在金属中比在液体中传播的快。

声音在15℃时空气中的传播速度是_____m/s。

4. 人感觉声音的两条途径：通过_____感觉声音和通过_____。

双耳效应可以判断声源的方向。

5. 声音的特性：音调（与发声体的_____有关）、响度（与发声体的_____有关）、音色（与发声体的_____、_____有关）。

6. 人的听觉频率范围：_____。

低于20Hz的声音叫做次声波；高于20000Hz的声音叫做超声波。

次声波和超声波人耳都听不到。

7. 噪声的两种定义：从物理学角度讲，噪声是指发声体做无规则振动时发出的声音；从环境保护的角度讲，噪声是指妨碍人们正常休息、学习和工作的声音，以及对人们要听的声音起干扰的声音。

8. 控制噪声的方法：在_____处减弱；在_____中减弱；在_____处减弱。

9. 声的利用：声音传递_____；声波能传递_____。

三、云南中考真题分析

（一）云南怎么考

云南省 2005 年：

6. 水下的海豚能听到驯兽员的哨声、花样游泳运动员在水下能听到音乐声、垂钓人的说话声会吓跑要上钩的鱼，说明_____。

云南省 2006 年：

1. 请将下列现象涉及的物理知识填在横线上。

用手指拨动琴弦，就发出优美的琴声：_____。

23. 我们知道：声音在不同介质中传播的速度不同。阅读下表中一些介质中的声速，回答问题：

声音在介质中的传播速度有什么规律（写出两条）？

一些介质中的声速 $v/\text{m} \cdot \text{s}^{-1}$

空气（0℃）	331	冰	3230
空气（15℃）	340	铜	3750
煤油（25℃）	1324	铝	5000
水（常温）	1500	铁	5200

云南省 2007 年：

10. 在校园中，悦耳的歌声、笑声、读书声都是由于物体的_____产生的。医生通过听诊器可以了解病人心、肺的工作状况，这是声传递_____的例子。

云南省 2008 年：

1. 以下关于声音的说法，错误的是（　　）

A. 各种乐器都是通过振动而发声　　　B. 声音的传播速度与传播介质的种类无关

C. 发声物体振动的频率越高，音调越高　　D. 悦耳的乐声也会成为噪声

云南省 2009 年：

14. 人耳所能听到声波的频率范围通常在 20Hz 至 20000Hz 之间，频率高于_____Hz 的声波叫超声波，地震时产生的强度大的_____声波对人体十分有害。超声波在海水中的传播速度约为 1500m/s，海面上用声呐装置向海底发射超声波经过 8s 收到海底返回的回声，该处海深为_____m。

云南省 2013 年：

10. 乐队演奏时，指挥能准确分辨出各种乐器声，是因为不同乐器发出的声音的_____不同。

云南省 2014 年：

10. 声音是由物体_____产生的。噪声会影响人们的工作和生活，因此控制噪声十分重要。公路两旁的噪声是在_____（选填"声源处""传播途中"或"人耳处"）减弱噪声。

云南省 2015 年：

9. 2015 年 3 月 1 日，南京地铁 3 号线正式通车。列车车轮上新增了降噪环，有效降低过弯道时轮轨摩擦发出的声响，这是在_____（选填"声源处""传播途中"或"人耳处"）减弱噪声。

（二）云南考题分析

1. 云南省对本章主要考查：声音的产生与传播；乐音的三个特征；噪声的定义及控制噪声的方法；声音可以传递信息和能量。

2. 声音的产生与传播：由发声实例来判断声音是由物体振动产生的，声音可以在介质（固体、液体、固体）中传播。

3. 乐音的三个特征：由关于发声的现象及一些发声的说法来判断声音的特征（音调、音色、响度）。

4. 噪声的定义及控制噪声的方法：由实例来判断是否是噪声，给出控制噪声的实例要求指出控制噪声的方法。

5. 偶尔考查：人的听觉频率范围（20Hz～20000Hz）、超声波、次声波；回声与速度公式结合的问题；声音可以传递信息和能量。

四、典例分析

例 1. 如下图所示，敲响右边的音叉，左边完全相同的音叉也会发声，说明声音可以在_____中传播；还可以观察到紧挨音叉的泡沫塑料球弹起，说明声音是由物体_____产生的。

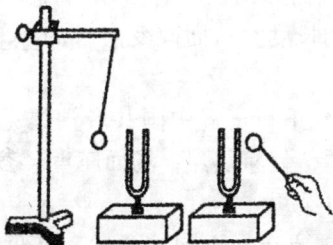

例2. 交响乐队是由管弦乐队演奏的大型乐曲。弦乐器的琴弦由于受到弹拨或摩擦而_____发出了声音；乐队指挥能够分辨出交响乐中各种乐器发出的声音，他是根据声音的_____进行辨别的；夜深人静的时候，如果把播放器的音量开得过大，优美的音乐声此时也变成了_____。

例3. 一位男低音歌唱家在放声歌唱，一位女高音歌唱家为其轻声伴唱，则男低音歌唱家的音调_____，响度_____，女高音歌唱家的音调_____，响度_____。

例4. 通常情况下，我们听到的声音是通过_____这种介质传入人耳的。声波频率范围很宽，但正常人耳朵只能听到20Hz到20000Hz的声音，高于20000Hz的声音称之为_____。减弱噪声有三个环节，公路两旁安装隔音墙，植树属于在_____减弱噪声。

例5. 在长铁管一端敲击一下，在铁管的另一端会听到_____次声音，其中第一次声音是从_____传过去的，第二次声音是从_____传过去的。

例6. 下列事例中属于声音传播信息的是：_____；
属于声音传播能量的是：_____。
A. 隆隆的雷声预示着要下雨；　　　B. 听铁轨声来判断火车远近；
C. 爆竹升天，震耳欲聋；　　　　　D. 听蜜蜂飞行声音来判断是否采蜜归来；
E. B超、听诊器；　　　　　　　　F. 超声波击碎体内结石；
G. 声呐探测潜艇、鱼雷；　　　　　H. 超声波清洗仪。

例7. 某人对着一座大山喊了一声，经过4s后听到回声，则此人与大山的距离是多少？

五、课堂达标训练

1. 学业水平测试考场里，开考前监考老师正在强调考试要求。老师的声音是由于声带的_____产生的，是通过_____传入考生的耳朵的。

2. 五月的苍山，鸟语花香，流水潺潺。我们能听到小鸟的叫声说明声音可以在_____中传播，能分辨出鸟叫声和流水声是因为它们的_____不同。

3. 白族的唢呐、彝族的芦笙、纳西族的巴乌等管乐器都是通过空气柱_____发声；吹奏者抬起不同的手指，就会改变空气柱的长度，从而改变声音的_____（选填"音调""响度"或"音色"）。

4. 玉溪市委在"聂耳音乐广场"举行庆祝中国共产党建党90周年"唱红歌颂党情"比赛活动，吸引了成千上万的市民前往观看，气氛热烈，场面庄重。参赛者唱歌时，由于_____发出歌声，歌声通过_____传到观众的耳朵里。

5. 人们在不同场合使用手机时需要选择不同的音量，改变音量是改变了声音的_____；当你接听电话时，一般能够知道对方是熟人还是陌生人，这是根据声音的_____进行判断的。

6. 一个同学迟到了，走到门外听到上课老师的声音，就知道正在上物理课。他除了根据讲课内容外还可以根据声音的_____来判断。教室外面出现嘈杂的声音，关上门窗是为了在_____减弱噪声。

7. 乐音的三个特征是音色、响度和_____。节日晚会上，口技演员惟妙惟肖地模仿一些生活中人们熟悉的声音，其实他主要是模仿声音的_____。深更半夜，如果播放的音乐声很大，那么对邻居来说，此时的乐音就成为了_____。

8. 在地震废墟中，遇难人员不盲目叫喊而采取敲击固体物来吸引救援人员的注意，不仅节省体力，也因为固体传声指向性好。这个例子说明声音可以传递_____；"超级模仿秀"节目中，声音模仿得几乎可以"乱真"，主要是模仿他人的_____（填"响度"或"音色"）。

9. 口琴与吉他同时演奏 C 调的"duo"音时，它们声音的_____相同。在小锤敲击下，某金属片 3s 内振动了 720 次，此时，金属片_____（填"能"或"不能"）发出使人耳听到的声音。

10. 下列几个句子描述的，是指声音的哪个特性：
（1）这首歌调太高，我唱不上去——指的是（　　　　）；
（2）音起高了，唱不下去了——指的是（　　　　）；
（3）引吭高歌——指的是（　　　　）；
（4）她是唱高音的——指的是（　　　　）；
（5）请勿高声喧哗——指的是（　　　　）。

11. 下列不属于噪声的是（　　　　）
A. 飞机起飞时发出的轰鸣声　　　　　　　B. 深夜，卡拉 OK 纵声高歌
C. 装修房子时的电钻声　　　　　　　　　D. 音乐厅演奏的《命运》交响曲

12. 下面一些关于控制噪声的说法中，正确的是（　　　　）
A. 摩托车安装消声器是为了在人耳处减弱噪声
B. 在城市中禁鸣汽车喇叭是为了阻断噪声的传播
C. 体育馆、剧院的内墙要用吸音材料来装饰是为了防止噪声产生
D. 在飞机旁工作的人员要佩戴有耳罩的头盔是为了在人耳处减弱噪声

13. 减弱噪声的途径有三种方法。在汽车的排气管上加消声器，这是在_____处减弱噪声；戴上耳塞，减弱传入人耳的噪声，这是在_____处减弱噪声；在住宅区植树，这是在_____减少噪声。

14. 下列图中，主要描述声音能够传递能量的是（　　　　）
A. 探测海深　　　　　　　　　　　　　　B. 敲瓶底橡皮膜，火焰摇动
C. 回声定位　　　　　　　　　　　　　　D. 超声波探查

　　　A　　　　　　　　　　B　　　　　　　　C　　　　　　　　D

第三章　物态变化

一、学业水平考试要求

1. 描述固、液和气三种物态变化的基本特征；列举自然和日常生活中不同状态的物质及其应用（a）。

2. 说出生活环境中常见的温度值；了解液体温度计的工作原理（a）。

会用常见的温度计测量温度；尝试对环境温度问题发表见解（c）。

3. 经历物态变化的实验探究过程（c）。

知道物质的熔点、凝固点和沸点，了解物态变化过程中的吸热放热现象（a）。

能用物态变化的知识说明自然界和生活中的有关现象（b）。

4. 用水的三态变化说明自然界中的一些水循环现象（b）。

了解我国和当地的水资源状况，有关心环境和节约用水的意识（a）。

二、知识要点

1. 物态变化：

熔化：（_____热）：_____态变成_____态；凝固：（_____热）：_____态变成_____态；

汽化：（_____热）：_____态变成_____态；液化：（_____热）：_____态变成_____态；

升华：（_____热）：_____态变成_____态；凝华：（_____热）：_____态变成_____态。

注意："白雾"或"白气"都是水蒸气_____形成的小水滴。

2. 汽化的两种方式：_____和_____。

蒸发是任何温度下任何压强下发生在液体表面的缓慢的汽化现象。

沸腾是一定温度、一定压强下在液体表面和内部同时发生的剧烈的汽化现象。

3. 液体沸腾的特点：液体沸腾时_____热量温度保持_____。

液体的沸腾图像：

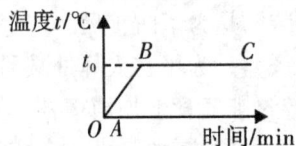

其中 t_0 是液体的沸点。

4. 影响液体蒸发快慢的因素：_____、_____、液体表面上的空气流动速度。液体蒸发_____热。

5. 温度计的原理：常用温度计是利用液体_____的规律制成的。

用温度计测液体的温度时应注意以下几点：

温度计的玻璃泡应该全部浸入被测的液体中，不要碰到容器壁和容器底；待温度计的示数稳定后再读数，读数时温度计的玻璃泡继续留在被测液体中，视线与温度计中液柱的液面相平。

6. 体温计：量程：_____℃ ~ _____℃，分度值为：0.1℃。"缩口"的作用是：水银收缩时，水银从缩口处断开，管内水银面不能下降，指示的仍然是人体的温度，所以再用时必须向下甩。

7. 记住晶体和非晶体的熔化图像和凝固图像。

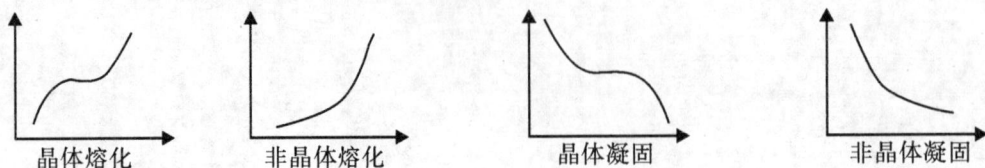

晶体熔化　　　　非晶体熔化　　　　晶体凝固　　　　非晶体凝固

8. 使气体液化的两种方法：（1）_____；（2）_____。

三、云南中考真题分析

（一）云南怎么考

云南省 2005 年：

1. 将下列现象涉及的物理知识填在其后的横线上（简要写出知识内容，不要求解释）。

在昆明用普通锅烧开水，水沸腾时的温度达不到 100℃。_____。

2. 桌上一只装有热茶水的水杯处于静止状态，打开杯盖会看到杯盖内壁有许多小水珠，这是水蒸气_____形成的。

19. 小明在做一种物质熔化的实验时，数据记录如下表：

时间（min）	0	1	2	3	4	5	6	7	8
温度（℃）	42	44	46	48	48	48	48	49	50

（1）根据实验数据在右图中画出温度随时间变化的曲线；

（2）物质熔化过程中不断吸收热量，温度_____，该物质的熔点是_____℃；

（3）该物质属于_____（填"晶体"或"非晶体"）。

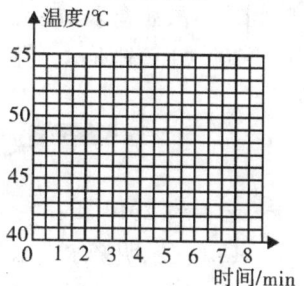

云南省 2006 年：

5. 水蒸气可以形成露水、雾、霜。阅读下表，在（1）（2）（3）处填上适当的内容。

名称	物态变化	热量变化	状态
露水	液化	（1）_____	液态
雾	液化	放热	（2）_____
霜	（3）_____	放热	固态

19. 在"探究水的沸腾"的实验中，小宇记录的数据见下表：

时间/min	0	1	2	3	4	5	6	7	8
温度/℃	87	88	89	90	91	92	93	94	94

（1）根据表中数据，在右图中的方格纸上画出水的沸腾图像。

（2）从图像可以看出，此时水的沸点是_____℃，由此可判断当地的大气压_____标准大气压（填"大于""小于"或"等于"）。水沸腾时_____热量。

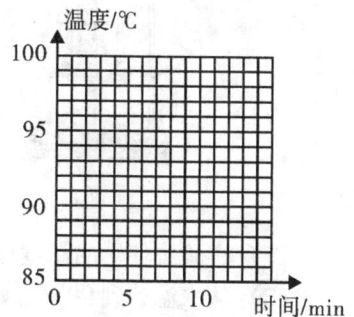

云南省 2007 年：

14. 刚从冰箱中取出的冰棒表面有一层白色的小冰晶，是由水蒸气_____形成的（填物态变化名称）；冰棒放在嘴里变成水，是_____过程（填"吸热"或"放热"）。

云南省 2008 年：

5. 我国科学家通过自主创新研制的飞机刹车片是一种特殊的碳材料。其主要特性是：硬度几乎不随温度而变化，当温度升高到 2000℃时硬度才会适度变小，但不会熔化，温度到 3000℃时开始升华。关于这种碳材料的分析，正确的是（　　）

A. 发生升华时吸收热量　　　　　　　　　B. 熔点是 2000℃

C. 沸点是 3000℃　　　　　　　　　　　　D. 凝固点是 3000℃

云南省 2009 年：

11. 小明发现家中的白炽灯用久后变暗了，其原因之一是钨丝受热发生升华后又发生_____，在灯泡内壁形成一层很薄的膜，影响光线透出。冬天，汽车玻璃的内壁上会有一层小水珠，这是由于水蒸气遇冷后发生_____形成的。

云南省 2013 年：

4. 炎热的夏天，课桌上一个杯子中有一把金属勺，把热水瓶中的开水（略低于 100℃）倒入杯中，一会儿金属勺熔化了。当杯中的水温降为室温（26℃）后，杯中凝固出一金属块。关于这种金属的下列判断正确的是（　　）

A. 该金属熔点高于 100℃　　　　　　B. 该金属熔点低于 26℃

C. 该金属凝固点高于 100℃　　　　　D. 该金属凝固点低于 100℃

13. 在空中喷洒干冰是一种人工降雨的方法，干冰使空中的水蒸气_____（填物态变化名称）变成小冰粒，冰粒下降过程中融化成水形成雨。冷藏室中取出的盒装酸奶在空气中放置一段时间后，酸奶盒表面会附有一层小水珠，这是空气中的水蒸气_____热量液化形成的。

20. 如下图所示，温度计示数是_____℃。

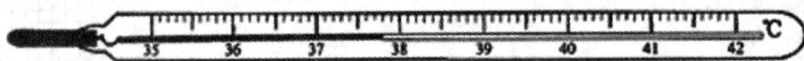

云南省 2014 年：

13. 在昆明烧水，水温不到 100℃ 就沸腾，是因为昆明气压低，水的_____低。水烧开时，壶嘴处产生"白气"是物态变化中的_____现象。

云南省 2015 年：

13. 民间艺人制作"糖画"时，先将白糖_____（填写物态变化名称）成糖浆，用勺舀起糖浆在光滑的大理石板上绘制蝴蝶、鱼等图案，等石板上的糖浆_____（"吸收"或"放出"）热量后就凝固成了栩栩如生的"糖画"。

21. （7 分）图 a 是"探究水沸腾时温度变化特点"的实验装置。

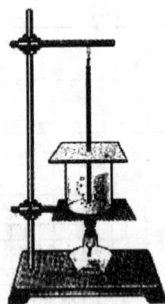 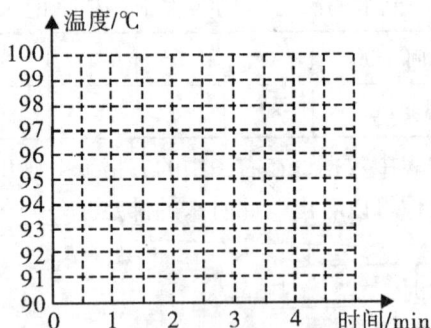

图a　　　　　　　　　　图b

（1）实验中使用的温度计是利用液体_____的性质制成的。

（2）从水温达到 90℃ 开始，每隔 0.5min 记录一次水的温度，数据记录如下表。请在图 b 中绘制出水温随时间变化的图像。

时间/min	0	0.5	1.0	1.5	2.0	2.5	3.0	3.5
温度/℃	90	92	94	96	98	98	98	98

（3）实验测得水的沸点是_____℃，原因是当地大气压_____（选填"高于""低于"或"等于"）一个标准大气压。实验得到的结论是：_____。

（二）云南考题分析

1. 本章主要考查：温度计；物态变化现象及吸热放热情况；探究固体熔化时温度的变化规律；

探究水沸腾时温度变化的特点。

2. 温度计：温度计的原理，温度计的读数（特别是体温计的读数），使用温度计测量液体温度的方法。

3. 物态变化现象及吸热放热情况：给出物态变化的实例要求指出是哪种物态变化，是吸热还是放热。

4. 探究固体熔化时温度的变化规律：

（1）从数据或曲线来判断是否是晶体；

（2）从数据或曲线来判断晶体的熔点、凝固点；

（3）从曲线或数据中判断某一时刻物质处于什么状态（固态、固液共存、液态）；

（4）从曲线或数据得出晶体的熔化（凝固）规律；

（5）温度计的读数；

（6）水浴加热法的目的是什么？（让受热物质均匀受热）

5. 探究水沸腾时温度变化的特点：

（1）水沸腾前后的气泡变化情况；

（2）从曲线或数据判断水的沸点是多少，根据数据在坐标中绘出水沸腾的曲线；

（3）从曲线或数据得出液体沸腾的特点：液体沸腾时吸收热量，温度保持不变；

（4）水的沸点与气压的关系；

（5）怎样缩短实验时间。

四、典例分析

例1. 下图中三只温度计的读数分别为：甲_____ ℃；乙_____ ℃；丙_____ ℃。

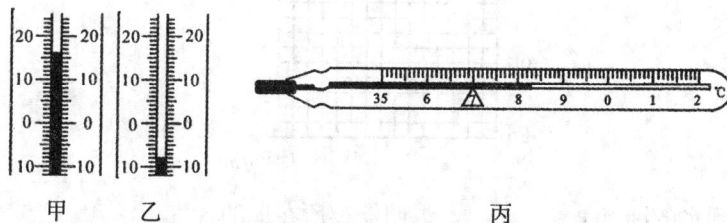

甲　　乙　　　　　　　　　　丙

例2. （2014·南充）生活中关于热现象叙述正确的是（　　）

A. 打开冰箱门，看见门前冒白气，这是汽化现象

B. 电冰箱内侧壁会看见附有一层白色的冰晶，这些冰晶是水蒸气凝固形成的

C. 秋天的早晨，花草上出现露珠，这是液化现象

D. 北方的冬天，冰冻的衣服变干，这是汽化现象

例3. （2014·聊城）下列物态变化属于放热的是（　　）

A. 树叶上的白雪融化　　　　　　　　B. 冰冻的衣服变干

C. 阳光下露珠变小　　　　　　　　　D. 树枝上形成雾凇

例4. （2014·青岛）下列图像中，能正确描述液体凝固成晶体的图像是（　　）

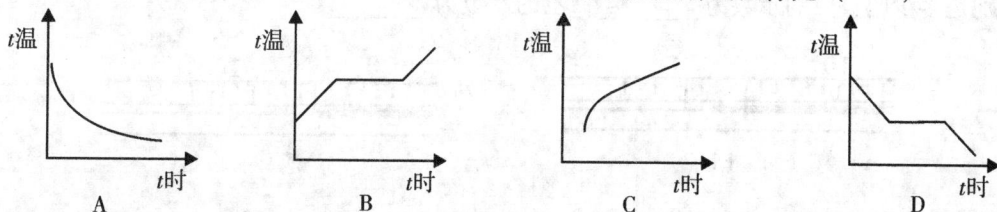

A　　　　　　　B　　　　　　　C　　　　　　　D

例5. 下图是某种物质熔化的图像,从图中可知:

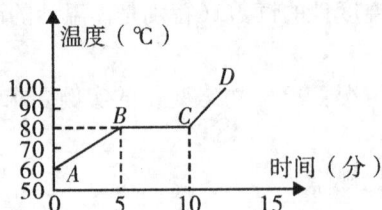

(1) 这种物质在 AB 段处于_____态,在 BC 段处于_____态,在 CD 段处于_____态,其中_____段是熔化过程,它的熔点是_____℃。

(2) 加热到第 4 分钟时这种物质是_____态,第 8 分钟时这种物质是_____态,这种物质第_____分钟开始熔化,第_____分钟熔化完,熔化持续了_____分钟。

(3) 由图像可得到晶体熔化的规律是:_____。

例6. 笑笑在观察水的沸腾现象时,记录的实验数据如下表所示,请你回答:

时间/min	0	1	2	3	4	5	6	7	8
温度/℃	92	94	96	98	99	99	99	99	99

(1) 根据表中数据,在下图中的方格纸上画出水的沸腾图像。

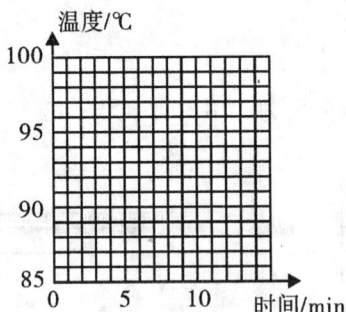

(2) 实验中得到水的沸点是_____,说明笑笑所在地的大气压_____1 个标准大气压。

(3) 分析实验数据可知液体沸腾的特点是_____。

(4) 为了缩短实验时间,可以采取的措施是_____。

(5) 在实验中可观察到:开始加热时,杯底及杯侧壁生成许多_____;沸腾前杯底的气泡在水中上升时体积_____;沸腾时杯底的气泡在水中迅速上升,体积_____,到达水面时气泡_____。

(6) 从上面数据可以分析出:当水达到沸点时开始沸腾,如果在沸腾的过程中停止对水加热(也就是水不能继续吸热),那水还能不能继续沸腾?_____。所以水(液体)沸腾的条件是_____
_____。

五、课堂达标训练

1. 下图是两支水平放置的温度计,且这两支温度计的两端都没有画全。你能读出它们此时的示数分别是多少吗?甲的示数为_____,乙的示数为_____。

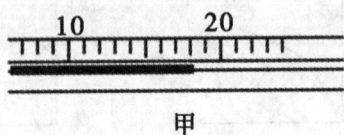

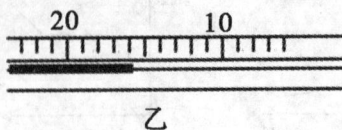

2. 对下列现象的成因解释正确的是（ ）
　A. 早春，河中的冰逐渐消融——融化
　B. 盛夏，剥开包装纸后冰棒会冒"白气"——汽化
　C. 深秋，清晨的雾在太阳出来后散去——液化
　D. 严冬，玻璃窗内壁结了一层冰花——凝固

3. 在寒冷的冬天，以下实例中，属于升华的是（ ）
　A. 树枝上形成的"雾凇"　　　　　B. 人在室外呼出的"白气"
　C. 堆起的雪人逐渐变小　　　　　D. 雪花在脸上变成水

4. 戴眼镜的同学从寒冷的室外进入温暖的室内时，眼镜片上会形成"小水珠"。下列现象中的物态变化方式与"小水珠"形成原因相同的是（ ）
　A. 从冰箱取出的冻肉会变软
　B. 初冬的清晨，鸭绿江水面上飘着"白气"
　C. 人游泳之后刚从水中出来，感觉冷
　D. 教室内，用久的日光灯管两端会发黑

5. 洗热水澡时，卫生间的玻璃镜面变得模糊不清，洗完后过一段时间，镜面又变得清晰起来。水在镜面上发生的两种物态变化是（ ）
　A. 先汽化后液化　　B. 先液化后汽化　　C. 先凝华后升华　　D. 先升华后凝华

6. 今年四月下旬，新疆多地州普遍降雪，融雪时气温下降，这是因为雪（ ）
　A. 熔化放热　　　B. 凝固放热　　　C. 融化吸热　　　D. 凝固吸热

7. "缥缈的雾，晶莹的露，凝重的霜，轻柔的雪，装扮着我们的生活"，关于这些现象的形成与对应的物态变化的连线，正确的是（ ）
　A. 雾——汽化　　B. 露——液化　　C. 霜——凝固　　D. 雪——升华

8. 水壶里的水烧开后，向外冒"白气"，这些"白气"是由水蒸气遇冷时（ ）
　A. 升华形成的　　B. 凝华形成的　　C. 凝固形成的　　D. 液化形成的

9. 下列对生活中一些现象的解释错误的是（ ）
　A. 用冰袋给高热病人降温，是因为冰融化吸热
　B. 用手沾些冷水去拿包子不会太烫，是因为水汽化吸热
　C. 在寒冷的北方不用水银温度计测量气温，是因为水银的凝固点较低
　D. 舞台上用干冰能制造白雾，是因为干冰升华吸热使水蒸气液化

10. 以下事例中，属于汽化现象的是（ ）
　A. 春天，河里的冰雪消融
　B. 夏天，剥开包装纸后，冰棍会冒"白气"
　C. 冬天，窗玻璃上出现冰花
　D. 秋天，酒精擦在皮肤上感觉凉爽

11. 下列说法中正确的是（ ）
　A. 非晶体熔化时放热
　B. 扇扇子是通过加快汗液的蒸发而使人感到凉快
　C. 高压锅可以使锅内液体的沸点降低
　D. 夏天打开冰箱门看到的"白气"，是从冰箱里冒出的水蒸气

12. 下列实例中，为了加快蒸发的是（ ）
　A. 将湿衣服晾在通风向阳处　　　B. 把新鲜的蔬菜装入保鲜袋中
　C. 给盛有酒精的瓶子加盖　　　　D. 给播种后的农田覆盖地膜

13. 铺设柏油马路时，需要把沥青由固态熔化成液态。下列图像能正确表示这一过程的是（　　）

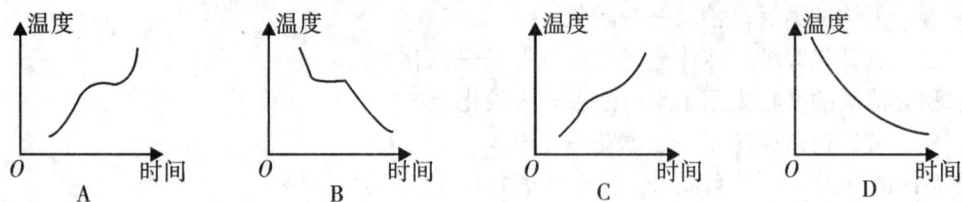

14. 右图是"探究某物质熔化和凝固规律"的实验图像，下列说法正确的是（　　）

A. 在 $t_{时}$ =8min 时，该物质处于固液共存状态

B. 在 BC 段，该物质不吸热

C. 该物质凝固过程持续了 5min

D. 该物质的凝固点是 45℃

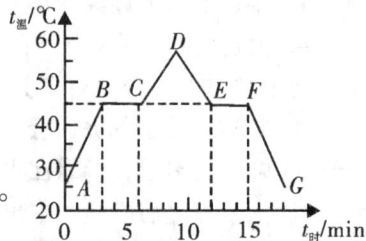

15. 日光灯长期使用后，灯管的两端会出现黑斑，钨丝会变细。

下列说法正确的是（　　）

A. 这些黑斑是钨丝中的钨熔化形成的　　　B. 变细后的钨丝与原来相比电阻变大

C. 变细后的钨丝与原来相比比热容变大　　D. 变细后的钨丝与原来相比熔点变低

16. 下图是一定质量的某种物质的温度随加热时间变化的图像，由图像可知：熔化过程共持续_____min；加热至第 10min 时，物质的状态为_____，这种物质的熔点为_____℃，这种物质熔化的规律是_____。

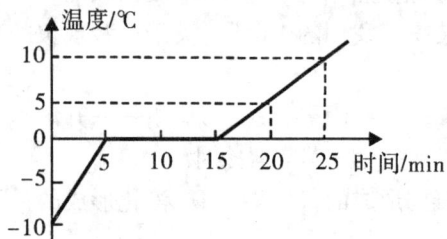

17. 下表是探究水沸腾时温度变化的数据，请利用表格中的数据完成下列问题：

时间/min	0	1	2	3	4	5	6	7
温度/℃	90	93	96	99	100	100	100	100

（1）用描点法画出水的温度随加热时间变化的图像。

（2）水沸腾过程中，不断_____热，但温度_____。

（3）上述实验中，水的沸点为_____℃。

说明实验地的大气压_____1 个标准大气压。

（4）如下图所示，水沸腾时候的气泡情况是图_____。

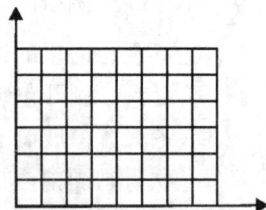

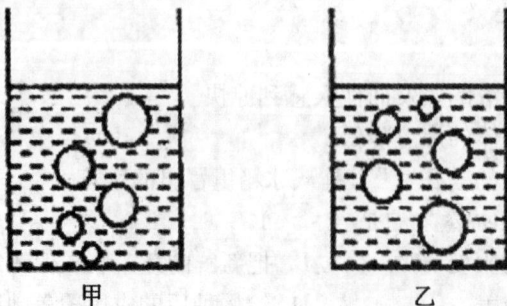

第四章　光现象

一、学业水平考试要求

1. 通过实验，探究并了解光的反射定律，探究并了解光的折射现象及其特点（c）。
2. 通过实验，探究平面镜成像时像与物的关系（c）。
知道平面镜成像的特点及其应用（a）。
3. 通过观察和实验，了解白光的组成和不同色光混合的现象（c）。

二、知识要点

1. 光在同种均匀介质中是沿_____传播的。
2. 光速：光在不同介质中的传播速度_____。光在真空中的速度是宇宙中最快的速度。
光在真空中和空气中的传播速度约是：$c = $ _____ m/s = _____ km/s。
$v_水 = 3/4c = 2.25 \times 10^8 \text{m/s}$；$v_{玻璃} = 2/3c = 2 \times 10^8 \text{m/s}$。
光年是指光在 1 年内传播的距离，光年是一个_____单位。
3. 光的反射定律：在反射现象中，反射光线、入射光线、法线在_____；反射光线与入射光线位于法线_____，反射角_____入射角。
光的反射分为_____反射和_____反射，它们都_____光的反射定律。
_____反射能使人从不同的角度看到同一个物体。
画出反射定律的图：

4. 平面镜成像：平面镜成像是由于光的_____形成的，平面镜所成的像是_____的虚像，像和物体到镜面的距离_____，像和物体大小_____，像和物体上对应点的连线与镜面_____，像与物体的左右_____。
5. 光的折射：光从一种介质_____入另一种介质（或光在不均匀的介质中传播）时，传播方向一般会发生_____。这种现象叫做光的折射。
6. 折射规律：当光从空气斜射入其他介质时，折射光线_____法线，即折射角小于入射角；当光从其他介质斜射入空气时，折射光线_____法线，即折射角大于入射角；光线垂直入射到介质表面时光的传播方向_____，此时折射角等于入射角等于_____。折射角随着反射角的增大而_____。
画出折射规律的图：

7. 从空气看水、玻璃等透明介质中的物体，会感到物体的位置比实际位置高一些。这是光的_____引起的。看水中的物体实际上是看到物体的_____像。

8. 光在反射和折射过程中光路是_____的。

9. 光谱：把太阳光分解成红、橙、黄、绿、蓝、靛、紫几种不同颜色的光。把它们按这个顺序排列起来，就是光谱。

10. 红外线和紫外线是_____的光。

红外线的应用：红外线拍照；红外线夜视仪；红外线遥控。

紫外线的应用：杀菌消毒（能杀死微生物）；防伪（能使荧光物质发光）；适量的紫外线照射有助于维生素 D 的合成，可促进钙的吸收；过量的紫外线照射对人体有害。

11. 物体的颜色：透明物体的颜色由通过它的色光来决定。不透明物体的颜色是由它反射的色光决定的。白色的物体反射所有色光，黑色的物体不反射光。

12. 光的色散：光的色散属于光的折射现象，说明白光是由各种色光混合而成的。光的色散是折射现象。

色光的三原色：红、_____、蓝。例如：彩色电视机。

颜料的三原色：红、_____、蓝。

三、云南中考真题分析

（一）云南怎么考

云南省 2005 年：

1. 将下列现象涉及的物理知识填在其后的横线上（简要写出知识内容，不要求解释）。

2005 年 5 月 23 日在山东蓬莱又观察到"海市蜃楼"现象_____。

3. 小明在穿衣镜中所成像的左手是他的_____手形成的像（填"左"或"右"）。光在同种介质中沿直线传播的原理在生活中有许多应用，试举一例：_____。

12. 下列物理现象及其分析中，正确的是（　　）

A. 在翠湖的湖面上观察到"红嘴鸥在水里飞"，是由于光的折射形成的

B. 高楼大厦的玻璃幕墙会造成光污染，是由于光滑玻璃表面产生漫反射的缘故

C. 白光通过三棱镜后形成彩色光带，说明各种色光都是由白光组成的

D. 红、绿、蓝三种色光按一定比例可以组合成其他任意一种色光

云南省 2006 年：

1. 请将下列现象涉及的物理知识填在横线上。

教室里每位学生都能看见黑板上的字：_____。

12. 下列有关光的说法，正确的是（　　）

A. 水面上的倒影是由于光的直线传播引起的

B. 海市蜃楼是由于光的反射形成的

C. 彩色电视机屏幕上的丰富色彩是由红、绿、蓝三种色光混合而成的

D. 要矫正近视眼的视力，应佩戴镜片是凸透镜的眼镜

云南省 2007 年：

11. 雨过天晴，天空出现美丽的彩虹是由于光的_____形成的。

13. 学校举行文艺晚会，同学们在灯光下表演的手影游戏，是光的_____形成的。

19. 下面是某学习小组的同学探究光学规律的实验。

在探究"光的反射规律"时，得到下列四组数据：

次　数	1	2	3	4
入射角/°	10	30	40	60
反射角/°	10	30	50	60

①表格中错误数据是_____，正确的是_____。

②分析表格中的数据，你得出的光的反射规律是：_____。

云南省 2008 年：

2. 关于光现象，下列说法正确的是（　　　）

A. 用磨砂玻璃做教室的黑板是为了克服漫反射

B. 看到池子里的水深比实际的浅是由于光的折射所致

C. 雨后天空出现彩虹是由于光的反射形成的

D. 光的色散现象说明彩色光是由白光组成的

15. 国家游泳中心"水立方"体现了"科技奥运、人文奥运、绿色奥运"理念，外侧应用了 LED 照明技术，晚间可发出红、蓝、_____三种色光，按比例搭配可实现各种变色，达到"变幻莫测、流光溢彩"的效果。

18. 小宇利用下图所示装置将一细光束斜射到空气中，用于探究"光的折射规律"。

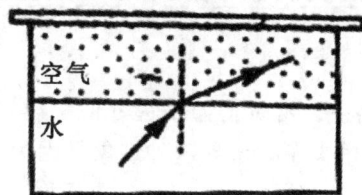

玻璃缸

（1）为了更清晰地观察水中的光路。可以采用的办法是：_____

_____。实验中，_____（填"能"或"不能"）看见反射光线。

（2）实验的折射光路如上图中所示，可以判定折射角_____（填"大于""小于"或"等于"）入射角。增大入射角观察到折射角在_____（填"增大"或"减小"）。若不断增大光在水中的入射角，会观察到的现象是：入射角到一定值时，_____。

云南省 2009 年：

13. 每逢节日，我国许多地方都会悬挂色彩鲜艳的彩旗和燃放烟花。彩旗的不同颜色是由红、_____、蓝三种颜料混合而成的；烟花在空中所形成的五彩缤纷的色光是由红、_____、蓝三种色光混合而成的。

18. 如下图所示为探究"平面镜成像规律"实验的装置，实验数据如下表所示：

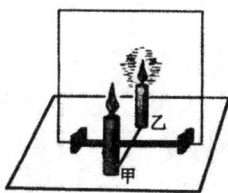

次数	甲到玻璃板的距离 L_1/cm	乙到玻璃板的距离 L_2/cm
1	4.4	4.2
2	6.0	5.8
3	8.7	8.5

（1）实验应在光线_____（填"较暗"或"较亮"）的环境中完成较好，实验时玻璃板应与水平桌面_____。

（2）实验中观察到与甲蜡烛相同的乙蜡烛恰好与甲蜡烛所成的像完全重合，表明：_____

_____。

（3）实验中记录数据如上表：观察每组数据可知：L_1 比 L_2_____cm，其原因可能是：_____

_____。

云南省 2013 年：

3. 照镜子时，你会在镜里看到另外一个"你"，镜里的这个"你"就是你的像。下列关于这个像的说法正确的是（　　）

A. 镜里的像是虚像　　　　　　　　B. 像的大小与镜的大小有关

C. 镜里的像是光的折射形成的　　　D. 人向镜靠近 0.2m，像将远离镜 0.2m

11. 雨后的天空，常常出现彩虹，这属于光的_____现象。我国是世界上电视用户最多的国家，彩色电视机屏幕上各种艳丽色彩是由红、_____、蓝三种光通过适当的比例混合得到的。

19. 请画出下图中入射光线 *AO* 对应的大致折射光线。

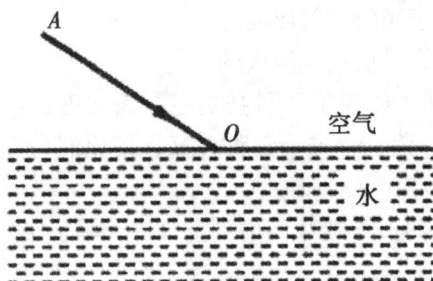

云南省 2014 年：

3. 炎热的夏天开车行驶在公路上，常觉得公路远处似乎有水，水中还有汽车、电杆等物体的倒影，但当车行驶至该处时，水却消失了。出现这种现象是因为光的（　　）

A. 漫反射　　　　　B. 镜面反射　　　　　C. 折射　　　　　D. 直线传播

14. 太阳光在真空中的传播速度是_____m/s。太阳光通过三棱镜后被分解成七种颜色的光的现象叫做光的_____。

21. 图甲是"探究平面镜成像特点"的实验装置。

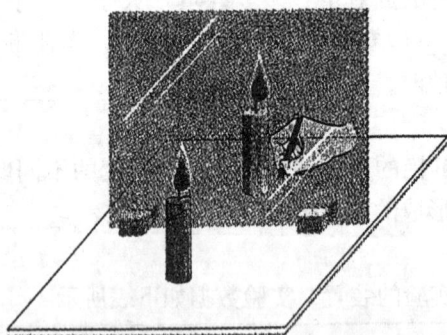
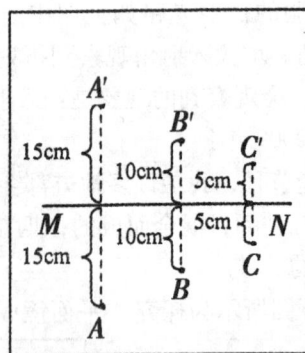

甲　　　　　　　　　　　乙

（1）除图甲所示的实验仪器外，还需用到的测量工具是_____。

（2）实验时，玻璃板要与纸面_____放置，沿玻璃板画一条直线 *MN* 代表_____的位置，然后把一支点燃的蜡烛放在玻璃板的前面，可以看到蜡烛在玻璃板后面所成的像，这个像是由于光的_____形成的。

（3）图乙是某小组同学用白纸记录的蜡烛和它所成的像的位置关系。分析图中信息可得出平面镜成像的特点：像和物到平面镜的距离_____；像和物的连线与平面镜_____。有同学将白纸沿直线 *MN* 对折后发现蜡烛的位置和它的像的位置重合，所以平面镜成像的特点又可表述为：平面镜成的像与物体关于镜面_____。

云南省 2015 年：

1. 2015 年 5 月 9 日，中国人民解放军三军仪仗队应邀到俄罗斯红场参加纪念苏联卫国战争暨

世界反法西斯战争胜利70周年阅兵，彰显国威、军威。仪仗队整齐列队时利用了光的（   ）

    A. 直线传播　　　　　B. 反射　　　　　C. 折射　　　　　D. 色散

18. 如图1所示，物体 A 在平面镜中所成的像为 A'，A 到 O 点的距离为 L。将镜面 OM 绕 O 点转过90°至 OM'，A' 的移动轨迹是_____形。

19. 如图2中 OA' 是入射光线 AO 的折射光线，请在图中画出入射光线 BO 的折射光线 OB' 的大致位置。

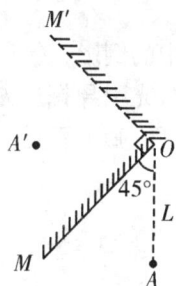

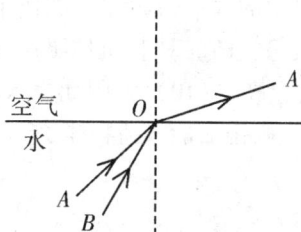

图1　　　　　　　　　　　　　　　图2

（二）云南考题分析

1. 云南省对本章主要考查：从光现象实例中辨别光沿直线传播、反射、折射；探究光的反射定律；反射定律；平面镜成像的特点的应用；探究平面镜成像的特点；从实例中辨别镜面反射与漫反射；折射规律；色散、光的三原色与物体的颜色。

2. 从光现象实例中辨别光沿直线传播、反射、折射，对于这个考点考查较为频繁。

3. 探究光的反射定律：

（1）试验中白纸板的作用：光在白纸板上发生漫反射显示光的路径，折转纸板来探究反射光线、入射光线、法线是否在同一平面内；

（2）从实验数据得出结论：反射角等于入射角；从实验现象得出结论：反射光线、入射光线、法线在同一平面内，光路可逆；

（3）反射角与入射角同增同减；

（4）纸板要与镜面垂直。

4. 反射定律：（1）角度计算；（2）作图。

5. 平面镜成像的特点的应用：

（1）相关距离简单计算；（2）物体与镜面距离发生变化时，像的大小不变；（3）作图。

6. 探究平面镜成像的特点：

（1）用玻璃板代替平面镜是便于确定像的位置，选择薄玻璃板是为了防止产生重影；

（2）用完全相同的两只蜡烛是便于比较像和物体的大小关系；

（3）选择较暗的环境：实验现象明显；

（4）玻璃板要与水平桌面垂直，否则物像不能重合；

（5）刻度尺的作用：测量物像到镜面的距离；

（6）平面镜所成的像是虚像，光屏接收不到。

7. 折射规律：

（1）从实例中识别折射现象；（2）作图。

8. 要注意反射与折射结合在一起的问题。

四、典例分析

例1. 下列物体中属于光源的是：_____。

A. 星星；B. 月亮；C. 太阳；D. 钻石；E. 点亮的电灯；F. 点燃的火把；G. 萤火虫；H. 灯

笼鱼；I. 金子。

例2. 下列现象中属于光沿直线传播现象的是：_____，

属于光的反射现象的是：_____，

属于光的折射现象的是：_____。

（1）人在平面镜中的像；（2）水中的筷子向上翘；（3）水中的倒影；（4）影子现象；（5）海市蜃楼；（6）小孔成像；（7）照相机拍照；（8）挖隧道时，用激光引导掘进方向；（9）看到水中的物体比实际物体位置高；（10）太阳灶烧水；（11）彩虹；（12）晴天看见"白云在水中飘动"；（13）近视的同学戴上眼镜后能看清物体了。

例3. 作出下列各图的入射光线、反射光线、反射面。

例4. 如下图所示，是笑笑同学探究光反射规律的实验。她进行了下面的操作：

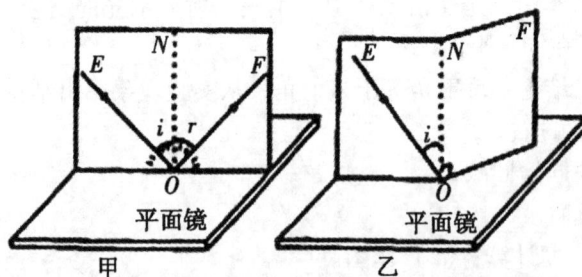

（1）实验时从光屏前不同的方向都能看到光的传播路径，这是因为光在光屏上发生了_____（填"镜面"或"漫"）反射，这种反射_____（填"遵循"或"不遵循"）反射规律。

（2）如图甲，让一束光贴着纸板沿某一个角度射到 O 点，经平面镜的反射，沿另一个方向射出，改变光束的入射方向，使∠i 减小，这时∠r 跟着减小；使∠i 增大，∠r 跟着增大，∠r 总是_____∠i，说明_____。

（3）如图甲，入射光线为 EO，反射光线为 OF，若让一束光沿 FO 射入，人们会发现反射光线沿_____方向射出，这说明了光在反射时_____。

（4）如图乙，把半面纸板 NOF 向前折或向后折，这时，在 NOF 上_____（填"能"或"不能"）看到反射光线，说明_____。

例5. 一束光与镜面成 40°角入射，则反射角是_____，反射光线与入射光线的夹角是_____，若入射角增大 10°，则反射角变为_____。

例6. 身高为1.6m的笑笑与镜面相距3m，则镜中的像与镜面相距＿＿＿m，则镜中的像与人相距＿＿＿m，镜中的像的高度为＿＿＿m，当人走近镜面时像的大小＿＿＿（"变大""不变""变小"），此时镜中的像的高度为＿＿＿m，若笑笑举起右手，镜中的像举起＿＿＿手。

例7. （1）在下图中画出物体 AB 在平面镜中的像；（2）在下图中画出平面镜的位置。

 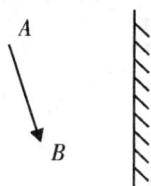 

（1）　　　　　　　　　　　　　　　　　　　（2）

例8. 笑笑同学在做"探究平面镜成像的特点"实验时，将玻璃板竖直放在水平桌面上，再取两段相同的蜡烛 A 和 B，研究蜡烛 A 在平面镜中成像的特点，如下图所示，在此实验中：

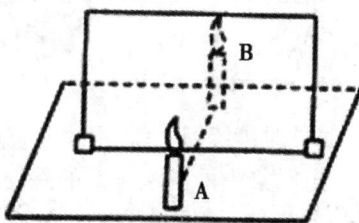

（1）用两段相同的蜡烛是为了便于＿＿＿＿＿＿＿＿＿＿＿＿＿＿＿＿＿＿＿＿＿＿＿＿；
用玻璃板代替平面镜是为了便于＿＿＿＿＿＿＿＿＿＿＿＿＿＿＿＿＿＿＿＿＿＿＿＿＿。

（2）在寻找蜡烛像的位置时，眼睛应该在蜡烛＿＿＿（选填"A"或"B"）这一侧观察。
看到的现象是：蜡烛 B 与蜡烛 A 的像＿＿＿，这说明平面镜所成的像与物体的大小＿＿＿。

（3）移去蜡烛 B，在其原来的位置上放一光屏，光屏上不能承接到蜡烛 A 的像，这说明平面镜所成的像是＿＿＿（选填"实"或"虚"）像。

（4）平面镜成像是光的＿＿＿现象（选填"反射"或"折射"）。

（5）本实验中玻璃板应该与水平桌面＿＿＿，且应该用＿＿＿（选填"厚"或"薄"）玻璃板。

例9. 画出图中大致的折射光线，并标出入射角 i 和折射角 r。

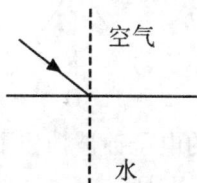 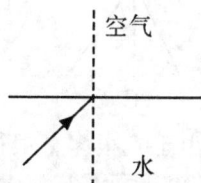 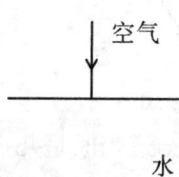 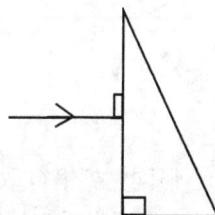

例 10. 下列说法正确的是（　　　）

A. 遥控器是利用了紫外线

B. 验钞机上看到的紫光是紫外线

C. 红外线是有用的，所以越多越好；紫外线是有害的，所以越少越好

D. 太阳光是天然紫外线的重要来源

五、课堂达标训练

1. (2014·长春) 北湖公园为美丽的长春又增添了一处靓丽的风景。人们游园时所看到的现象中，由于光的折射形成的是（　　　）

A. 水中的"白云"　　　B. 阳光下游客的影子　　　C. 水中游动的鱼　　　D. 垂柳在水中的倒影

2. (2014·巴中) 下列现象中，属于光的反射现象的是（　　　）

A. 木工检查木料是否平直　B. 演员对镜练习　C. 用放大镜观察指纹　D. 阳光穿过树林

3. (2014·凉山州) 下列关于"光现象"的说法正确的是（　　　）

A. 池水看起来比实际浅，这是由于光的反射引起的

B. 浓密的树荫下出现很多圆形的光斑，这是由于光的折射引起的

C. 路边建筑物的玻璃幕墙造成光污染，这是由于光的漫反射引起的

D. 因为光路可逆，所以甲从平面镜中看到乙的眼睛，乙也能从平面镜中看到甲的眼睛

4. (2014·新疆) 太阳光通过树叶间的空隙照射在地面上形成圆形光斑，这是因为光的（　　　）

A. 直线传播　　　　　B. 反射　　　　　　C. 折射　　　　　　D. 色散

5. 我们能在平静的水面上看到水旁边房子的"倒影"，则"倒影"是（　　　）

A. 房子的影子　　　　B. 房子的实像　　　C. 房子的虚像　　　D. 因为光的折射形成的

6. 入射光线与平面镜的夹角为60°，则反射角为＿＿＿＿＿；反射光线与入射光线的夹角为＿＿＿＿＿，若入射角增大10°，反射角将变为＿＿＿＿＿。

7. (2014·潍坊) 一束光从水中斜射入空气中时，发生了反射和折射现象。下列光路图能正确表示这一现象的是（　　　）

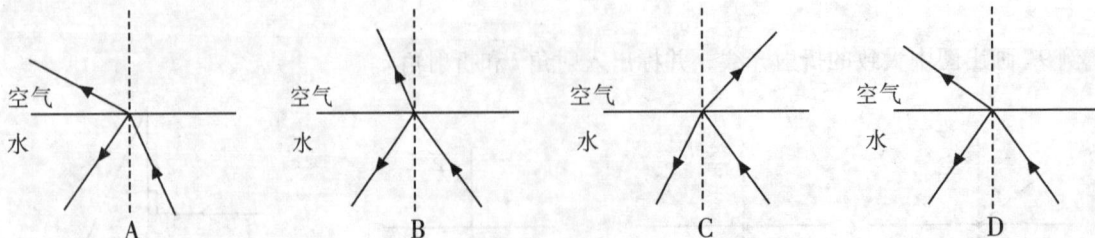

8. 小强同学到银行取款。他想知道当时是几点了，由于人很多，银行的电子钟被挡住了，他向上看时，发现光滑如镜的天花板上倒映出电子钟的影像为 12:50，则实际的时间应是＿＿＿＿＿；

银行的验钞机产生的_____可以使荧光物质发光。

9. （2014·咸宁）如右图所示，光在玻璃和空气的界面 CD 同时发生了反射和折射，以下说法正确的是（　　）

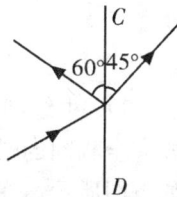

A. 入射角为60°，界面右侧是空气

B. 折射角为45°，界面右侧是玻璃

C. 入射角为30°，界面左侧是空气

D. 折射角为45°，界面左侧是玻璃

10. 下列关于光现象的说法中不正确的是（　　）

A. 日食和月食是由于光的直线传播引起的

B. 电视机的遥控器发出的是人眼看不见的红外线

C. 很厚的玻璃板看起来变薄了是由于光的折射引起的

D. 红色的牡丹花看上去为红色是由于它吸收红光，反射其他色光引起的

11. 小明正在中央电视台《开心辞典》栏目中答题。在第六关遇到的是这样的一道试题：一束太阳光透过一块红色的玻璃，照在白纸上，白纸呈_____色，照在红纸上，红纸呈_____色，照在绿纸上，绿纸呈_____色。

12. 在无任何光源的情况下，舞台追光灯发出的绿光照在穿白上衣、红裙子的演员身上，那么在观众看来她（　　）

A. 全身呈绿色

B. 上衣呈绿色，裙子呈紫色

C. 上衣呈绿色，裙子呈红色

D. 上衣呈绿色，裙子呈黑色

13. 关于紫外线的用途，下列说法正确的是（　　）

A. 电视机的遥控装置

B. 紫外线拍照

C. 钞票上的防伪措施

D. 军事设施上的夜视镜

14. 下列事例中没有应用红外线的是（　　）

A. 医学上的"B超"

B. 红外线拍照

C. 电视机遥控器

D. 红外线夜视仪

15. 小明利用如下图所示的实验装置，进行"探究光的反射规律"的实验。

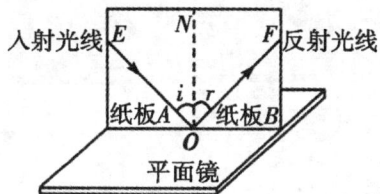

试验次数	入射角	反射角
1	30°	30°
2	40°	40°
3	50°	50°

（1）使光线以不同角度入射进行实验，测量结果如上表所示。由此可得：在反射现象中，反射角_____入射角。

（2）将一束光贴着纸板 A 沿 EO 射到 O 点，若将纸板 B 向前或向后折，目的是探究反射光线与入射光线是否在_____内，此时，在纸板 B 上_____（填"能"或"不能"）看到反射光线，此时，反射光线与入射光线_____（填"在"或"不在"）同一平面内。

（3）若将一束光贴着纸板 B 沿 FO 射到 O 点，光将沿图中的_____方向射出，这个现象说明：_____。

（4）实验中，小明能从不同方向看到纸板上的入射光线，说明光在纸板上发生_____（填"镜面"或"漫"）反射。

16. 下图是一束光线斜射向一块玻璃砖，请画出光线进入玻璃砖的折射光线和从玻璃砖的另一侧射出时的折射光线。

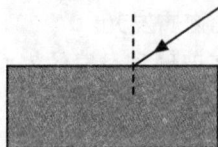

17. 小红同学在做"探究平面镜成像"的实验时，将一块玻璃板竖直架在水平直尺上，再取两段完全相同的蜡烛 A 和 B，点燃玻璃板前的蜡烛 A，小心地移动蜡烛 B，直到与蜡烛 A 的像重合，如下图所示。在此实验中：

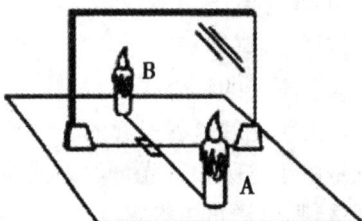

（1）为了便于观察，该实验最好在_____（选填"较亮"或"较暗"）环境中进行；此外，采用透明玻璃板代替平面镜，虽然成像不如平面镜清晰，但却能在观察到 A 蜡烛像的同时，也能观察到_____，巧妙地解决了确定像的位置和大小的问题；

（2）选取两段完全相同的蜡烛是为了比较像与物的_____关系；

（3）直尺的作用是便于比较物与像到_____的关系；

（4）移去蜡烛 B，并在其位置上放一光屏，则光屏上_____（选填"能"或"不能"）接收到蜡烛 A 烛焰的像，这表明平面镜所成的像是_____像（填"虚"或"实"）；

（5）如果使蜡烛 A 离玻璃板远一些，则它所成像的大小_____（选填"变大""变小"或"不变"）；

（6）实验中如果把玻璃板放置倾斜了，那么实验_____成功？（填"能"或"不能"）；原因是：_____。

18. 如下图，A、B 是两块互相垂直放置的平面镜，有一条光线按图中所示的方向射向 A 镜，请在图中完成光路图。

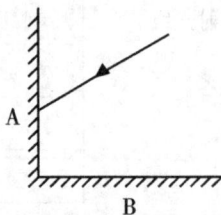

19. 如下图所示，平面镜前有一点光源 S，S 发出的一束光线被平面镜反射后经过 A 点，请作出该光线的光路图。

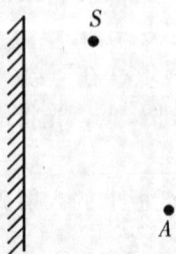

第五章　透镜及其应用

一、学业水平考试要求

1. 认识凸透镜会聚作用和凹透镜发散作用，探究凸透镜成像的规律（c）。
2. 了解凸透镜成像的应用（b）。

二、知识要点

1. 凸透镜对光有＿＿＿＿＿＿作用；凹透镜对光有＿＿＿＿＿＿作用。

画出凸透镜、凹透镜对光线作用的光路图：

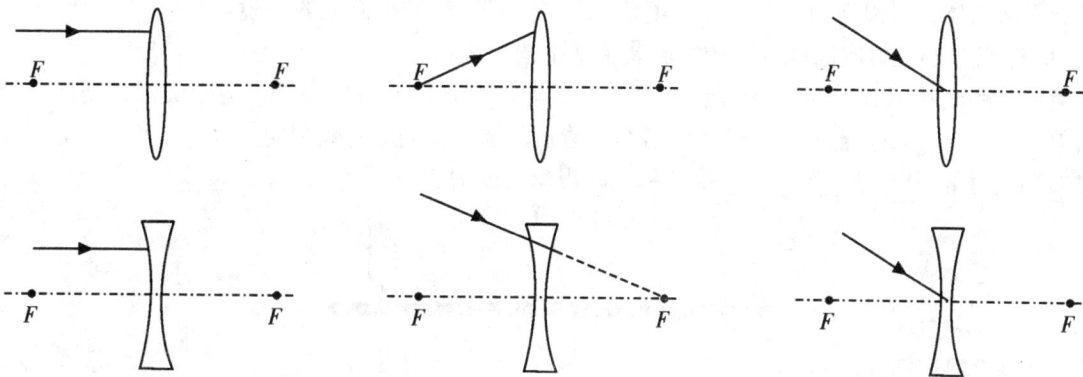

2. 凸透镜成像规律：物距 u，像距 v，焦距 f。

当 $u > 2f$ 时，成＿＿＿＿＿＿、＿＿＿＿＿＿的＿＿＿＿＿＿像，此时 $f < v < 2f$，应用：照相机，人眼；

当 $u = 2f$ 时，成＿＿＿＿＿＿、＿＿＿＿＿＿的＿＿＿＿＿＿像，此时 $v = 2f$；（用于求焦距 f）

当 $f < u < 2f$ 时，成＿＿＿＿＿＿、＿＿＿＿＿＿的＿＿＿＿＿＿像，此时 $v > 2f$，应用：幻灯机，投影仪等；

当 $u = f$ 时不成像；

当 $u < f$ 时，成＿＿＿＿＿＿、＿＿＿＿＿＿的＿＿＿＿＿＿像，应用：放大镜。

3. 当物距 u 满足 $u > f$ 的条件时：u 增大时像变＿＿＿＿＿＿，v 变＿＿＿＿＿＿；u 减小时像变＿＿＿＿＿＿，v 变＿＿＿＿＿＿。

当物距 u 满足 $u < f$ 的条件时：u 增大时像变＿＿＿＿＿＿；u 减小时像变＿＿＿＿＿＿。

4. 近视眼的成因：晶状体太厚（或眼球前后方向太长），使远处的物体成像于视网膜＿＿＿＿＿＿。

近视眼的矫正：＿＿＿＿＿＿透镜。例如：近视眼镜。

远视眼的成因：晶状体太薄（或眼球前后方向太短），使近处的物体成像于视网膜＿＿＿＿＿＿。

远视眼的矫正：＿＿＿＿＿＿透镜。例如：老花眼镜。

5. 显微镜：由目镜和物镜组成，目镜和物镜都是凸透镜，目镜成＿＿＿＿＿＿、＿＿＿＿＿＿的虚像；物镜成＿＿＿＿＿＿、＿＿＿＿＿＿的实像。

望远镜：由目镜和物镜组成，目镜和物镜都是凸透镜，目镜成＿＿＿＿＿＿、＿＿＿＿＿＿的虚像；物镜成＿＿＿＿＿＿、＿＿＿＿＿＿的实像。

三、云南中考真题分析

（一）云南怎么考

云南省 2005 年：

3. 照相机底片上所成的像是＿＿＿＿＿＿像（填"实"或"虚"）。

云南省 2006 年:

4. 凸透镜对光有会聚作用。一照相机镜头的焦距为15cm，要在底片上成清晰的人像，人与镜头的距离应_____30cm（填"大于""小于"或"等于"）；底片上所成的像是_____像（填"实"或"虚"）。

12. 下列有关光的说法，正确的是（　　）

A. 水面上的倒影是由于光的直线传播引起的

B. 海市蜃楼是由于光的反射形成的

C. 彩色电视机屏幕上的丰富色彩是由红、绿、蓝三种色光混合而成的

D. 要矫正近视眼的视力，应佩戴镜片是凸透镜的眼镜

云南省 2007 年:

13. 近视眼看不清远处的物体，是因为物体成像在视网膜_____（选填"前"或"后"）。为了能看清物体，可佩戴用_____（填"凸"或"凹"）透镜制成的眼镜。

19. 探究"凸透镜成像规律"的实验装置如下图所示:

当烛焰距凸透镜16cm时，移动光屏至某一位置，在光屏上得到一等大清晰的像，则该凸透镜的焦距是_____cm。若要在光屏上成缩小、清晰的像，他们应将蜡烛向_____移动（填"左"或"右"）。生活中的_____就是利用此规律制成的。

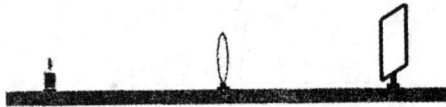

云南省 2008 年:

9. 照相机胶卷上所成的像是_____（填"实"或"虚"）像。

17. 下图中 F 为凸透镜的焦点，请画出图中光线的入射光线。

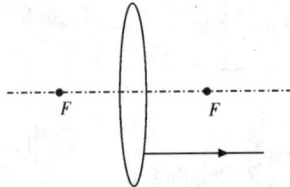

云南省 2009 年:

1. 关于照相机的下列说法，正确的是（　　）

A. 感光胶片上所成的像是缩小的虚像　　B. 感光胶片上所成的像是放大的实像

C. 照相机镜头相当于一个凹透镜　　D. 照相机镜头相当于一个凸透镜

云南省 2013 年:

21. 某实验小组用一凸透镜做"探究凸透镜成像规律"实验，进行了以下实验步骤:

（1）将凸透镜正对太阳，在另一侧移动光源，距凸透镜10cm处，光屏接收到一个最小、最亮的光斑，由此可知，该凸透镜的焦距为_____cm。

（2）如下图所示，将光具座上点燃的蜡烛的火焰、透镜、光屏三者的中心调节在_____，移动光屏始终找不到像，这是因为透镜与蜡烛的距离_____10cm所致（选填"大于""等于"或"小于"），应将蜡烛向_____（选填"左"或"右"）移动一段距离后，才能在光屏上得到烛焰清晰的像。

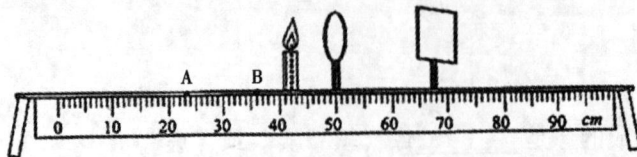

（3）把蜡烛移动到 B 处，移动光屏可得到＿＿＿＿的像（选填"放大"或"缩小"）。再将蜡烛移动到 A 处，并移动光屏可得到＿＿＿＿的像（选填"放大"或"缩小"），此时光屏与透镜的距离＿＿＿＿10cm（选填"大于"或"小于"）。

云南省 2014 年：

19. 请在下图中的虚线框内画出能矫正该眼睛视力的透镜。

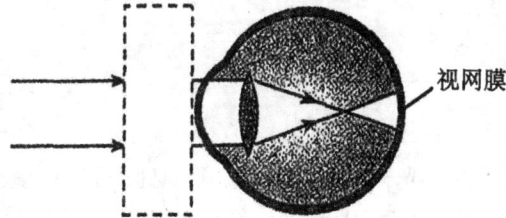

云南省 2015 年：

4. 如右图所示，小华同学在做"探究凸透镜成像规律"实验时，在光屏上接收到烛焰清晰缩小的像，下列说法正确的是（　　　）

A. 光屏上的像是正立的

B. 蜡烛在距透镜 2 倍焦距以内

C. 利用这个原理可以制成投影仪

D. 蜡烛靠近透镜，光屏应远离透镜才能得到清晰的像

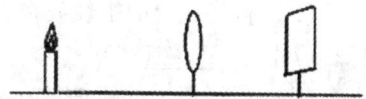

（二）云南考题分析

1. 云南省对本章主要考查：凸透镜、凹透镜对光的作用；凸透镜的成像特点及其应用；探究凸透镜成像的规律；近视眼与远视眼的成因及其矫正。

2. 凸透镜、凹透镜对光的作用：

（1）三条特殊光线的光路；

（2）暗盒问题。

3. 凸透镜的成像特点及其应用：

（1）已知物距（像距）来判断像的特征并指出其实际应用；

（2）已知像的特征和物距（像距）来判断焦距的范围；

（3）已知物距变化来判断像距、像的大小如何变化。

4. 凸透镜的成像特点及其应用；探究凸透镜成像的规律：

（1）实验前要调整烛焰、光屏、凸透镜三者的中心在同一高度：目的是让像成在光屏的中心；

（2）从实验数据和现象总结成像规律；

（3）焦距的判断或计算；

（4）给出物距变化的条件来判断像距、像的大小如何变化；

（5）不完整透镜成像情况：不完整透镜所成的像是完整的，只是亮度减弱不如原来清晰。

四、典例分析

例 1. 完成下列图中的光路图。

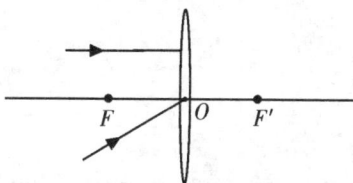

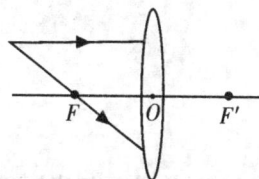

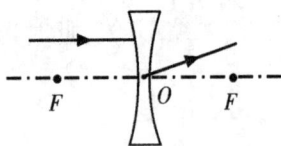

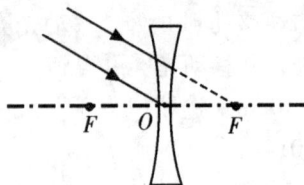

例2. 把一个凸透镜正对着太阳光，在距凸透镜10cm处得到一个最小最亮的光斑。

（1）若将点燃的蜡烛放在离凸透镜30cm处，经凸透镜所成的像是_____、_____的_____像；应用_____。

（2）若将点燃的蜡烛放在离凸透镜20cm处，经凸透镜所成的像是_____、_____的_____像。

（3）若将点燃的蜡烛放在离凸透镜14cm处，经凸透镜所成的像是_____、_____的_____像；应用_____。

（4）若将点燃的蜡烛放在离凸透镜8cm处，经凸透镜所成的像是_____、_____的_____像；应用_____。

（5）若将点燃的蜡烛从离凸透镜15cm处移动到离凸透镜35cm处，则经凸透镜所成的像会_____，像距会_____。（选填"变小""变大""不变"）

（6）若将点燃的蜡烛从离凸透镜5cm处移动到离凸透镜9cm处，则经凸透镜所成的像会_____。（选填"变小""变大""不变"）

例3. 笑笑用光具座探究凸透镜成像规律，她先将物体放在凸透镜前某一位置时恰在透镜后20cm处的光屏上出现一个与该物体等大的像；若现将物体移至透镜前15cm处时，在光屏上将出现（　　）

A. 倒立放大的实像　　　　B. 倒立缩小的实像
C. 正立放大的虚像　　　　D. 光屏上接收不到像

例4. 把蜡烛放在距离凸透镜50cm处，在透镜另一侧的光屏上观察到倒立、缩小的清晰像。那么凸透镜的焦距不可能是（　　）

A. 5cm　　　　B. 10cm　　　　C. 20cm　　　　D. 30cm

例5. 全国中学生体质健康调研表明：中学生近视发生率急剧上升，且低龄化，甲、乙两眼睛的成像示意图如下图，下列判断正确的是（　　）

A. 甲是近视眼，应佩戴凸透镜制成的眼镜矫正
B. 甲是近视眼，应佩戴凹透镜制成的眼镜矫正
C. 乙是近视眼，应佩戴凸透镜制成的眼镜矫正
D. 乙是近视眼，应佩戴凹透镜制成的眼镜矫正

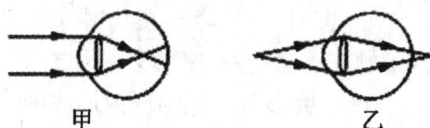

例6. 笑笑同学用一个焦距未知的凸透镜、蜡烛、光屏、光具座探究凸透镜成像规律：

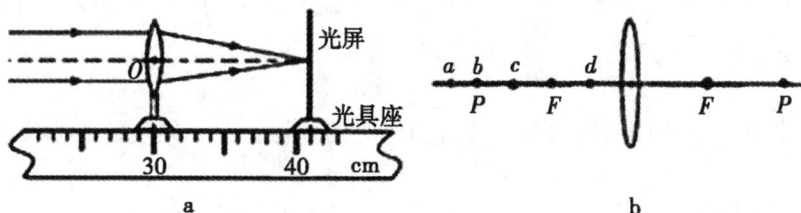

（1）如图a可知，该凸透镜的焦距是_____cm。

（2）如图b所示，若在光屏上（光屏未画出）能得到清晰放大的烛焰的像，则蜡烛可能置于凸透镜左边a、b、c、d四点中的_____点上（P是该凸透镜的2倍焦距处），此成像特点可应用在_____上。

（3）通过实验，笑笑发现蜡烛离凸透镜越远，光屏上得到的清晰像越_____（填"大"或"小"）。把蜡烛向凸透镜靠近时，要在光屏上成清晰的像，光屏应_____凸透镜（填"靠近"或"远离"），此时在光屏上成的清晰像是_____的（填"倒立"或"正立"）。

（4）实验中，光屏上已成清晰的、缩小的像，此时笑笑固定蜡烛和凸透镜，在光屏和凸透镜间放上自己所佩戴的近视眼镜，若仍要在光屏上成清晰的像，则需将光屏向_____（填"靠近"或"远离"）凸透镜的方向移动，此时所成的清晰像为_____像（填"实"或"虚"）。

五、课堂达标训练

1.（2013·枣庄）在做"探究凸透镜成像实验"时，将焦距为10cm的凸透镜和蜡烛放在光具座上，位置如右图所示，则在光屏上（　　　）

A. 成倒立放大的实像
B. 成倒立缩小的实像
C. 光屏上不会得到像
D. 像距大于10cm小于20cm

2.（2014·海南）如下图是探究凸透镜成像规律时观察到的现象，下列光学仪器中成像原理与其相同的是（　　　）

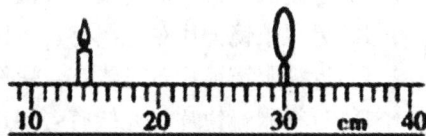

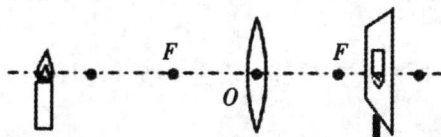

A. 放大镜　　　　B. 幻灯机　　　　C. 照相机　　　　D. 近视眼镜

3. (2014·赤峰) 在我国首次"太空授课"中，女航天员王亚平制造了一个小水球，我们看到了她在水球中的"倒影"，如右图，下列说法正确的是（　　）

A. "倒影"是光的反射形成的

B. "倒影"不能成在光屏上

C. 照相机是利用这一成像原理制成的

D. 若王亚平距水球变远，"倒影"会变大

4. (2014·郴州) 如下图，F 是透镜的焦点，其中正确的光路图是（　　）

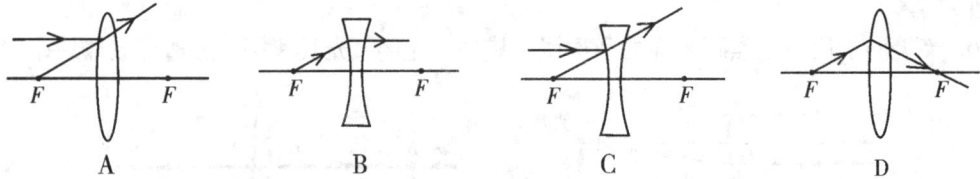

A　　　　B　　　　C　　　　D

5. (2014·长沙) 如右图是杨大爷眼睛看物体时的成像情况，则它的眼睛类型及矫正需要选用的透镜分别是（　　）

A. 远视眼　凸透镜

B. 远视眼　凹透镜

C. 近视眼　凹透镜

D. 近视眼　凸透镜

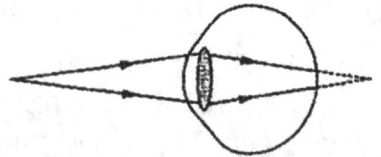

6. (2013·乐山) 常见的视力缺陷有近视和远视。如右图所示是一位视力缺陷者的眼球成像示意图，他的视力缺陷类型及矫正视力应该佩戴的透镜种类是（　　）

A. 远视眼　凸透镜

B. 远视眼　凹透镜

C. 近视眼　凸透镜

D. 近视眼　凹透镜

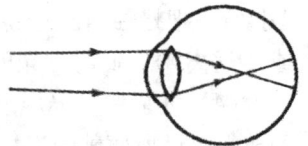

7. (2014·常德) 透镜在我们的生活、学习中应用广泛，下列说法正确的是（　　）

A. 近视眼镜利用了凹透镜对光的发散作用

B. 照相时，被照者应站在镜头二倍焦距以内

C. 显微镜的目镜成正立、缩小的虚像

D. 借助放大镜看地图时，地图到放大镜的距离应大于一倍焦距

8. 某小组同学在做凸透镜成像实验时，在右图所示光具座上得到一个清晰的像。他们把一个近视眼镜镜片放在凸透镜与蜡烛之间，发现光屏上的像变得模糊不清。他们想再次得到清晰的像，下面是他们的分析，正确的是（　　）

A. 近视眼镜镜片对光线有发散作用，光屏应向左调

B. 近视眼镜镜片对光线有发散作用，光屏应向右调

C. 近视眼镜镜片对光线有会聚作用，光屏应向左调

D. 近视眼镜镜片对光线有会聚作用，光屏应向右调

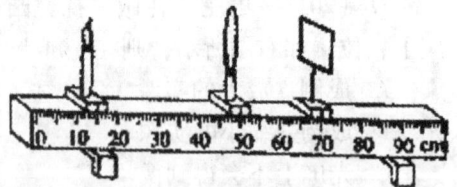

9. 中学生小明发现自己最近一段时间只能看清近处的物体，看不清远处的物体，老师告诉他可能患上了_____（填"近视"或"远视"）眼病，需要佩戴_____透镜矫正，而小明的爷爷却看不清近处的物体，是老花眼，老花眼是_____（填"近视"或"远视"）眼，需要佩戴_____透镜矫正。

10. (2014·丹东) 如下图所示，在探究"凸透镜成像规律"的实验中，依次将点燃的蜡烛、凸透镜、光屏放在光具座上。

（1）实验前，调节烛焰、凸透镜、光屏的中心大致在同一高度，目的是_____。

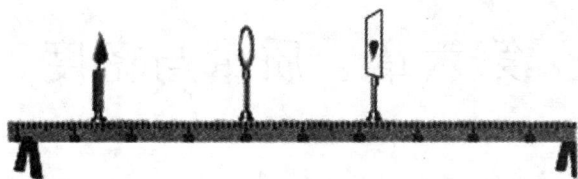

（2）蜡烛与凸透镜的距离在一倍焦距和二倍焦距之间时，在凸透镜的另一侧移动光屏，会在光屏上得到一个清晰的像，生活中的_____（选填"照相机""投影仪"或"放大镜"）应用了这个成像规律。接下来保持凸透镜的位置不变，将蜡烛与光屏的位置对调后，在光屏上还会出现一个清晰的像，这时所成的像是_____、_____的实像，这是因为光在折射时光路是_____。

（3）实验中，将蜡烛向远离凸透镜方向移动，若在光屏上还能够得到清晰的像，应将光屏_____（选填"远离"或"靠近"）凸透镜。

11. 以下是小明"探究凸透镜成像的规律"的实验过程，请将其补充完整：

（1）他将蜡烛、凸透镜、光屏依次放置在光具座上。

（2）点燃蜡烛，调整烛焰中心、透镜中心、光屏中心，使其在_____。

（3）小明将点燃的蜡烛分别放在如下图所示的 a、c、e 三点，

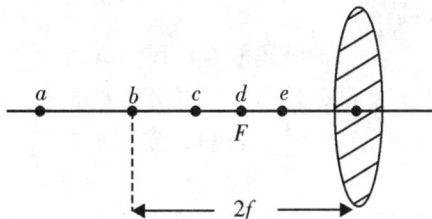

①蜡烛在 a 点时移动光屏，接收到了清晰的像，生活中_____利用了此成像规律。（选填"照相机""投影仪""放大镜"）；

②在凸透镜位置不变时，将蜡烛从 a 点移至 c 点，要在光屏上成清晰的像，光屏应向_____透镜方向移动；

③将蜡烛移到 e 点时，移动光屏，_____在光屏上接收到清晰的像（选填"能""不能"），但是能从另一侧看到_____、_____的_____像，生活中_____利用了此成像规律。

12. 完成下列图中的光路图。

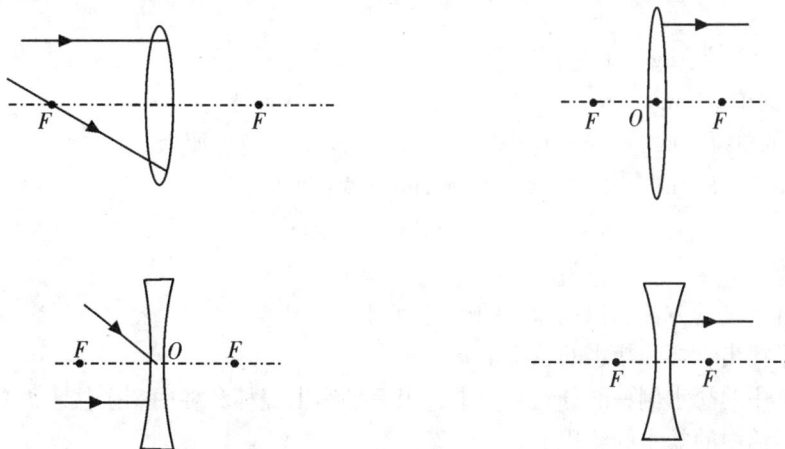

第六章　质量与密度

一、学业水平考试要求

1. 知道质量的含义（a）；会测量固体和液体的质量（c）。

2. 通过实验，理解密度；会测量固体和液体的密度（a）。

3. 能解释生活中一些与密度有关的物理现象（b）。

二、知识要点

1. 质量（m）：物体所含_____的多少，叫做质量。

2. 质量的国际单位是：_____（kg）

常用的质量单位还有：_____（t）_____（g）_____（mg）

$$1t = \underline{\quad\quad} kg \qquad 1kg = \underline{\quad\quad} g \qquad 1g = \underline{\quad\quad} mg$$

3. 质量是物体的基本属性之一，物体的质量不随它的_____、_____、_____的变化而变化。

4. 实验室测量物体质量的工具：_____。

5. 使用托盘天平的基本步骤是：

（1）放：把天平放在_____上，把游码放在标尺左端的_____处。

（2）调：调节横梁两端的平衡螺母，使指针指在分度盘的_____处，这时天平平衡。

（3）称：称量时把被测物体放在_____盘里，砝码放在_____盘里，加减砝码并调节游码，使天平重新平衡。

（4）记：被测物体的质量等于天平盘中砝码的总质量加上游码所在的数值。

为了不使天平损坏，使用时应注意：

（1）使用前要观察天平的_____和_____，被测物体的质量不能超过天平的称量。

（2）向盘中加减砝码时要用_____，不能用手接触砝码，不能把砝码弄湿、弄脏。

（3）潮湿的物体和化学药品_____直接放到天平的盘中。

6. 密度：某种物质组成的物体的_____与它的_____之比叫做这种物质的密度。

质量的符号是 m，体积的符号是 V，密度的符号是 ρ，则密度公式为：

$$\rho = \frac{m}{V}$$

质量（m）的单位：kg（千克）　　　　　　g（克）

体积（V）的单位：m^3（米³）　　　　　　cm^3（厘米³）

密度（ρ）的单位：kg/m^3（千克/米³）　　　g/cm^3（克/厘米³）

7. 密度的单位：kg/m^3（千克/米³）　g/cm^3（克/厘米³）

$$1g/cm^3 = 10^3 kg/m^3$$

8. 水的密度：$\rho_水 = \underline{\quad\quad} kg/m^3 = \underline{\quad\quad} g/cm^3$。

9. 测量液体密度的方法：以测盐水的密度为例。

（1）用天平测出烧杯和盐水的总质量 m_1；

（2）将烧杯中的盐水倒一部分到量筒中，用天平称出烧杯和杯中剩余盐水的总质量 m_2；

（3）读出量筒中的盐水的体积 V；

（4）盐水的密度：$\rho = \dfrac{m_1 - m_2}{V}$。

10. 测量形状不规则固体的密度：以测小石块的密度为例

（1）用天平测出小石块的质量记为 m；

（2）用量筒取一定体积的水，水的体积记为 V_1；

（3）用细线拴住小石块，把小石块浸没在量筒的水中，读出此时水面的示数，记为 V_2；

（4）小石块的密度：$\rho = \dfrac{m}{V_2 - V_1}$。

三、云南中考真题分析

（一）云南怎么考

云南省 2005 年：

17. 如下图所示，用天平测量一样品的质量，其读数为＿＿＿＿＿＿g。（2分）

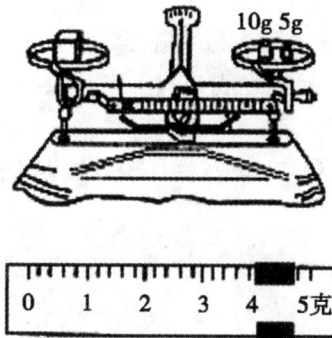

云南省 2006 年：

14. 甲、乙两种物质的质量和体积关系图像如右图所示，由图像可知（　　　）

A. $\rho_甲 : \rho_乙 = 4 : 1$

B. $\rho_甲 : \rho_乙 = 1 : 4$

C. 若 $V_甲 = V_乙$，则 $m_甲 < m_乙$

D. 若 $m_甲 = m_乙$，则 $V_甲 > V_乙$

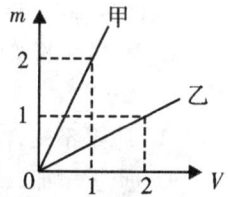

云南省 2007 年：

24. 某电热水壶的铭牌如下表所示。小菲研究有关资料后得知，在正常情况下用 9min 可烧开一壶 20℃ 的水（在 1 标准大气压下）。一天她用这个热水壶，烧开同样的一壶水却用了 10min。问：烧开这壶水需要吸收多少热量？

××牌电热水壶	
额定电压	220V
额定容量	1.2L
额定功率	800W
额定频率	50Hz

云南省 2008 年：

15. 国家游泳中心"水立方"体现了"科技奥运、人文奥运、绿色奥运"理念，建造时大量使用了一种轻型膜材料，该材料具有强度特别大、密度＿＿＿＿＿＿（填"小"或"大"）的特性；"水立方"蓄水量近 $10^4 m^3$，水重为＿＿＿＿＿＿N。

17. 下图是天平右盘中的砝码及游码的位置，被测物体的质量为＿＿＿＿＿＿g。

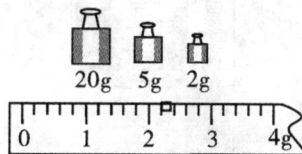

23. （8分）我省有丰富的地热资源，可开发用于居民生活、发电、供暖等。腾冲热海的"大

滚锅"呈圆筒形,直径约6m,深1.5m,周围用半圆形石板围成,终年热波喷涌,气浪腾腾,水温高达96.6℃。锅内水的密度取$1.0×10^3kg/m^3$,比热容为$4.2×10^3J/(kg·℃)$。(计算结果保留两位小数)

求"大滚锅"内水的质量。

云南省 2009 年:

23. 2008 年 12 月 26 日,中国人民解放军海军舰艇编队从海南三亚起航,赴亚丁湾索马里海域执行护航任务。指挥舰"武汉"号导弹驱逐舰是我国自行设计建造的新型现代化导弹驱逐舰,它长 155.5m,满载时的排水量 5000t。

驱逐舰满载时排开海水的体积是多大 ($\rho_{海水}=1.03×10^3kg/m^3$)?

云南省 2013 年:

6. 不漏气的橡皮氢气球由地面上升过程中,下列关于球内气体的质量与密度的说法,正确的是 (　　　)

A. 质量不变,密度增加　　　　　　　B. 质量不变,密度减小

C. 质量增加,密度不变　　　　　　　D. 质量减少,密度不变

20. 如下图所示,天平所测物体质量是_____g。

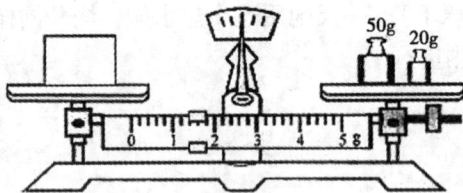

云南省 2014 年:

4. 用高压锅烧水,拧紧锅盖后水温缓慢上升。在水烧开前,锅内水的 (　　　)

A. 体积变小　　　　B. 内能变大　　　　C. 密度变大　　　　D. 比热容变小

20. 如下图所示,量筒中液体的体积为_____cm^3。

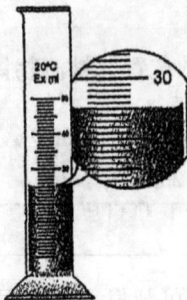

（二）云南考题分析

1. 云南省对本章主要考查：质量的概念；密度的概念和计算；测量固体和液体的密度。

2. 质量的概念：以实际例子考查质量不随物体的位置、形状、状态、温度的改变而改变。

3. 密度的概念和计算：（1）用密度的定义式进行简单计算，其中伴随密度、质量、体积三者单位换算；（2）给出实例判断某物体密度怎样变化：用密度的定义式进行判断。

4. 测量固体和液体的密度：（1）量筒的读数；（2）天平的读数和使用方法；（3）用密度的定义式进行简单计算；（4）从不同测量方法中分析误差和评估实验。

四、典例分析

例1. 一块砖截去一半，剩下一半的密度_____；一瓶氧气被病人吸去一半后，剩下一半的质量_____，体积_____，密度_____。（选填"变大""变小""不变"）

例2. 在探究质量与体积的关系时，笑笑找来大小不同的塑料块和某种液体做实验。

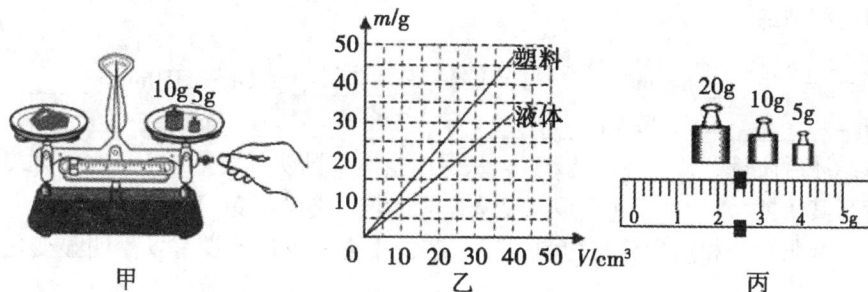

（1）图甲是笑笑在水平桌面上使用托盘天平的情景，她的错误是：

_____。

（2）改正错误后，笑笑正确操作，根据实验数据分别画出了塑料块和液体质量随体积变化的图像，如图乙所示。

①分析图像可知：同种物质的不同物体，其质量与体积的比值_____（选填"相同"或"不同"），物理学中将质量与体积的比值定义为密度，塑料的密度为_____kg/m³。

②往烧杯内倒入10cm³的液体，用天平称出烧杯和液体的总质量，天平平衡时，右盘中砝码的质量及游码的位置如图丙所示，则烧杯和液体的总质量为_____g，若烧杯内液体的体积为20cm³，则烧杯和液体的总质量应为_____g。

例3. 在下面"测盐水密度"的实验步骤中，请选出最佳的实验步骤（可去掉无用的步骤），并按照正确顺序把字母填在下面的空白处。

A. 把玻璃杯中盐水倒入量筒中一部分，记下量筒中盐水的体积；

B. 用天平称出玻璃杯质量，再把量筒中盐水倒入玻璃杯，再称出它们的质量；

C. 在玻璃杯中盛盐水，用天平称出它的质量；

D. 用密度公式求出盐水的密度；

E. 称出玻璃杯和杯中剩下的部分盐水的质量。

无用的实验步骤是：_____；实验顺序应为：_____。

例4. （1）一容器里有质量为0.272kg的某种液体，其体积为20cm³，则这种液体的密度是多少？

（2）10.5L水的质量是多少？

（3）500g水的体积是多少？

例5. 一个空瓶子的质量是150g，当装满水时，瓶和水的总质量是400g；当装满另一种液体时，瓶和液体的总质量是350g。则这个瓶子的容积是_____cm³，液体的密度是_____kg/m³。

五、课堂达标训练

1. 0.8g/cm³ = _____kg/m³；2.7×10³kg/m³ = _____g/cm³；550ml = _____cm³ = _____m³；1.8L = _____cm³；5.6L = _____m³；2.8t = _____kg。

2. 1kg水结冰后质量_____，2kg黄金从保山空运到昆明其质量_____，质量为4kg铁块被压成薄铁片后其质量_____。（选填"变大""变小"或"不变"）

3. （2014·邵阳）一根质量分布均匀的铅笔芯，用去一半后，没有发生明显变化的物理量是它的（　　）

 A. 质量　　　　　　　B. 体积　　　　　　　C. 长度　　　　　　　D. 密度

4. （2014·黄冈）不漏气的橡皮氢气球由地面上升过程中，球内气体的质量与密度的变化情况是（　　）

 A. 质量增加，密度增加　　　　　　　B. 质量不变，密度减小

 C. 质量减小，密度减小　　　　　　　D. 质量不变，密度不变

5. （2014·江西）装满水的玻璃瓶中的水结冰后会使玻璃瓶破裂，由水变成冰的过程中质量_____，密度_____（选填"变大""变小"或"不变"）。

6. （2014·宜宾）从火炉中拿出被烧红的铁块，降温后会变大的物理量是（　　）

 A. 内能　　　　　　　B. 质量　　　　　　　C. 体积　　　　　　　D. 密度

7. 小明在实验室用天平和量筒测量矿石的密度。他先把托盘天平放在水平桌面上，将游码移到标尺左端的零刻度线处，发现指针在图甲位置静止。接着他将天平右端的平衡螺母向_____调节，使横梁在水平位置平衡。然后他用天平测量矿石的质量，示数如图乙所示，则矿石的质量为_____g。最后他用量筒测量矿石的体积，示数如图丙所示，矿石的体积为_____cm³，由此可得矿石的密度为_____kg/m³。

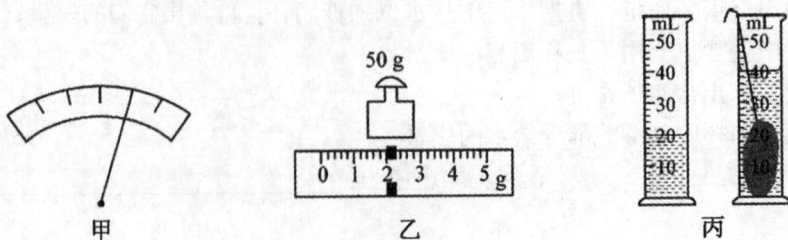

8. （2013·岳阳）有一体积为30cm³的均匀固体，用天平测得它的质量为237g，则（　　）

A. 用天平测质量时，固体应放在天平右盘　　B. 此固体的密度为 $7.9g/cm^3$

C. 把此固体截去一半，剩余部分密度减小　　D. 只改变此固体形状，它的质量减少

9. 如右图所示的是 A、B 两种物质的质量 m 与体积 V 的关系图像。由图像可知，A、B 两种物质的密度 ρ_A、ρ_B 和水的密度 $\rho_水$ 之间的关系是（　　）

A. $\rho_B > \rho_水 > \rho_A$　　　　B. $\rho_B > \rho_A > \rho_水$

C. $\rho_A > \rho_水 > \rho_B$　　　　D. $\rho_水 > \rho_A > \rho_B$

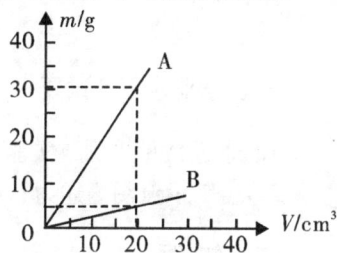

10. 在生产和生活中，人们常把密度作为所选材料的主要考虑因素，下面属于主要从密度的角度考虑选材的是（　　）

A. 用铜做家庭电路的导线　　　　B. 用塑料泡沫做电影场景中滚落的"石头"

C. 用水作为汽车发动机的冷却液　　D. 用橡胶做汽车轮胎

11. 在"测酸奶密度"的实验中：

（1）小明的实验方案：用天平和量筒测密度。

①他用已调节好的天平测得空烧杯的质量 m_0 为 37.4 g；接着把酸奶倒入烧杯中，测得烧杯和酸奶的总质量 m_1，如下图所示 $m_1 =$ _____ g；然后把烧杯中的酸奶倒入量筒中，如下图所示，$V_奶 =$ _____ cm^3；则酸奶的密度 $\rho =$ _____ kg/m^3。

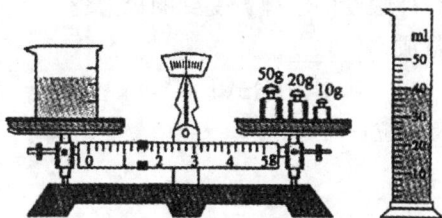

②在交流讨论中，小雨同学认为小明测得的酸奶密度值偏大。其原因是 _____ _____。

（2）小雨的实验方案：巧妙地利用天平、小玻璃瓶（有盖）和水测酸奶密度。

请你简要写出小雨的实验过程和酸奶密度的计算表达式（用测量的物理量符号表示）。

_____

_____

_____

12. 一种叫"全碳气凝胶"的固体材料，它是我国科学家研制的迄今为止世界上最轻的材料。一块体积为 $100cm^3$ 的全碳气凝胶的质量只有 0.016g，则它的密度是多少？质量为 32g 的全碳气凝胶的体积是多少 m^3？

13. $5m^3$ 的冰融化成水后，水的体积是多少？（$\rho_水 = 1.0 \times 10^3 kg/m^3$，$\rho_冰 = 0.9 \times 10^3 kg/m^3$）

14. 有一个瓶子最多能装 0.96kg 油，最多能装 1.2kg 水，求油的密度？（$\rho_水 = 1.0 \times 10^3 kg/m^3$）

第七章 力

一、学业水平考试要求

1. 通过常见事例或实验，了解重力和弹力；认识力的作用效果（a）。

2. 会用示意图描述力；会测量力的大小（c）。

二、知识要点

1. 力是_____。力不可以_____而独立存在。

2. 力作用效果：（1）力可以改变物体的_____；（2）力可以改变物体的_____。

3. 把力的_____、_____、_____叫做力的三要素。

4. 力的示意图：用一根带箭头的线段表示力的三要素，箭头的方向表示力的_____，线段的长短表示力的_____，线段的起点或终点表示力的_____。

5. 物体间力的作用是_____的。

6. 物体由于发生_____而产生的力叫做弹力。

7. 弹簧测力计的原理：在弹性限度内，弹簧受到的拉力越_____，弹簧的伸长量就越_____。

8. 物体所受重力跟它的质量成_____。

$$重力公式：G = mg$$

重力公式中各字母的含义及单位：

G（重力）——牛顿（N）

m（质量）——千克（kg）

$g = 9.8$ 牛／千克（N/kg）（在要求不很精确的情况下可取 $g = 10$N/kg）

9. 重力的方向是_____的。

10. 重力在物体上的作用点叫做重心，形状规则、质量分布均匀的物体，它的重心在它的几何中心上。

三、云南中考真题分析

（一）云南怎么考

云南省 2005 年：

17. 如右图所示弹簧测力计中手的拉力是_____N。

云南省 2006 年：

22. 学校多功能教室的地板是用瓷砖铺设的，瓷砖的包装箱上标有"瓷砖的最大承受压强：6×10^6Pa 的字样"。现在要在多功能教室安装一质量为 300kg，着地面积为 3×10^{-5}m^2 的电器设备。g 取 10N/kg。试问：电器设备是否可以直接放置在教室地板上？通过计算说明理由。

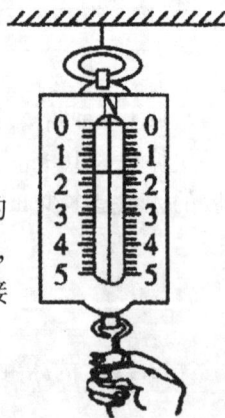

云南省 2007 年：

22.（7分）工人师傅用起重机将质量为 0.6t 的货物匀速提升 4m，起重机的功率是 2.0×10^3 W。若机械效率为 60%（取 $g = 10N/kg$）。求：起重机所做的有用功。

23.（6分）在新农村建设中，村委会决定建盖一间老年活动室，其设计的房子剖面如右图所示。地基和房体的总质量为 $4.0 \times 10^5 kg$，与地面接触的地基总面积为 $3.2 \times 10^5 cm^2$。经勘察地面能够承担的压强为 $1.21 \times 10^5 Pa$（取 $g = 10N/kg$）。问：通过计算说明村委会能否按设计要求建盖？

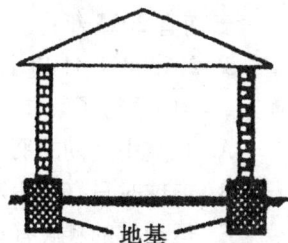

地基

云南省 2008 年：

15.“水立方”蓄水量近 $10^4 m^3$，水重为_____N。

云南省 2009 年：

9. 当运动员用网球拍击球时，球和球拍都会变形，表明力可以改变物体的_____。

17.（1）在图 1 中画出小球所受重力的示意图。

（2）如图 2 所示，物体所受重力为_____N。

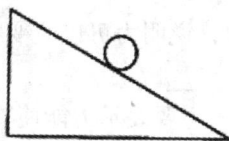

图1

图2

云南省 2013 年：

24. 一轿车包括乘客质量为 1600kg，轿车静止时轮胎与水平地面接触的总面积为 $0.1m^2$，该轿车上午 11:30 驶入黄城高速公路入口，下午 1:30 到达青州出口，总共行驶了 240km，该段高速公路限速 120km/h，其间经过的隧道和桥梁限速为 80km/h。轿车静止在水平路面上时对地面的压强是多大？

云南省 2014 年：

26. 小明同学家购买的微电脑控温电茶壶，具有自动抽水、煮水、显示水温、控温等功能，使用十分方便。据查，该产品额定电压为220V，额定总功率1210W，煮水时功率1200W，茶壶容量1.0L。水的比热容 $c_水 = 2 \times 10^3 J/(kg \cdot ℃)$。将550ml的纯净水从桶中提升0.6m，求电动机对水所做的功。

云南省 2015 年：

3. 2015 年 5 月 19 日，中国羽毛球队在苏迪曼杯世界羽毛球混合团体赛决赛中实现六连冠，为国争得了荣誉。有关羽毛球运动，下列说法正确的是（　　）

A. 在空中运动的羽毛球不受重力作用

B. 击球时只有球拍发生了形变

C. 运动员的鞋底有花纹是为了减少摩擦

D. 运动员挥拍将羽毛球击出说明力可以改变物体的运动状态

20. 右图中弹簧测力计的读数为_____N。

（二）云南考题分析

1. 云南省对本章主要考查：力的作用效果与力的三要素；力的示意图；重力公式。

2. 力的作用效果与力的三要素：从实际例子中考查力的作用效果与力的三要素。

3. 力的示意图：着重考查重力、摩擦力、浮力的示意图。

4. 重力公式：与二力平衡、功、功率、压强、浮力结合考查。

四、典例分析

例1.（1）一个表面有水的篮球落在地面上又跳起，说明力可以改变物体的_____，同时发现地面上有球印，这又说明力可以改变物体的_____。

（2）如图a、b所示的两个情景中，其中图_____主要表示力能使物体的运动状态发生改变，其中图_____主要表示力能使物体的形状发生改变（选填"a""b"）。

例2. 如图1所示的现象说明了力的作用效果与力的_____有关；如图2所示，某人用大小相同的力作用于弹簧，观察比较（a）（b）两图，可知力的作用效果与力的_____有关。

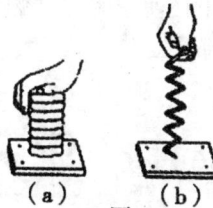

图1   图2

例3. 游泳时手和脚向后划水，人会向前运动，推动人向前运动的力的施力物体是_____，此现象说明_____。

例4. 请在下图中画出沿斜面向上运动的物体受到的重力的示意图，其中运动物体的质量是500g。

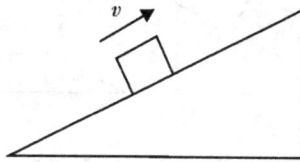

例5.（1）随着人们生活水平的不断提高，汽车已经走进我们的家庭，笑笑家最近也买了一辆轿车，该车车身质量为1.8t，五一期间，笑笑一家从保山自驾车到大理赶三月街，若笑笑一家及随身物品的总质量为200kg，则此时汽车受到的总重力是多少？

（2）一位同学的重力580N，则这位同学的质量是多少？

（3）1.2L水的重力是多少？

五、课堂达标训练

1. 如下图所示，是正在使用的弹簧测力计，这个弹簧测力计的量程为_____，分度值为_____，此时的测力计的示数为_____N。

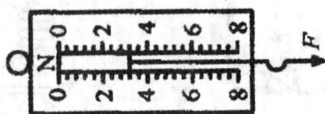

2. 在下图所指出的四个力中，使受力物体运动状态发生改变的是（　　　）

　　　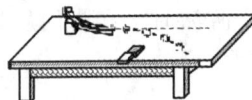

手对弹簧的拉力　　　　人对跳板的压力　　　　手对弓的拉力　　　磁铁对小铁球的吸引力
　　　A　　　　　　　　　　　B　　　　　　　　　　　C　　　　　　　　　D

3. 如下图所示，在斜面上的物体的重力示意图中，正确的是（　　　）

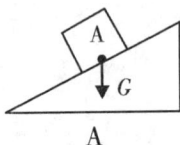　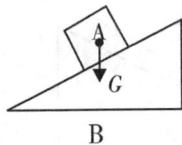　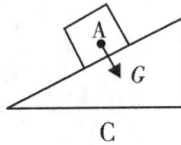　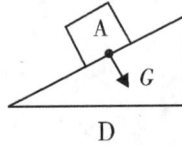

　A　　　　　　　　　B　　　　　　　　　C　　　　　　　　　D

4. 用手拍桌子，桌子受到手施加给它的力，同时手也感到痛，这是因为手受到了_____的作用力。大量的事实表明，物体间力的作用是_____的。

5. 人拉弹簧，拉力使弹簧发生了形变，说明力可以改变物体的_____；守门员把飞向球门的球踢回去，假设球来去的速度大小不变，这个例子也可以说明力可以改变物体的_____。

6. 下列物体中物重最接近1N的是（　　　）

A. 一袋方便面　　　　　B. 一张学生课桌　　　　　C. 一枚大头针　　　　　D. 一块砖

7. 在航空领域，常常发生小鸟撞毁飞机事件。下列关于小鸟和飞机相撞时的说法正确的是（　　　）

A. 小鸟受到的力大　　　　　　　　　　B. 飞机受到的力大

C. 小鸟和飞机的受力一样大　　　　　　D. 主动撞击的一方产生的力大

8. （1）质量是25t的物体，受到的重力是多少？

（2）一个物体受到的重力是1N，则它的质量是多少g？

（3）600ml水的重力是多少？

第八章　运动和力

一、学业水平考试要求

1. 通过常见事例或实验，了解摩擦力（a）。

2. 知道二力平衡（a）。

3. 通过实验推理，认识牛顿第一定律（c）。

用物体的惯性解释自然界和生活中的有关现象（b）。

二、知识要点

1. 牛顿第一定律：一切物体在没有受到力的作用时，总保持＿＿＿＿＿状态或＿＿＿＿＿＿＿状态。

2. 惯性：一切物体都有保持原来＿＿＿＿＿＿＿不变的性质，我们把这种性质叫做惯性。惯性是物体的一种属性，一切物体在任何情况下都具有＿＿＿＿。惯性不是力，只有大小，没有方向。物体惯性大小只与＿＿＿＿＿大小有关，与物体是否受力、运动快慢均无关。

3. 二力平衡：物体在受到两个力的作用时，如果能保持＿＿＿＿状态或＿＿＿＿状态，那么这两个力相互平衡。

4. 二力平衡的条件：作用在＿＿＿＿物体上的两个力，如果大小＿＿＿＿、方向＿＿＿＿、并且在＿＿＿＿＿＿＿上，这两个力就彼此平衡。（同体、等大、反向、共线）

5. 凡是静止或匀速直线运动的物体一定受到＿＿＿＿。（注意：当平衡力作用在同一个物体上时物体静止或匀速直线运动即此时物体运动状态＿＿＿＿；当非平衡力作用在同一个物体上时物体的运动状态＿＿＿＿）

6. 二力平衡与相互作用力的区别：

相同点：等大、反向、共线。

不同点：二力平衡作用在＿＿＿＿物体上；相互作用力作用在＿＿＿＿的物体上。

7. 摩擦力（f）：两个相互＿＿＿＿的物体，当它们发生相对运动或有相对运动＿＿＿＿时，在接触面上会产生一种＿＿＿＿相对运动的力，这种力就叫摩擦力。

8. 摩擦分类：滑动摩擦、滚动摩擦、静摩擦。（相同条件下滚动摩擦远＿＿＿＿滑动摩擦）

9. 滑动摩擦和滚动摩擦跟作用在物体表面的压力和接触面的粗糙程度有关。

摩擦力的方向：与受力物体相对运动方向（或相对运动趋势的方向）＿＿＿＿。

10. 增大摩擦的方法：①增大接触面的＿＿＿＿＿＿；②增大＿＿＿＿力；③变＿＿＿＿摩擦为＿＿＿＿摩擦。

11. 减小摩擦的方法：①＿＿＿＿＿接触面的粗糙程度（使接触面光滑）；②＿＿＿＿压力；③变＿＿＿＿摩擦为＿＿＿＿摩擦；④使两个互相接触的表面＿＿＿＿。

12. 我们应＿＿＿＿有益摩擦，＿＿＿＿有害摩擦。

三、云南中考真题分析

（一）云南怎么考

云南省 2005 年：

1. 将下列现象涉及的物理知识填在其后的横线上（简要写出知识内容，不要求解释）。

短跑运动员在比赛中到达终点时不能立即停下来。＿＿＿＿＿＿＿。

云南省 2006 年：

2. 行驶的汽车紧急刹车时，由于受到外力作用，汽车的运动态发生改变。当汽车匀速行驶时，乘客很平稳地坐着，此时乘客_____（填"具有"或"不具有"）惯性。

20. 在"探究摩擦力大小与哪些因素有关"的实验中，同学们提出了以下几种猜想：

A. 与物体质量大小有关　　　　　B. 与物体运动速度大小有关

C. 与物体间的接触面积大小有关　D. 与物体间接触面的粗糙程度有关

实验室中有一较长的水平粗糙桌面、一个带钩的长方体木块和一只弹簧测力计可供使用。

（1）小芳用弹簧测力计水平匀速拉动木块在桌面上进行了三次实验，实验数据如下表所示。表中数据可验证猜想_____（填序号），实验中还应注意保持木块与桌面间的_____不变，可得到的结论是：_____。

次数	木块运动快慢	弹簧测力计示数/N
1	较快	1.2
2	慢	1.2
3	较慢	1.2

（2）用上述器材还可以验证猜想_____（填序号）。实验中要水平匀速拉动弹簧测力计，理由是：_____。若实验中再提供一块玻璃板，利用上述器材还可以验证猜想_____（填序号）。

云南省 2007 年：

5. 人体本身蕴含着许多有关力的知识，以下说法错误的是（　　）

A. 脚掌面积大，可以增大对地面的压强　　B. 手掌的纹络，增大了手与物体间的摩擦

C. 人呼吸利用了气体压强的知识　　　　　D. 人的手臂相当于一个杠杆

9. 2007 年 5 月，第七届全国残疾人运动会在昆明举行。本届残运会的开幕式和比赛实况都是通过同步卫星转播的。同步卫星相对于_____是静止的。"静止"的卫星_____惯性（选填"具有"或"不具有"）。

15. 质量为 50kg 的小宇，在体育课上进行爬杆训练，当他沿竖直杆匀速下滑时，杆对手的摩擦力的大小为_____N，方向_____。（取 g = 10N/kg）

云南省 2009 年：

22. 我国自主研发的涡桨支线飞机"新舟600"，在科技人员的集体攻关下，于 2008 年 9 月试飞成功，填补了我国航空史上的一个空白。试飞中，若飞机以 500km/h 的速度水平匀速飞行了 1.2h，飞机质量为 20t。

飞机水平飞行时受到的升力是多大？

德宏州 2011 年：

19. 在学习牛顿第一定律时，为了探究阻力对物体运动的影响，我们做了如下图所示的实验：

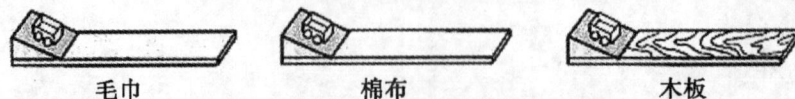

毛巾　　　　棉布　　　　木板

（1）为了探究阻力对小车运动的影响，应当让小车从同一光滑斜面的同一高度自由下滑，其目的是为了让小车三次实验到达水平面时的速度_____。

（2）实验表明：小车在_____表面运动的距离最远，说明小车受到摩擦力的大小与接触面的

_____有关。

（3）推理得出：假如小车受到的阻力为零，小车将_____。

（4）在实验中，小车分别在毛巾、棉布、木板上滑行直到静止，这三次实验小车消耗的机械能_____（选填"不等""无法判断"或"相等"）。

云南省 2013 年：

12. 自行车轮胎上有凹凸不平的花纹，是为了增加轮胎与地面间的_____。

云南省 2014 年：

12. 某同学穿的运动鞋，鞋底有凹凸不平的花纹，是为了增大鞋底与地面间的_____。

19. 请在下图中画出沿斜面向上运动的物体受到的摩擦力 f 的示意图。

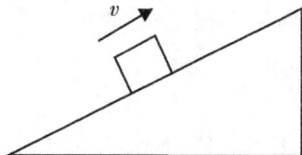

云南省 2015 年：

5. 小明推着小车在水平地面上运动，放手后小车运动一段距离停下。下列说法中错误的是（ ）

A. 小车受到的重力的施力物体是地球

B. 小车最终停下来是因为不再受推力

C. 小车受到的重力和地面对小车的支持力是一对平衡力

D. 小明对小车的推力与小车对小明的作用力大小相等

12. 玩滑板是中学生喜爱的运动。用脚蹬地后站上滑板也能继续向前滑行，是因为滑板具有_____。

（二）云南考题分析

1. 云南省对本章主要考查：摩擦力；探究影响摩擦力大小的因素；通过实验推理，认识牛顿第一定律；惯性；二力平衡。

2. 摩擦力：

（1）从实例中考查摩擦力的方向，利用二力平衡求摩擦力的大小；

（2）从实例中考查增大或减小摩擦的方法。

3. 探究影响滑动摩擦力大小的因素：

（1）试验中长木板水平放置，弹簧测力计匀速拉动木块，此时木块所受的拉力与摩擦力是一对平衡力；

（2）研究方法：控制变量法；

（3）根据实验数据或现象得出滑动摩擦力大小与什么因素有关；

（4）设计性实验。

4. 通过实验推理，认识牛顿第一定律：

（1）实验中用不同材料（毛巾、棉布、木板等）改变小车所受到的阻力；

（2）试验中让同一小车从同一斜面的同一高度滑下的目的是：让小车到达斜面底部时具有相同的速度；

（3）实验中阻力大小的表现：小车运动距离的远近；

（4）假设平面对小车无阻力，小车将做匀速直线运动。

5. 惯性：从实例中辨别惯性现象。

6. 二力平衡：结合重力、摩擦力、浮力、功、功率进行考查。

四、典例分析

例1. 如下图所示是"探究滑动摩擦力大小与什么因素有关"的实验。

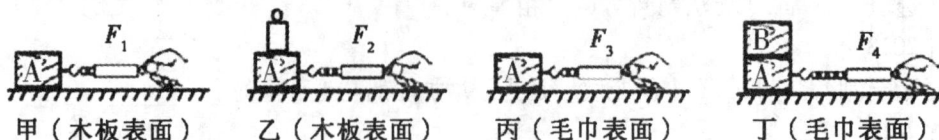

甲（木板表面）　乙（木板表面）　丙（毛巾表面）　丁（毛巾表面）

（1）实验过程中，必须用弹簧测力计沿水平方向拉着物块 A 做_____运动，这样做便于测量滑动摩擦力的大小。

（2）分析图甲、乙可知，在接触面粗糙程度相同时，_____越大，滑动摩擦力越大。

（3）分析图甲和丙，发现弹簧测力计的示数 $F_1 < F_3$，说明：压力一定时，_____，滑动摩擦力越大。

上述实验得到的结论是：滑动摩擦力的大小跟压力的大小和接触面的粗糙程度有关。人们通过大量实验进一步证明：接触面粗糙程度一定时，滑动摩擦力的大小与压力的大小成正比。

（4）如图丁所示，在图丙中物块 A 上叠放一块与之相同的物块 B，用弹簧测力计拉着物块 A，使物块 B 随 A 一起做匀速直线运动。弹簧测力计示数为 F_4，则 $F_4 : F_3 = $_____；此运动过程中，物块 B 受到的摩擦力 $f_B = $_____N。

例2.（1）质量为1.8t 的一辆轿车，在平直公路上向东匀速行驶，轿车所受的牵引力为800N，则这辆轿车所受的阻力为_____N，阻力的方向向_____，若轿车的速度变大后仍然做匀速直线运动，则它所受的阻力_____（选填"变大""变小""不变"）；路面对轿车的支持力为_____N，支持力的方向为_____。

（2）把质量为2.5kg 的一块砖用30N 的力压在墙壁上静止不动，则砖受到的摩擦力是_____N，摩擦力的方向为_____，若对砖的压力增大到60N 后，砖受到的摩擦力将_____（选填"变大""变小""不变"）。

例3. 下列事例中为了增大摩擦的是_____；用相同方法增大摩擦的是_____；减小摩擦的是_____。

A. 足球守门员的手套表面比较粗糙；　　　B. 塑胶跑道表层的胶粒；

C. 鞋底的花纹；　　　　　　　　　　　D. 轮胎的花纹；

E. 在石碑的底部垫上圆木拉动石碑；　　　F. 拔河时用力握住绳子；

G. 气垫船底部的气垫使船与水面分开；　　H. 雪后路面上撒一些煤渣；

I. 汽车轮子上的防滑链；　　　　　　　J. 内燃机中加润滑油；

K. 磁悬浮列车行驶时与轨道分开。

例4.（2010年·昆明）下图为某同学"探究牛顿第一定律"的实验装置，实验中该同学先后三次将同一木块放在同一斜面上的同一高度，然后分别用不同的力推了一下木块，使其沿斜面向下运动，逐渐减小水平面的粗糙程度，观察木块移动的距离，从而得出力和运动的关系。

水平毛巾表面　　　　　水平棉布表面　　　　　水平木板表面

（1）在实验操作中有一处明显的错误是（不要解释错误的原因）：_____
_____。

（2）更正错误后进行实验，从实验中观察到，随着摩擦力的逐渐减小，木块在水平面上运动的距离逐渐_____，运动的时间越来越_____，但由于实验中摩擦力_____，所以不可能观察到木块在水平面上做匀速运动的情形。

（3）在上述实验观察分析的基础上，可以推测：如果摩擦力减小为零，水平面足够长，那木块在水平面上的速度既不减小，也不增加，运动方向也不发生变化，木块将_____。

例5. 当汽车突然启动的时候，由于乘客具有_____，他会向_____倾倒；向北行驶的汽车突然向西拐弯时，车上的乘客会向_____倾倒；汽车刹车后不会立即停下来，这是因为汽车具有_____；汽车前排的司机和乘客都要系安全带，是为了防止急刹车或发生碰撞时_____产生的危害。

五、课堂达标训练

1.（2014·永州）以下四个实例中，目的是为了增大摩擦的是（　　）
A. 冰壶表面打磨得光滑　　　　　B. 轮胎上做成凹凸不平的花纹
C. 行驶的磁悬浮列车不接触导轨　　D. 给自行车的后轴上机油

2.（2014·黔东南州）如右图所示，人沿水平方向拉牛，但没有拉动。其中说法正确的是（　　）
A. 绳拉牛的力小于牛拉绳的力
B. 绳拉牛的力小于地面对牛的摩擦力
C. 绳拉牛的力与牛拉绳的力是一对平衡力
D. 绳拉牛的力与地面对牛的摩擦力是一对平衡力

3.（2011·玉溪）如右图所示，某小车司机在行驶途中遇到小狗突然刹车，下列说法中正确的是（　　）
A. 刹车时，小车没有惯性
B. 刹车后，小车的动能增加
C. 刹车后，小车没有受到力的作用
D. 以小车为参照物，小狗是运动的

4. （2014·南充）奶奶做饭时，小军在旁边仔细观察，联想到许多物理现象，其中错误的是（　　）

　　A. 泼水时，盆留在手中，水受到惯性作用飞出去了

　　B. 把鸡蛋向碗边一撞，鸡蛋就破了，是利用了力的相互作用

　　C. 饺子上捏出了漂亮的花边，是力改变了物体的形状

　　D. 静止在水平桌面上的电饭锅受到的重力和桌面对它的支持力是一对平衡力

5. （2014·龙东）2014年索契冬奥会上我省选手张虹取得了1000m速度滑冰金牌。在比赛过程中，下列有关说法正确的是（　　）

　　A. 在起点准备起跑时，她受到的重力与冰面对她的支持力是一对平衡力

　　B. 在弯道上滑行时，她的运动状态不变

　　C. 当滑到终点停止蹬冰时，她还能继续向前运动，是因为受到惯性作用

　　D. 当张虹身披国旗绕场滑行时，以观众为参照物她是静止的

6. （2014·长春）荷兰球员范佩西飞身鱼跃将球顶进门，在此过程中（　　）

　　A. 球相对于球门是静止的

　　B. 范佩西落地滑行中不受摩擦力

　　C. 头对球的力与球对头的力是一对平衡力

　　D. 球离开人体后由于惯性继续向前运动

7. 如右下图所示，为探究运动和力的关系，小强在水平面上铺上粗糙程度不同的材料，将小车从斜面上的同一位置由静止释放，比较小车在水平面上运动的距离。当水平面越光滑时，小车受到的摩擦力越_____，小车运动的距离越_____；若不受摩擦力及其他阻力，小车将做_____运动。研究过程中采用了_____（选填"单纯的实验"或"实验加推理"）的方法。

8. 下列实例中，利用物体惯性的是（　　）

　　A. 人踩到香蕉皮上易滑倒　　　　B. 跳远运动员起跳前助跑

　　C. 司机开车时应系安全带　　　　D. 赛车在转弯时应减速慢行

9. 一位旅客在匀速直线前进的轮船的甲板上竖直向上跳起，这位旅客的落地点（不计空气阻力）（　　）

　　A. 在起跳点之后　　　B. 在起跳点之前　　　C. 仍在起跳点　　　D. 无法确定

10. 用5N的拉力沿水平面拉动一物体做匀速直线运动，此时物体所受的摩擦力大小为_____N，当物体速度增大后仍然做匀速直线运动，此时物体所受的摩擦力将_____。

11. 一质量为50kg的同学在体育课上进行爬杆运动，在匀速向上爬杆过程中，这位同学所受的摩擦力是_____摩擦力（选填"静""滑动"），所受摩擦力大小为_____N，其方向为_____。

12. 实验室中研究滑动摩擦时，是用弹簧秤拉着木块在水平桌面上做_____运动，弹簧秤的示数直接表示_____力的大小，根据_____的条件，这时弹簧秤的示数与_____力的大小相等，因而间接知道了_____力的大小。

13. 小双实验小组四位同学想探究课桌面与课本间滑动摩擦力的大小与压力的关系。

（1）将一个同学的物理课本放在水平桌面上，通过弹簧测力计水平匀速拉动课本，此时弹簧测力计的示数是2N，课本与桌面间的摩擦力大小为_____N。

（2）在原来的课本上又放了另一个同学同样的课本，以改变课本与桌面间的压力，这种方法_____（填"可行"或"不可行"）。

（3）通过多次实验，他们得到下表所示的实验数据：

课本册数	1	2	3	4
弹簧测力计示数/N	2	4	6	8

分析表格中数据可以得出结论：

课本与桌面间的压力越大，它们间的滑动摩擦力_____。

14. 下列各种摩擦中，属于有害摩擦的是_____，属于有益摩擦的是_____。

①机器运转时，各部件之间的摩擦；②拔河比赛时，手与绳之间的摩擦；

③汽车行驶时与空气之间的摩擦；④吃饭时，筷子与食物之间的摩擦。

15. 如下图所示，物体在水平拉力作用下，向右做匀速直线运动，画出物体所受力的示意图。

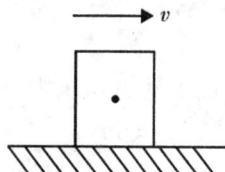

16. 如下图，AB 是固定在墙壁上竖直的铁质黑板，C 是一块磁体。C 吸附在 AB 表面上静止不动。画出磁体受到力的示意图，并标出各力的名称。

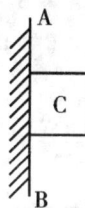

第九章　压　强

一、学业水平考试要求

1. 通过实验，理解压强（c）；知道在日常生活中增大和减小压强的方法（a）。

2. 通过实验，探究并了解液体压强与哪些因素有关（c）。

3. 知道大气压强及其与人类生活的关系，了解流体压强与流速的关系及其在生活中的应用（a）。

二、知识要点

1. 压力（F）：_____压在物体表面上的力叫压力。（注意：压力不是重力，仅当把物体放在_____上时，压力等于物体的重力，即 $F = G$）

2. 压强（P）：物体所受_____与_____之比叫做压强。压强是表示压力作用效果的物理量。

压强公式：
$$P = \frac{F}{S}$$

公式中字母含义及单位：F（压力）——N（牛）

S（受力面积）——m²（米²）

P（压强）——Pa（帕斯卡）（1Pa = _____N/m²）

3. 增大压强的方法：

①增大_____；②减小_____；③同时增大_____和减小_____。

减小压强的方法：

①减小_____；②增大_____；③同时减小_____和增大_____。

4. 液体内部产生压强的原因：液体受重力且具有流动性。

5. 液体压强的特点：

（1）液体内部向_____都有压强；

（2）在同一深度，向各个方向的压强都_____；

（3）深度增大，液体的压强_____；

（4）液体的压强还与液体的_____有关，在深度相同时，液体的_____越大，压强越大。

6. 液体压强公式：
$$P = \underline{\hspace{4cm}}$$

注意：（1）公式适用的条件为：液体和密度均匀、形状规则的固体。

（2）公式中物理量的单位为：

P（压强）——Pa；

ρ（密度）——kg/m³；

h（深度：是指所求点或面到液体的自由面的竖直距离）——m，$g = 10$N/kg。

（3）从公式中看出：液体的压强只与_____和_____有关，而与液体的质量、体积、重力、容器的底面积、容器形状均无关。

7. 连通器：上端_____，下部_____的容器叫连通器。

连通器的特点：

连通器里装同一种液体且不流动时，各容器中的液面高度总是_____的。

连通器的应用：茶壶、锅炉水位计、乳牛自动喂水器、船闸等。

8. 大气压强：大气对浸在其中的物体产生的压强叫大气压强，简称大气压。

9. 大气压产生原因：（1）空气受到重力；（2）空气具有流动性。

10. 证明大气压强存在的实验和实例：马德堡半球实验；瓶吞鸡蛋实验；覆杯实验；塑料挂钩的吸盘；用吸管吸饮料；给病人输液；用钢笔打墨水；等等。

11. 大气压的测量：_____实验。

大气压的大小 $P_0 = P_{水银} = \rho g h = 760\text{mmHg} = 76\text{cmHg} = 1.01 \times 10^5 \text{Pa}$。

12. 标准大气压（P_0）：把能支持76cm水银柱的大气压叫标准大气压。

标准大气压 $P_0 = 760\text{mmHg} = 76\text{cmHg} = 1.013 \times 10^5 \text{Pa} \approx$ _____Pa。

13. 大气压的变化：大气压随高度增加而_____，大气压随高度的变化是不均匀的；大气压的值与地点、天气、季节的变化有关。一般来说，晴天大气压比阴天高，冬天比夏天高。

14. 大气压跟体积的关系：

温度保持不变，质量一定的气体，当体积增大时，压强_____，体积减小时，压强_____。（解释人的呼吸）

15. 大气压强的应用：抽水机（活塞式抽水机和离心式抽水机）。

16. 一切液体的沸点随液体表面的气压增大而_____，减小而_____。

17. 流体压强与流速的关系：

在气体和液体中，流速越_____的位置压强越_____。应用：飞机的机翼、吸尘器。

三、云南中考真题分析

（一）云南怎么考

云南省2005年：

15. 一芭蕾舞演员表演时脚尖与地面的接触面积约为 $8 \times 10^{-4} \text{m}^2$，此时芭蕾舞演员对地面的压强接近（　　）

A. $6 \times 10^5 \text{Pa}$　　　　B. $6 \times 10^3 \text{Pa}$　　　　C. $6 \times 10^2 \text{Pa}$　　　　D. $6 \times 10 \text{Pa}$

23. 某学校研究性学习小组查阅资料时得到地面附近的大气压随高度变化的关系图线如右图所示。

（1）分析图线，说出大气压与高度的关系。

（2）某地的大气压为70kPa，利用图线判断该地的高度约为多少千米？

（3）你认为能否用题中所用方法测定珠穆朗玛峰的准确高度？说明理由。

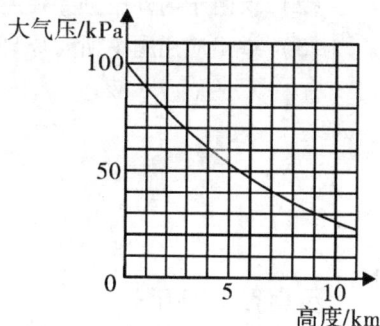

云南省2006年：

6. 如下图所示是水龙头流出的水，流过一段不同横截面大小的管子的示意图。水的流速较大的位置是_____点，压强较大的位置是_____点。

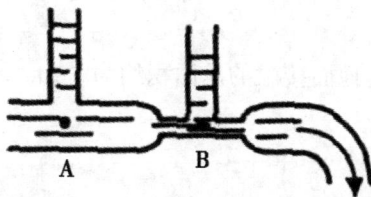

云南省 2007 年：

5. 人体本身蕴含着许多有关力的知识。以下说法错误的是（   ）

A. 脚掌面积大，可以增大对地面的压强　　　B. 手掌的纹络，增大了手与物体间的摩擦

C. 人呼吸利用了气体压强的知识　　　D. 人的手臂相当于一个杠杆

16. 如下图所示，是飞机机翼的截面图，当飞机水平飞行时，机翼_____表面的空气流速大，_____表面的压强大（分别填"A"或"B"）。

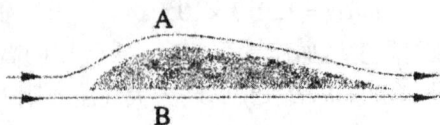

23. 在新农村建设中，村委会决定建盖一间老年活动室，其设计的房子剖面如右图所示。地基和房体的总质量为 $4.0 \times 10^5 kg$，与地面接触的地基总面积为 $3.2 \times 10^5 cm^2$。经勘察地面能够承担的压强为 $1.21 \times 10^5 Pa$（取 $g = 10N/kg$）。问：

（1）通过计算说明村委会能否按设计要求建盖？

（2）如果不能，应该采取什么措施？

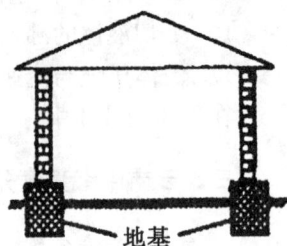

云南省 2008 年：

22. （7分）一次飓风发生时，屋外气压急剧降到 $9 \times 10^4 Pa$，当时房间门窗紧闭，可以认为室内气压是 1 标准大气压（取 $1 \times 10^5 Pa$）。若室内屋顶的面积为 $100m^2$，屋顶受到的压力足以将屋顶掀翻。

（1）为什么屋外气压会急剧下降？

（2）求由于内外压强差使屋顶受到的力的大小和方向。

（3）举出应用题中所含原理的一个实例。

云南省 2009 年：

10. 昆明与上海相比，水的沸点低，其原因是昆明的大气压比上海的大气压_____。两艘轮船不能近距离并排航行，是为了防止因两船内侧水流速度大于外侧水流速度，造成内侧压强_____外侧压强（填"大于"或"小于"），致使两船相碰。

22. 我国自主研发的涡桨支线飞机"新舟600"，在科技人员的集体攻关下，于 2008 年 9 月试飞成功，填补了我国航空史上的一个空白。试飞中，若飞机以 500km/h 的速度水平匀速飞行了 1.2h，飞机质量为 20t。

飞机着陆后水平运动，轮子与地面接触的总面积约为 $1.5m^2$，飞机对地面的压强是多大？

云南省 2013 年：

12. 修建纪念碑都要建造一个面积较大的底座，可以减小纪念碑对地面的_____。

17. 我国自主研制的"蛟龙号"探测器已在 7000m 的深海探测实验成功，到达 7000m 深度时，探测器受到的海水压强是_____Pa。人站在铁路边观察火车通过时，要隔开一定距离，这是因为火车通过时速度较快，导致其附近的空气流速变大而使气压变_____，容易把人"吸向"火车发生安全事故（海水密度取 $1.0 \times 10^3 kg/m^3$）。

24. 一轿车包括乘客质量为 1600kg，轿车静止时轮胎与水平地面接触的总面积为 $0.1m^2$。该轿车上午 11：30 驶入黄城高速公路入口，下午 1：30 到达青州出口，总共行驶了 240km。该段高速公路限速 120km/h，期间经过的隧道和桥梁限速为 80km/h。轿车静止在水平路面上时对地面的压强是多大？

云南省 2014 年：

6. 某核潜艇完全潜入海水中，受到的浮力是 F_1，上表面受到的压强是 P_1。排出一部分水后，潜艇缓慢上浮，但未露出水面，受到的浮力是 F_2，上表面受到的压强是 P_2。则（　　）

A. $F_1 = F_2$，$P_1 > P_2$　　B. $F_1 = F_2$，$P_1 = P_2$　　C. $F_1 > F_2$，$P_1 < P_2$　　D. $F_1 < F_2$，$P_1 = P_2$

12. 若该同学的质量是 48kg，站立时双脚鞋底与地面的接触面积约为 $300cm^2$，则该同学对地面的压强为_____Pa。

13. 在昆明烧水，水温不到 100℃ 就沸腾，是因为昆明气压低，水的_____低。

16. 如右图所示，在装有乒乓球的玻璃杯上方沿水平方向用力吹气，乒乓球会从玻璃杯中"飘"起来，这是由于吹气时，乒乓球上方的空气流速变大，气压变_____的缘故。潜水员深水作业时必须穿抗压服，这是因为液体内部的压强随深度的增加而_____。

云南省 2015 年：

7. 下列做法能增大压强的是（　　）

A. 挖掘机安装履带　　　　　　B. 载重车装有许多车轮
C. 汽车安全带做得较宽　　　　D. 溜冰鞋上装有冰刀

10. 水鸟掠过湖面时，翅膀上方空气流速_____（选填"大于""小于"或"等于"）下方，翅膀上下表面存在压强差，形成升力。

11. 用吸管吸饮料利用了_____的作用。

15. 中国"向阳红06"海监船赴南海黄岩岛维权。船底某处距海面深度为 5m，该处受到的海水压强为_____Pa（$\rho_{海水} = 1.03 \times 10^3 kg/m^3$）。

18. 如下图所示，为使在墙壁上悬挂的画框水平，可用一段两端开口注有适量水的透明塑料软管找水平位置，这利用了_____原理。

24. 右图是小王同学在参加学校运动会 200m 比赛时的情景。他跑步时对地面的压力为 500N，鞋子与地面的接触面积为 80cm^2，跑完全程用时 32s。求：他跑步时对地面的压强。

（二）云南考题分析

1. 云南省对本章主要考查：压强的定义；增大和减小压强的方法；液体压强；探究液体压强的特点；大气压强；流体压强与流速的关系。

2. 压强的定义：结合重力公式，利用压强定义式进行简单计算。

3. 增大和减小压强的方法：给出实例要求判断用什么方法增大或减小压强。

4. 液体压强：（1）利用公式 $P = \rho g h$ 进行简单计算或判断液体内部压强如何变化；（2）连通器。

5. 探究液体压强的特点：（1）压强计的认识；（2）用控制变量法进行探究；（3）从实验数据或现象得出正确结论。

6. 大气压强：（1）证明大气压存在的实验、实例；（2）大气压的实际应用；（3）托里拆利实验；（4）大气压力的计算：$F = PS$。

7. 流体压强与流速的关系：

（1）给出流速大小的现象要求判断压强的大小；

（2）解释现象；

（3）实际应用：飞机的机翼，吸尘器、喷雾器等。

四、典例分析

例 1. 下列 3 幅图是利用 A、B 两物体及一块海绵来探究压力作用效果与压力大小、受力面积的实验，仔细观察这 3 幅图，回答下列问题：

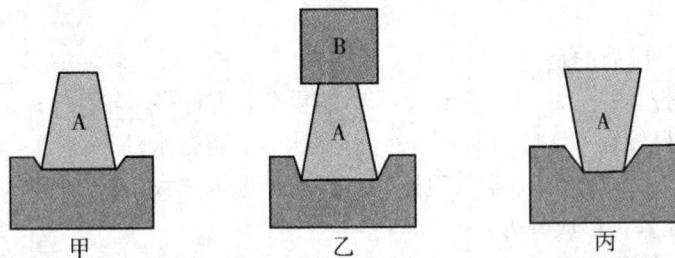

甲　　　　　乙　　　　　丙

（1）实验中通过观察_____，来比较压力作用效果的。

（2）甲、乙两图可以探究压力的作用效果与_____的关系，能够得到的结论是：_____

_____。

（3）若要探究"压力的作用效果与受力面积大小的关系"，应通过比较图_____所示实验，能够得到的结论是：_____。

（4）实验表明，压力的作用效果不仅跟_____的大小有关，而且还跟_____有关。

例2.（1）某人质量为50kg，一只脚与地面的接触面积是200cm²，当此人站在水平地面上时，对地面的压强是多大？

（2）一台质量为6t的履带拖拉机，对地面的压强为 3×10^4 Pa，拖拉机履带与地面的接触面积是多大？

（3）某人站在水平地面上，脚对地面的压强是 1.25×10^4 Pa，脚与地面接触总面积是400cm²，则人所受的重力是多少？

例3. 下列实例中，能够增大压强的是_____，用相同方法减小压强的是_____。

（1）骆驼的脚掌长得很宽大；（2）菜刀刃磨得很锋利；（3）坦克装有两条宽大的履带；（4）减少汽车的载重量；（5）图钉尖很尖锐；（6）书包背带较宽；（7）穿滑雪板滑雪；（8）铁轨下铺设枕木。

例4. 在研究液体压强的实验中，进行了如下图所示的操作：

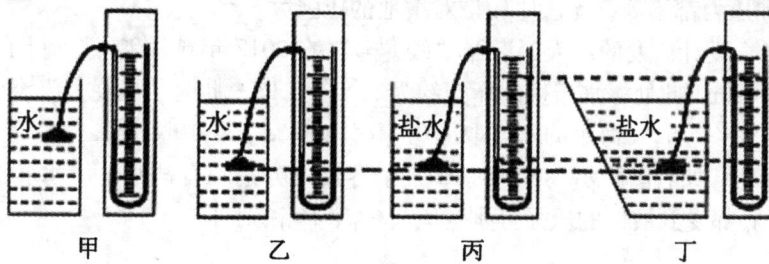

甲　　　乙　　　丙　　　丁

（1）实验前，应调整U形管压强计，使左右两边玻璃管中的液面_____。
（2）甲、乙两图是探究液体压强与_____的关系。
（3）要探究液体压强与盛液体的容器形状是否有关，应选择：_____两图进行对比，结论是：液体压强与盛液体的容器形状_____。
（4）要探究液体压强与密度的关系，应选用_____两个图进行对比。
（5）在图丙中，固定U形管压强计金属盒的橡皮膜在盐水中的深度，使金属盒处于：向上、向下、向左、向右等方位，这是为了探究同一深度处，液体向_____的压强大小关系。

例5. （2011年·大理）随着电热水器的不断改进，右图所示的电热水壶深受人们的喜爱。它的容积为2L，壶身和底座的总质量是1.2kg，底座与水平桌面的接触面积为250cm²，装满水后水深16cm。（$\rho_水 = 1.0 \times 10^3 kg/m^3$）求：

（1）装满水后水的质量；

（2）装满水后水对电热水壶底部的压强；

（3）装满水后桌面受到的压强。

例6. （2013·黑河）连通器在日常生活和生产中应用广泛，以下事例中不是利用连通器原理工作的是（　　）

A. 活塞式抽水机　　　　B. 茶壶　　　　C. 锅炉水位计　　　　D. 三峡船闸

五、课堂达标训练

1. （2014·广州）如右图水平雪地上，穿着雪橇的芳芳总质量为70kg，没有陷入雪地；而穿着运动鞋的小明总质量为50kg，却深陷雪地。下列说法正确的是（　　）

A. 芳芳对雪地的压力比小明的小

B. 芳芳对雪地的压力和小明的一样

C. 芳芳对雪地单位面积的压力比小明的小

D. 受力面积和压力都不等，无法比较谁对雪地的压强大

2. 我国首台自主设计研发的载人深潜器"蛟龙号"在2012年6月27日进行了7000m级海试，最大下潜深度达7062m，此处海水产生的压强约为_____Pa，此时"蛟龙号"每0.5m²外表面受到海水的压力为_____N。（海水的密度取$1.0 \times 10^3 kg/m^3$，g取10N/kg）

3. （2014·白银）如右图所示，A、B、C三个容器中分别装有盐水、清水和酒精，三个容器中液面相平，容器底部受到液体的压强分别为P_A、P_B、P_C，则（　　）

A. $P_A > P_B > P_C$

B. $P_A < P_B < P_C$

C. $P_A = P_B = P_C$

D. 无法确定

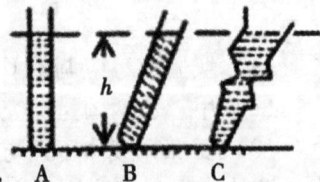

4. （2014·黄冈）以下选项中，不能用"流体压强与流速关系"解释的是（　　）

A. 乒乓球运动员拉出的"弧圈球"　　　　B. 正在漂流的一只"橡皮船"

C. 正在空中滑翔的"雄鹰"　　　　D. 地面上刮起的"龙卷风"

5. 医生给病人输液和吸在墙上的塑料挂钩吸盘，都是用了_____的作用。

6. 如下图所示，从倒置的漏斗口用力吸气或向下吹气，乒乓球都不会掉下来。下列说法正确的是（　　）

A. 吸气或吹气都减小了乒乓球上方气体的压强

B. 吸气或吹气都增大了乒乓球下方气体的压强

C. 吸气减小了乒乓球上方气体的压强，吹气增大了乒乓球下方气体的压强

D. 吸气增大了乒乓球下方气体的压强，吹气减小了乒乓球上方气体的压强

7. 如右图所示，两手指同时压住铅笔两端，大拇指受到的压力为 F_1、压强为 P_1，食指受到的压力为 F_2、压强为 P_2，则下列判断正确的是（　　　）

A. $F_1 < F_2$

B. $F_1 > F_2$

C. $P_1 < P_2$

D. $P_1 > P_2$

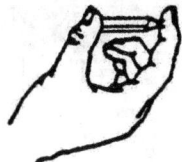

8. 如右图所示，水平桌面上有一长为 L，质量分布均匀的木板 M，右端与桌边相齐，在水平力 F 的作用下，沿直线向右匀速离开桌边，在此过程中，下列说法正确的是（　　　）

A. M 对桌面的压强变小，压力不变

B. M 对桌面的压强不变，压力不变

C. M 对桌面的压强变大，摩擦力不变

D. M 对桌面的压强变大，摩擦力变小

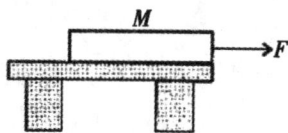

9. 有关压强知识的应用，下列说法错误的是（　　　）

A. 人用吸管吸饮料时利用了大气压

B. 载重汽车装有许多车轮是为了减小车对路面的压强

C. 水坝的下部比上部建造得宽，是由于水对坝的压强随深度的增加而增大

D. 飞机的机翼能获得向上的升力，是应用了流速越大流体的压强越大的原理

10. 如右图，把装满水的量筒浸入水中，口朝下，用手抓住筒底竖直向上提，在筒口离开水面前，量筒露出水面的部分是（　　　）

A. 空的

B. 有水，但不满

C. 充满水

D. 顺次出现上述三种情况

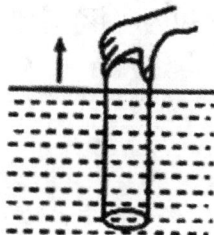

11. 一位小朋友的氢气球不小心脱手升到了空中，当气球升到高空时发生了破裂，以下关于气球升到高空破裂的原因，分析正确的是（　　　）

A. 高空大气压增大，气球体积减小，将气球压破

B. 高空大气压增大，气球体积增大，将气球胀破

C. 高空大气压减小，气球体积增大，将气球胀破

D. 高空大气压减小，气球体积减小，将气球压破

12. 已知人体皮肤的表面积约 1.5m^2。那么，在 1 个标准大气压下 1.5m^2 的面积上受到的大气压力为_____N。人体并没有被压扁，是因为_____的缘故。（一个标准大气压 $P = 1.0 \times 10^5 \text{Pa}$）

13. 下列表格是某同学"研究液体的压强"的实验部分数据记录：

实验次数	水的深度/cm	橡皮膜的方向	压强计左右水面高度差/cm
1	4	朝上	3.2
2	4	朝侧面	3.2
3	4	朝下	3.2
4	10	朝下	9.2

（1）实验次数 1、2、3 说明了_____。

（2）要探究液体压强与深度的关系，应对比表格中第_____次实验数据，得出的结论是_____

_____。

（3）在同一次实验中，金属盒在水中的深度应等于压强计左右水面的高度差，但仔细观察，橡皮膜在水中的深度略_____压强计左右水面的高度差。

14. 云南省已连续三年多遭受旱灾，为保证灾区某校师生用水，政府派出抗旱送水车送水。如果一辆送水空车质量 6t，水罐容积 5m³。装满水后，车轮与地面的总接触面积为 0.5m²。（$\rho_{水} = 1.0 \times 10^3 kg/m^3$）问：装满水时，车对地面的压强为多少？

15. 如右图是我国自主研发的战略重型运输机"运 20"，它能跻身全球十大运力最强运输机之列，它对于推进我国经济和国防现代化建设，应对抢险救灾，人道主义援助等紧急情况，具有重要意义。求：

（1）该机的最大速度约为 700km/h，从我国广州到澳大利亚珀斯的距离大约为 6160km，该机从广州飞到珀斯至少需要多长时间？

（2）该机有 14 个轮子，每个轮子与地面的接触面积约为 0.3m²，一次试飞时的总质量为 2.1 $\times 10^5 kg$，该机静止在水平跑道上时对地面的压强约为多少？

第十章 浮 力

一、学业水平考试要求

1. 通过实验，认识浮力；能探究浮力大小与哪些因素有关（c）。
2. 知道阿基米德原理；运用物体的浮沉条件说明生产、生活中的一些现象（a）。

二、知识要点

1. 浮力的定义：

浸在液体（或气体）中的物体受到液体（或气体）向上托的力叫做浮力。

2. 浮力的方向：_____。

3. 求浮力大小的四种方法：

（1）弹簧秤二次称重法：$F_浮 = $_____（$G$ 为物体的重力，F 为物体浸在液体中的弹簧秤的示数）。

（2）阿基米德原理：$F_浮 = G_排 = $_____ = _____。

注意：由公式 $F_浮 = \rho_液 g V_排$ 可知物体所受浮力的大小与_____和_____有关，即 $F_浮$ 的大小由 $\rho_液$ 和 $V_排$ 来决定！

（3）物体漂浮或悬浮时：$F_浮 = $_____。

（4）浮力产生的原因：

$F_浮 = F_下 - F_上$（$F_下$ 为物体下底面受到的压力，$F_上$ 为物体上底面受到的压力）。

4. 物体的浮沉条件：当物体浸没于某液体中时，则有：

（1）$F_浮 > G_物$ 或 $\rho_物 < \rho_液$ 时 $\longleftrightarrow$ _____ $\rightarrow$ 漂浮于液面 $\longleftrightarrow$ $V_物 > V_排$。

（2）$F_浮 = G_物$ 或 $\rho_物 = \rho_液$ 时 $\longleftrightarrow$ _____ $\rightarrow V_物 = V_排$。

（3）$F_浮 < G_物$ 或 $\rho_物 > \rho_液$ 时 $\longleftrightarrow$ _____ $\rightarrow V_物 = V_排$。

5. 浮力的应用：

轮船：排水量（$m_排$）：轮船按设计的要求满载时排开的水的质量。

潜水艇：改变自身_____来实现上浮下沉。

气球和飞艇：改变所受浮力的大小，实现上升下降。

三、云南中考真题分析

（一）云南怎么考

云南省 2005 年：

22.（6分）一轮船满载时排开水的质量（即轮船的排水量）为10000t。水的密度为 1.0×10^3 kg/m³，g 取 10N/kg。求：轮船满载时受到的浮力。

云南省 2006 年：

9. 如右图所示，用弹簧测力计悬挂重 10N 的金属块浸入水中，弹簧测力计的示数为 7N。此时金属块所受浮力的大小和方向是（　　）

A. 7N，竖直向上　　　　　　B. 10N，竖直向下

C. 3N，竖直向下　　　　　　D. 3N，竖直向上

云南省 2008 年：

8. 把重 10N，体积为 $1.2 \times 10^3 cm^3$ 的物体投入水中，当物体静止时，物体的状态和所受浮力是（　　）

    A. 漂浮，$F_浮 = 12N$　　　　　　　　B. 悬浮，$F_浮 = 10N$

    C. 漂浮，$F_浮 = 10N$　　　　　　　　D. 沉在水底，$F_浮 = 12N$

云南省 2009 年：

6. 在纪念中国人民解放军海军建军六十周年阅兵活动中，我国自主研发的核潜艇公开亮相，展示了我军的强大军威。关于核潜艇的下列说法，正确的是（　　）

    A. 不断向水舱外排水，才能使其下潜　　B. 不断向水舱内充水，才能使其上浮

    C. 下潜过程中所受海水压强不断增大　　D. 上浮过程中所受海水压强不断增大

23. 2008 年 12 月 26 日，中国人民解放军海军舰艇编队从海南三亚起航，赴亚丁湾索马里海域执行护航任务。指挥舰 "武汉" 号导弹驱逐舰是我国自行设计建造的新型现代化导弹驱逐舰，它长 155.5m，满载时的排水量 5000t。

    （1）驱逐舰满载时的重力是多大？

    （2）若驱逐舰由海水密度较小的海域开往海水密度较大的海域，是会上浮一些还是下沉一些？为什么？

云南省 2013 年：

7. "辽宁舰" 航母已正式列入中国人民解放军海军系列，其满载时排水量（满载时排开水的质量）为 6.75 万吨。则满载时其受到的浮力为（　　）

    A. $6.75 \times 10^8 N$　　　　B. $6.75 \times 10^7 N$　　　　C. $6.75 \times 10^4 N$　　　　D. $6.75 \times 10^3 N$

云南省 2014 年：

23. 在 "探究浮力的大小跟哪些因素有关" 的实验中，有同学猜想 "浸在液体中的物体受到的浮力大小可能跟该物体的体积有关"。在老师的指导下，小明设计了如下实验进行验证：

    （1）用两个大小不同的塑料药瓶分别装上不等量的细沙，使它们的_____相等。

    （2）把两药瓶放入水中：均能在水面上漂浮，如下图所示。根据_____平衡知识可知：药瓶受到的浮力大小等于药瓶受到的重力大小，则这两个药瓶所受到的浮力大小_____。

    （3）实验证明该同学的猜想是_____的。某同学根据以上实验得出："一切物体所受浮力的大小等于物体所受重力大小" 的结论，你认为这个结论是_____（选填 "正确" 或 "错误"）的，理由是：_____。

云南省 2015 年：

15. 若船从海里驶入河里，船身将_____（选填 "上浮" 或 "下沉"）一些。

23. 为安全起见，妈妈为小明买了一块浮板辅助练习游泳。妈妈认为浮板能漂在水面上是因为

它轻，小明认为妈妈的说法不对，科学的说法是因为浮板的密度比水的密度小。为验证自己的说法，小明设计了如下实验：

（1）找一根轻质均匀木棍、细绳（质量忽略不计）和一块标有"净重115g"字样的新肥皂，用下图所示的方法进行测量。测量时，使木棍在_____位置平衡，记下 A、B 的位置，用刻度尺测出 $OA=10cm$，$OB=40cm$，则浮板的质量为_____kg。

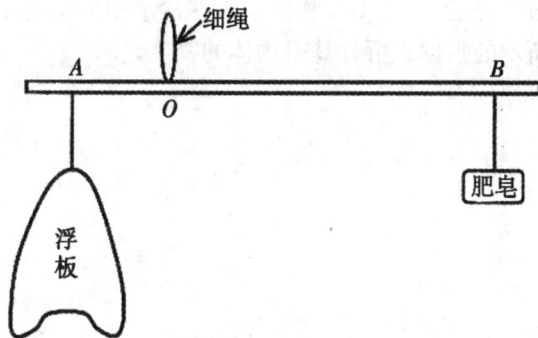

（2）把浮板压入装满水的桶中刚好浸没，用塑料袋（质量忽略不计）收集溢出的水，用（1）所述方法测得溢出水的质量为4.6 kg，则浮板的体积为_____m³，密度为_____kg/m³；用刻度尺测肥皂的长、宽、厚，算出肥皂的密度为 $1.33×10^3 kg/m^3$。浮板在水中漂浮而肥皂在水中下沉，说明小明的说法是正确的。小明用此浮板游泳时浮板受到的最大浮力为_____N。

（3）根据这个实验结果，妈妈说原来用密度比水小的材料制成的物体才能漂浮在水上，这种说法_____（选填"正确"或"不正确"）。请举例说明_____。

（二）云南考题分析

1. 云南省对本章主要考查：探究浮力大小与哪些因素有关；浮力大小的计算；运用物体的浮沉条件说明生产、生活中的一些现象。

2. 探究浮力大小与哪些因素有关：

（1）弹簧测力计的读数；

（2）计算浮力；

（3）控制变量法；

（4）分析实验数据得出结论：浮力大小只与排开液体的体积和液体密度有关。

3. 浮力大小的计算：弹簧秤二次称重法；阿基米德原理；物体漂浮或悬浮时浮力等于物体的重力；压力差法求浮力。

4. 从实例中判断物体的浮沉，比较密度的大小关系。

四、典例分析

例1. 笑笑同学在探究影响浮力大小的因素时，做了如下图所示的实验。请你根据笑笑的实验探究回答下列问题。

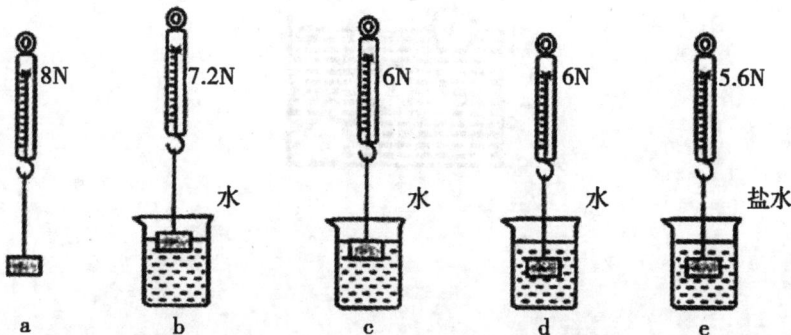

（1）比较图 a、b、c 可得到的结论是_____。

（2）为探究浮力大小跟物体浸在液体中的深度的关系，应选用图_____与_____来研究。

（3）在图 d 与 e 中，保持了液体的密度和_____不变，研究_____与_____的关系，得到的结论是_____。这种研究问题方法叫做_____。

（4）如上图所示，物体所受的重力是_____N，物体浸没在水中所受的浮力是_____N，物体没有完全浸没在水中所受的浮力是_____N，物体浸没在盐水中所受的浮力是_____N。

（5）根据图 a 与图 c 所示的数据，可计算得物体的密度是_____kg/m³。
（水的密度为 $1.0 \times 10^3 \text{kg/m}^3$）

例2.（1）一金属块体积为 0.5m³，当这个金属块完全浸没在水中时，金属块所受的浮力是多少？

（2）某轮船满载时的排水量是 8000t，则此轮船满载时所受到的浮力是多少？排开水的体积是多少？（水的密度为 $1.0 \times 10^3 \text{kg/m}^3$）

例3. 一艘轮船从海里驶入河里，它受到的重力大小_____，它受到的浮力_____，它排开水的体积_____（填"变大""变小""不变"）。

例4. 如下图所示，A、B、C 体积相等的三个小球静止在水中，它们所受浮力大小关系为 F_A____ ____F_B ____F_C，它们的密度大小关系为 ρ_A_____ρ_B_____ρ_C。

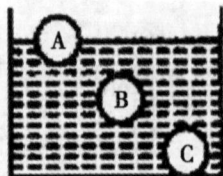

例5. 质量为1kg，体积为$1.2 \times 10^3 cm^3$的物体投入水中，当物体静止时，物体的状态和所受浮力是（　　）

A. 漂浮，$F_浮 = 12N$　　　　　　　　B. 悬浮，$F_浮 = 10N$

C. 漂浮，$F_浮 = 10N$　　　　　　　　D. 沉在水底，$F_浮 = 12N$

五、课堂达标训练

1. 一个重为8N的物体，挂在弹簧测力计下，将它浸没在盛满水的溢水杯中，静止时弹簧测力计的示数为6N，则物体所受的浮力是_____N，溢出水所受的重力为_____N。

2. 我国首台载人潜水器"蛟龙号"将"接触"5000m深海，当其排开海水的体积为$3m^3$时，受到浮力的大小约为_____N；当其下潜至1000m深度时，该处海水的压强约为_____Pa；该潜水器从1000m深处继续下潜，受到的浮力将_____，受到的压强将_____。（选填"变大""不变"或"变小"）（海水的密度近似取：$1 \times 10^3 kg/m^3$）

3. 一个质量是60g的鸡蛋悬浮在盐水中不动时，它受到的浮力是_____N，如果往盐水中注入清水，鸡蛋将_____。（填"下沉""上浮"或"不动"）（g = 10N/kg）

4. （2012·常州）小明将重为3N的石块挂在弹簧测力计下端，先后浸没在水和盐水中：石块静止时弹簧测力计的示数如图1的甲、乙所示，则石块在水中所受浮力为_____N；从图中还可看出石块所受浮力的大小与液体的_____有关，若剪断图中的细线，石块将_____（选填"上浮""悬浮"或"下沉"）。

图1　　　　　　　　　　　图2　　　　　　　　　　　图3

5. （2012·安徽）如图2，某物块用细线系在弹簧测力计下，在空气中称时示数是15N，浸没在水中称时示数是5N，则此时物块受到水的浮力为_____N，物块的密度为_____kg/m^3。（水的密度为$1.0 \times 10^3 kg/m^3$）

6. 如图3所示是两只完全相同的容器，分别盛有甲、乙两种不同液体，把两只完全相同的密度计分别放在液体中，密度计所受到的浮力分别为$F_甲$、$F_乙$，则$F_甲$_____$F_乙$；甲、乙两种液体的密度分别为$\rho_甲$和$\rho_乙$，则$\rho_甲$_____$\rho_乙$。（选填："＞""＝"或"＜"）

7. （2014·齐齐哈尔）在探究"浮力的大小跟哪些因素有关"的实验中，辰辰同学和他的小伙伴们做了如下图所示的一系列实验。

（1）①②③三次实验是为了探究浮力的大小与_____的关系，得出的结论是_____
_____。

（2）分析_____三次的实验数据，可知浮力大小与物体浸没在液体中的深度无关。

（3）此实验还探究了浮力的大小与_____的关系，得出的结论是_____
_____。

（4）通过实验数据可知金属块的密度为_____kg/m^3。

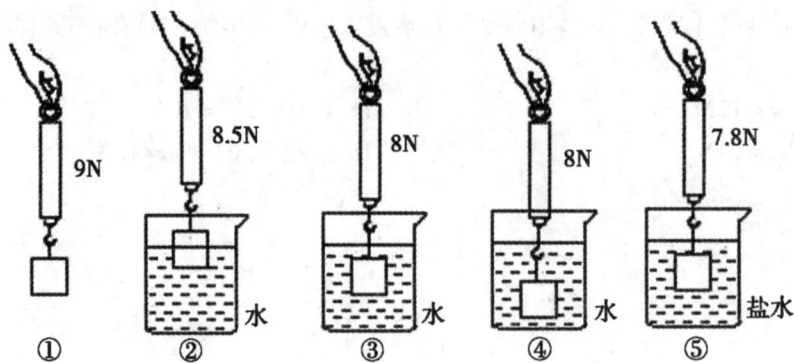

①   ②   ③   ④   ⑤

8. 一艘轮船满载时排开水的质量是5000t，则这艘轮船所受的浮力为_____N。

9. 一个体积为2000m³的热气球受到空气的浮力是_____N。（空气密度为1.29kg/m³）

10. 小华家乡有一条清清的小河，河底全是一些鸡蛋大小的鹅卵石，每年夏季小华都要到河里游泳，每次她都发现由河心处走向河岸时，会感觉到脚底被鹅卵石硌得越来越痛，这是因为小华由河心走向河岸时，小华受到的浮力越来越_____，河底对小华脚底产生的压强越来越_____造成的，在这个过程中小华的重力_____。

11. 一物体重为24N，体积为1dm³，物体投入水中，当物体静止时受到的浮力是_____N。

12. 甲、乙、丙三个容器中装着密度不同的液体，把同一个小球分别放入其中，静止时如下图所示，则液体密度大小关系为_____。

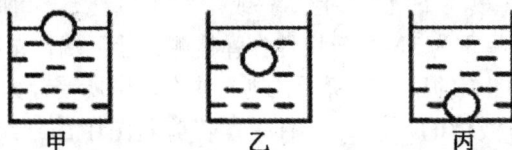

甲   乙   丙

13. 一石块，在空气中用弹簧秤测得重力为10N，当把石块完全浸没在水中时，弹簧秤的示数是6N，求：（1）石块所受的浮力；（2）石块的体积；（3）石块的密度。（g＝10N/kg）

第十一章　功和机械能

一、学业水平考试要求

1. 结合实例，认识功的概念；知道做功的过程就是能量转化或转移的过程（a）。

2. 知道动能、势能和机械能（a）；通过实验，了解动能和势能的相互转化（c）。
用实例说明机械能和其他形式的能的转化（a）。

3. 知道机械功和功率；用生活中的实例说明机械功和功率的含义（b）。

二、知识要点

1. 力学里所说的功包括两个必要因素：
一是作用在物体上的_____，二是物体在这个力的方向上移动的_____。

2. 功的定义：物理学中把_____与在力的方向上移动的_____的乘积叫做功。

功的定义式：$W = Fs$

注意：其中 s 是物体在 F 的方向上通过的距离，物体在运动的过程中力大小不变始终作用在物体上。

符号的意义及单位：W（功）—— 焦（J）

F（力）—— 牛（N）

s（距离）—— 米（m）

功的单位：_____（J），$1J = 1N \cdot m$

3. 功率：用功率表示物体做功的_____。功与做功所用时间之比叫做功率。

功率的定义公式：$P = \dfrac{W}{t}$

符号的意义及单位：W（功）—— 焦（J）　　　千瓦时（kWh）

t（时间）—— 秒（s）　　　小时（h）

P（功率）—— 瓦（W）　　　千瓦（kW）

功率推导公式：$P = Fv$

符号的意义及单位：F（力）—— 牛（N）

v（速度）—— 米/秒（m/s）

P（功率）—— 瓦（W）

4. 功率的单位：瓦特（简称瓦，符号 W）、千瓦（kW）　　　$1W = 1J/s$　　$1kW = 10^3 W$

5. 物体能够对外做功（但不一定做功），表示这个物体具有能量，简称能。
能量的单位是_____（J）。

6. 动能：物体由于运动而具有的能叫做动能。

7. 影响动能大小的因素：_____和_____（质量相同的物体，运动的速度越大，它的动能越大；运动速度相同的物体，质量越大，它的动能也越大）。

8. 常见的两种势能：_____势能和_____势能。

（1）重力势能：在地球表面附近与高度相关的能，叫做重力势能。

影响重力势能大小的因素：_____和_____（物体被举得越高，质量越大，具有的重力势能也越大）。

（2）弹性势能：物体由于发生_____而具有的能量叫做弹性势能。

同一物体的弹性形变_____，具有的弹性势能_____。

9. 机械能：_____、_____势能和_____势能统称为机械能。

10. 动能和势能可以互相转化。

11. 如果只有动能和势能相互转化，机械能的总和不变，也就是说机械能是守恒的。

三、云南中考真题分析

（一）云南怎么考

云南省 2005 年：

8. 火车在平直铁路上运行 2 km，若机车的水平牵引力为 5×10^4 N，则牵引力所做的功为_____J。

云南省 2006 年：

15. 李华同学用了半分钟时间，从一楼上到二楼，楼高 4.8m，则他上楼的功率最接近于（　　　）

A. 8W   B. 8×10W

C. 8×10^2W   D. 8×10^3W

云南省 2007 年：

7. 如右图所示，置于斜面顶端 a 的物体，分别沿 ab、ac、ad 三个不同路径滑落到 b、c、d 三个位置时，若不计摩擦和空气阻力，则比较它们动能的大小，正确的是（　　　）

A. b 点的动能大   B. c 点的动能大

C. d 点的动能大   D. 三点的动能一样大

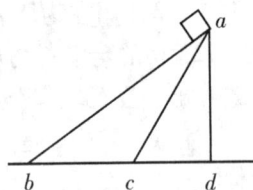

云南省 2008 年：

11. 跳水运动员下降过程中重力势能_____（填"增大"或"减小"）。

24.（8分）电动自行车既环保又节能，深受城市居民喜爱。下表是小王同学的电动自行车的有关数据。

电动自行车自重 m/kg	电能转化为机械能的效率 η	工作电压 U/V	行驶速度 v/（km·h⁻¹）	骑车人质量为50kg时的平均阻力 f/N
40	75%	36	≤36	20

小王质量为 50kg，从学校匀速回到家用时 20min，距离为 5.4km。根据相关信息求小明回家过程中：电动自行车牵引力所做的功。

云南省 2009 年：

5. 物体从光滑斜面顶端由静止开始下滑至粗糙水平面后，又继续在水平面上运动一段距离停下。物体在整个运动过程中（　　　）

A. 动能一直在增大   B. 重力势能一直在减小

C. 动能先增大后减小   D. 重力势能先减小后增大

云南省 2013 年：

18. 如右图所示，把重为 200N 的物体匀速提升 2m，不计滑轮、绳子的重力及摩擦，所用拉力 F 为_____N，拉力所做的功为_____J。

云南省 2014 年：

26. 如右图是小明同学家购买的微电脑控温电茶壶，具有自动抽水、煮水、显示水温、控温等功能，使用十分方便。据查，该产品额定电压为 220V，额定总功率 1210W，煮水时功率 1200W，茶壶容量 1.0L。水的比热容 $c_水 = 2 \times 10^3 J/$（kg·℃）。

将 550ml 的纯净水从桶中提升 0.6m，求电动机对水所做的功。

云南省 2015 年：

24. 右图是小王同学在参加学校运动会 200m 比赛时的情景。他跑步时对地面的压力为 500N，鞋子与地面的接触面积为 80cm²，跑完全程用时 32s。求：

若一只鞋子的质量为 150g，跑步过程中鞋子离地面的高度均为 20cm，脚落地一次重力对鞋子做的功。

26. 电动汽车是世界各国大力推广的新型交通工具，它具有节能、环保的特点。我国生产的某品牌的一款电动汽车充满电后，除了提供车内用电还能以 80km/h 的速度连续行驶 360km。若该车行驶时整车总质量为 1.5t，受到的阻力为整车总重的 9%，电动机的牵引功率占电源输出总功率的 75%。求：

（1）该车充满电后匀速行驶至全部电能耗尽，牵引力所做的功；

（2）电动机的牵引功率；

（3）电源输出的总功率。

（二）云南考题分析

1. 云南省对本章主要考查：功和功率的简单计算；动能、势能、机械能的变化及动能势能的相互转化。

2. 功和功率的简单计算：功的计算：$W = Fs$，$W = Gh$；功率的计算：$P = W/t$，$P = Fv$。

3. 动能、势能、机械能的变化及动能势能的相互转化：主要结合实例进行考查。

四、典例分析

例1. 判断下列说法的正误：

（1）只要有力作用在物体上，力就对物体做了功（   ）

（2）物体只要移动了距离，就做了功（   ）

（3）物体从高处落下重力做了功（   ）

（4）有力作用在物体上，物体又移动了距离，这个力就做了功（   ）

（5）手提着重物在水平地面上行走，人做了功（   ）

（6）人用力推车，但车未动，人没有做功（   ）

例2. 用100N的拉力将重500N的木箱在水平地面上匀速移动了5m，拉力做功多少J？若把这个物体举高3m，则对这个物体做的功是多少J？

例3.（2011年·昆明）某工地上，一架起重机将质量为2t的货物以0.1m/s的速度匀速提升10m后又水平匀速移动5m，求：

（1）在整个过程中，起重机对货物做的功；

（2）在货物上升的过程中，起重机对货物做功的功率。（g取10N/kg）

例4. 一辆小轿车以36km/h的速度在平直公路上匀速行驶，小轿车受到路面的摩擦力为1500N，则小轿车发动机的功率是多少kW？

例5. 一中学生骑自行车下坡时，不蹬脚踏板恰好匀速向下运动。在此过程中，他的动能、势能和机械能的变化情况是（   ）

A. 动能不变，势能减小，机械能减小　　　B. 动能增大，势能减小，机械能不变

C. 动能减小，势能减小，机械能减小　　　D. 动能不变，势能减小，机械能不变

例6.（1）2004年8月26日，在雅典举行的奥运会中，我国跳水运动员郭晶晶以绝对优势夺得女子三米跳板冠军，为我国争得了荣誉。她在起跳过程中，跳板的_____能转化成_____

能，又转化成_____能，最后转化成她的_____能，而进入水中。

（2）人造地球卫星绕地球的椭圆轨道运行，从远地点向近地点运动时，它的重力势能_____
__，动能_____，机械能_____（填"增大""减小"或"不变"）；此过程中_____能转
化为_____能。

五、课堂达标训练

1.（2014·无锡）下列实例中，人对物体做功的是（　　）
A. 学生背着书包在水平路面上匀速前进　　　B. 人推车，车未动
C. 足球被踢后，在草地上滚动一段距离　　　D. 举重运动员将杠铃举起

2. 起重机将重3×10^3N的楼板以1m/s的速度举到10m高的三层楼后，又将楼板水平移动了
3m，在整个过程中，起重机对楼板做的功是（　　）
A. 6×10^3J　　　B. 9×10^3J　　　C. 3×10^4J　　　D. 3.9×10^4J

3. 马拉着质量为2000kg的车在平路上前进，马的水平拉力是500N，做了2×10^5J的功，则马
拉车前进了_____m。

4.（2014·永州）小李同学先后用同样大小的力F使同一木箱分别在如下图所示甲、乙、丙
三个表面上沿力的方向移动相同的距离，该力F在这三个过程中所做的功分别为$W_甲$、$W_乙$、$W_丙$，
关于做功大小的下列说法正确的是（　　）

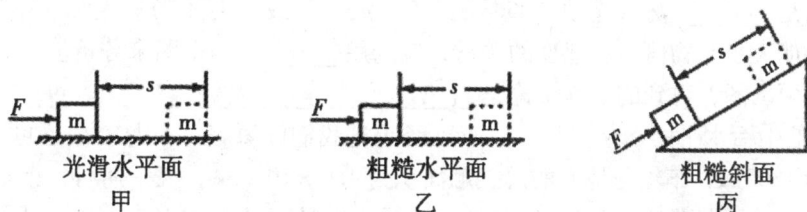

光滑水平面　　　粗糙水平面　　　粗糙斜面
甲　　　　　　乙　　　　　　丙

A. $W_甲 < W_乙 < W_丙$　　　B. $W_甲 > W_乙 > W_丙$　　　C. $W_甲 = W_乙 = W_丙$　　　D. $W_甲 = W_乙 < W_丙$

5.（2014·桂林）小明爸爸的质量为70kg、小明的质量为50kg。当父子俩一起从居住楼的一
楼同时走上二楼。在此过程中以下判断正确的是（　　）
A. 两个人做功的功率相等　　　B. 爸爸做功的功率比小明的大
C. 小明做功的功率比爸爸的大　　　D. 无法比较做功的快慢

6.（2014年·昆明）草原发生大面积蝗灾时，农业部门利用飞机喷洒农药消灭蝗虫。当飞机
在某一高度水平匀速飞行喷洒农药时，它的（　　）
A. 动能不变，势能不变　　　B. 动能减少，势能增加
C. 动能增加，势能减少　　　D. 动能减少，势能减少

7. 在水平地面上，小明用50N的水平推力推重100N的箱子，在10s内前进了6m，小明推箱
子的功率为_____W。

8. 起重机以0.1m/s的速度将重400N的重物匀速提高5m，起重机做功_____J，它的功率
是_____W。

9.（2010年·昆明）一中学生骑自行车加速上坡的过程中，他的动能_____，势能_____
__，机械能_____。（填"增大""不变"或"减小"）

10.（2012年·昆明）商场电动扶梯载着顾客匀速向上运动的过程中，顾客的动能_____，
势能_____（填"变大""变小"或"不变"）。

11. 在研究物体的重力势能与哪些因素有关的试验中，三个相同的木桩被从空中静止释放的铁
块撞击，陷入沙坑中的情况如右下图所示，在此实验中，我们是通过观察什么来比较各铁块重力势

能的大小？答：_____。若 A、B 两铁块质量相等，则两铁块下落高度的关系是 h_A_____h_B；若 A、C 两铁块下落的高度相等，则两铁块质量的关系是 m_A_____m_C；实验得出的结论是：物体重力势能的大小与_____有关。

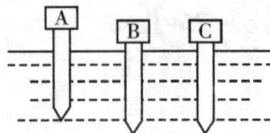

12.（2014·绥化）小宇用如下图所示的装置探究"动能的大小与哪些因素有关"。实验步骤如下：

（1）将质量为 m 的小球从光滑斜面的 A 处由静止释放，滚下后与放在水平面上的木块相碰，木块在水平面上移动一段距离后静止，如图甲所示。

（2）将质量为 m 的小球从光滑斜面的 B 处由静止释放，滚下后与放在水平面上的木块相碰，木块在水平面上移动一段距离后静止，如图乙所示。

（3）将质量为 $2m$ 的小球从光滑斜面的 B 处由静止释放，滚下后与放在水平面上的木块相碰，木块在水平面上移动一段距离后静止，如图丙所示。

根据上述三次实验，回答下列问题：

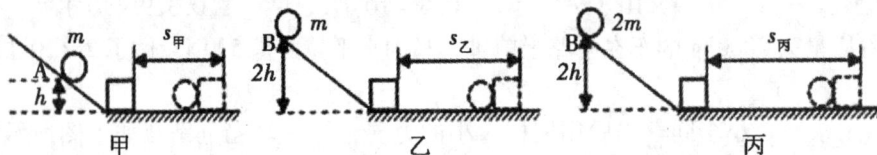

①通过观察比较_____就可以反映小球动能的大小，这里用到的物理学研究问题的方法是_____法（选填"直接测量""放大"或"转换"）。

②为探究动能大小与物体运动速度的关系，应选用_____两个图来分析。

③分析乙、丙两图，得到的实验结论是_____。

13. 随着人们生活水平的不断提高，汽车已经走进我们的家庭，小龙家最近也买了一辆轿车，该车车身质量为 1800kg，车轮与地面的总接触面积为 $4.0×10^{-2}m^2$，五一期间，小龙一家从丽江自驾车到大理赶三月街，若车站以 54km/h 匀速行驶了 3 小时 40 分钟到达三月街。求：

（1）小龙家到大理三月街的路程；

（2）若该车的发动机输出功率恒定为 90kW，轿车匀速行驶过程中的阻力；

（3）小龙一家及随身物品的总重量为 200kg，该车静止时对地面的压强。

14. 在 60m 深的矿井里，每分钟积水 $2m^3$，为了不让积水停留在井下，必须使抽水机连续工作，那么，抽水机的功率至少应是多少？（$g=10N/kg$）

第十二章　简单机械

一、学业水平考试要求

1. 知道简单机械（a）；通过实验，探究杠杆平衡的条件（c）。

2. 知道机械效率；了解提高机械效率的途径和意义（a）。

二、知识要点

1. 杠杆的定义：一根硬棒，在力的作用下能绕着固定点转动，这根硬棒就是杠杆。

2. 杠杆的五要素：

支点（O）——杠杆绕着转动的点；

动力（F_1）——使杠杆_____的力；

阻力（F_2）——_____杠杆转动的力；

动力臂（l_1）——从支点到_____的距离；

阻力臂（l_2）——从支点到_____的距离。

3. 杠杆的平衡：当杠杆在动力和阻力作用下静止时，我们就说杠杆平衡了。

杠杆的平衡条件：_____。

4. 杠杆的分类：

省力杠杆：l_1_____l_2，省力费距离；

费力杠杆：l_1_____l_2，费力省距离；

等臂杠杆：l_1_____l_2，不省力、不省距离。

5. 定滑轮：在使用时，轴固定不动。

（1）定滑轮的特点：

不省力不省距离但可以改变力的_____，即 $s = h$，没有摩擦时 $F = G_物$。

（2）定滑轮实质是个_____杠杆。

6. 动滑轮：在使用时，轴随物体一起移动。

（1）动滑轮的特点：动滑轮能省一半力，但_____改变力的方向。

即：$s =$_____，在不计摩擦时 $F =$_____，在不计摩擦和动滑轮的重量时 $F =$_____。

（2）动滑轮实质是动力臂为阻力臂二倍的省力杠杆。

7. 滑轮组：把定滑轮和动滑轮组合在一起，就组成滑轮组。

滑轮组的特点：既可省力，也可改变力的方向。

$s = nh$，在不计摩擦时 $F =$_____，在不计摩擦和动滑轮的重量时 $F =$_____。

8. 有用功（$W_有$）：为了完成做功目的必须做的功叫做有用功。

额外功（$W_额$）：不需要但又不得不做的功叫做额外功。

总功（$W_总$）：有用功加额外功之和叫做总功。即：$W_总 = W_有 + W_额$。

在定滑轮、动滑轮、滑轮组、斜面、杠杆中：$W_有 =$_____；$W_总 =$_____。

9. 机械效率：有用功跟总功的比值叫机械效率。用 $W_总$ 表示总功，$W_有$ 表示有用功，η 表示机械效率，其公式为：

$\eta =$_____

说明：机械效率常用百分数表示，有用功是总功中的一部分，有用功小于总功，所以机械效率总小于1。

10. 提高机械效率的方法：减小机械自重和减小机械的机件间的摩擦。

三、云南中考真题分析

（一）云南怎么考

云南省 2005 年：

16. 如图 1 所示的滑轮组，用 250 N 的拉力把质量为 50kg 的物体提高了 0.8 m，拉力的作用点上移了 2.4 m。拉力所做的功和滑轮组的机械效率分别是（g 取 10 N/kg）（   ）

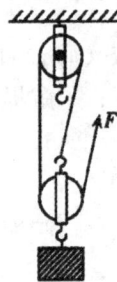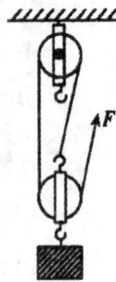

图1　　图2

    A. 600 J，66.7%　　　　　　B. 600 J，50%

    C. 400 J，66.7%　　　　　　D. 400 J，50%

云南省 2006 年：

7. 一杠杆的动力臂长是阻力臂长的 3 倍，杠杆平衡时动力大小是阻力大小的＿＿＿＿＿倍。

16. 如图 2 所示的滑轮组，在拉力 F 的作用下使物体升高了 2m，拉力 F 所做的功为 800J，滑轮组的机械效率为 70%，则物体受到的重力是（   ）

    A. 280N　　　　　B. 28N　　　　　C. 160N　　　　　D. 16N

云南省 2007 年：

22. 工人师傅用起重机将质量为 0.6t 的货物匀速提升 4m，起重机的功率是 2.0×10^3 W。若机械效率为 60%（取 $g = 10$N/kg）。求：

（1）起重机所做的有用功；

（2）起重机所做的功；

（3）起重机匀速提升货物所用的时间。

云南省 2008 年：

7. 对下图中各图所示情况的判断，正确的是（   ）

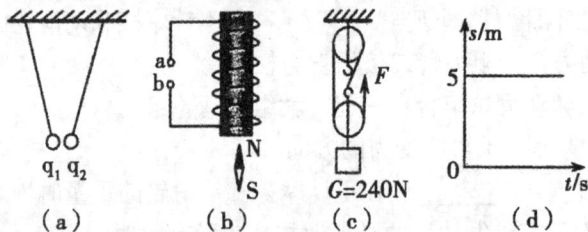

    A. 图（a）中 $q_1 q_2$ 两绝缘小球带同种电荷

    B. 图（b）中导线 a 端接电源正极

    C. 图（c）中不计摩擦、轮重及绳重，匀速拉绳的力 F 大小为 80N

    D. 图（d）表示物体以 5m/s 的速度匀速运动

云南省 2009 年：

10. 动滑轮是省力杠杆，其动力臂＿＿＿＿＿阻力臂（填"大于""小于"或"等于"）。

云南省 2013 年：

9. 如图 3 所示，把重为 200N 的物体匀速提升 2m，不计滑轮、绳子的重力及摩擦，所用拉力 F 为＿＿＿＿＿N，拉力所做的功为＿＿＿＿＿J。

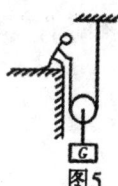

图3　　　图4　　　图5

云南省 2014 年：

18. 如图 4 所示，用动滑轮把重为 100N 的物体匀速提升 3m，拉力 $F=80N$，则拉力所做的额外功_____J。若改用质量更小的动滑轮来提升此重物，则动滑轮的机械效率将会_____（选填"变大""变小"或"不变"）。

云南省 2015 年：

17. 如图 5 所示，小刚用 200N 的拉力在 10s 内把重 320N 的物体匀速提升了 3m，滑轮的机械效率是_____，拉力的功率是_____W。

（二）云南考题分析

1. 云南省对本章主要考查：画杠杆的力臂和进行滑轮组的组装；从实际例子判断机械的特征（省力、费力、省距离）；利用杠杆平衡的条件和滑轮的特点进行简单计算；探究杠杆平衡的条件；测量滑轮组或斜面的机械效率；机械效率的计算。

2. 探究杠杆平衡的条件：（1）要调节杠杆在水平方向平衡：便于测量力臂；（2）杠杆平衡的调节；（3）选择杠杆中点为支点：减少杠杆自重对实验的影响；（4）从数据得出杠杆平衡的条件，利用杠杆平衡的条件补充表格中所缺的数据；（5）多次实验的目的：让实验结论具有普遍性。

3. 测量滑轮组或斜面的机械效率：（1）滑轮组的组装；（2）匀速拉动弹簧测力计：保证测力计示数稳定；（3）利用滑轮组中定量关系补充数据，计算机械效率；（4）根据实验数据判断滑轮组机械效率如何变化；根据实验数据判断滑轮组机械效率与什么因素有关。

4. 机械效率的计算：结合实际机械（杠杆、滑轮、斜面、抽水机、起重机、电动车等等），计算 $W_{有}$、$W_{总}$、η。

四、典例分析

例1. 如下图所示为钓鱼竿钓鱼的示意图，O 为支点，F_1 表示手对钓鱼竿的作用力，F_2 表示鱼线对钓鱼竿的拉力，请在图中画出力 F_1、F_2 的力臂 l_1、l_2。

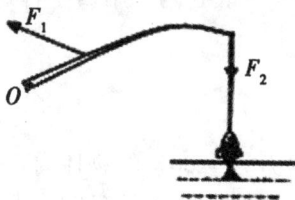

例2. 下列杠杆中，属于省力杠杆的是_____，属于费力杠杆的是_____。
A. 筷子　B. 镊子　C. 钳子　D. 托盘天平　E. 杆秤　F. 瓶盖起子　G. 钓鱼竿　H. 道钉撬
I. 扫帚　J. 理发剪刀　K. 铁匠剪刀　L. 羊角锤　M. 火钳　N. 船桨

例3. 在探究"杠杆平衡条件"的实验中,采用了如下图所示的实验装置。

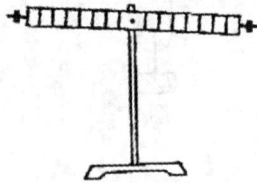

(1) 调节平衡时,都应该使它在_____位置平衡。根据图示杠杆所处的位置,应将平衡螺母向_____调整(填"右"或"左")。

(2) 挂上钩码,正确调节使杠杆再次平衡。此时挂在杠杆上的钩码施加的动力、阻力方向恰好与杠杆_____,挂钩码位置所对应的刻度值就等于_____。

(3) 某小组同学在杠杆左右两侧分别挂上不同数量的钩码,同时调节平衡螺母使杠杆平衡,你认为他们的做法是_____。

(4) 实验的结果如下表所示:

动力(F_1/N)	动力臂(l_1/cm)	阻力(F_2/N)	阻力臂(l_2/cm)
3	6	6	3
2	5	5	2
4	2	2	4
3	6	9	2
3	4	2	6
4	4	2	8

甲同学分析实验数据后认为杠杆平衡的条件是:动力 + 动力臂 = 阻力 + 阻力臂

乙同学分析实验数据后认为杠杆平衡的条件是:动力 × 动力臂 = 阻力 × 阻力臂

两个同学都认为自己是对的,对方是错误的。那么你认为他们中正确的应该是_____同学。原因是_____同学的结论部分仅从部分实验数据分析得到,不是所有实验数据都满足他总结的结论。

(5) 下列正在使用中的杠杆:用镊子取砝码、用扳手拧螺母、用钉捶拔钉子,属于费力的杠杆是_____。

例4. 用右图所示的滑轮组提起重力为 1200N 的物体时,若不考虑摩擦、绳和动滑轮的重力,则拉力 F 是_____N;若实际作用在绳端的拉力是 500N,此时滑轮组的机械效率是_____。

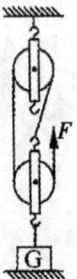

例5. 在"测量滑轮组的机械效率"的实验中，某组同学用同样的滑轮安装了如右图甲、乙所示的滑轮组，实验测得的数据如下表所示：

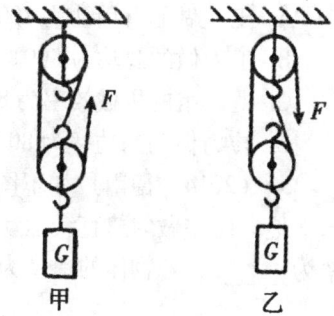

甲 乙

次数	物体的重力 G/N	提升高度 h/m	拉力 F/N	绳端移动的距离 s/m	机械效率 η
1	2	0.1	1	0.3	66.7%
2	3	0.1	1.4	0.3	71.4%
3	4	0.1	1.8	0.3	74.1%
4	2	0.1	1.5	0.2	

（1）表格内的第4次实验中应补充的数据是_____（结果精确到0.1%）。这次数据是用上图中_____（填"甲"或"乙"）所示的滑轮组测得的。

（2）分析比较第1、2、3次实验数据可以判定，若要增大滑轮组的机械效率，应该_____。在第1次实验中，拉力 F 所做的额外功为_____J。

（3）某同学认为，使用相同的滑轮所组成的滑轮组提升同一个重物时，越省力的滑轮组其机械效率越大，他的想法正确吗？请你利用补充完整后的表格中的数据说明你的判断：_____
_____。

五、课堂达标训练

1. 如右图所示，沿不同方向分别用 F_1、F_2、F_3 的力，以不同速度匀速拉动物体时，忽略绳子与滑轮的摩擦，下列说法中正确的是（　　）

A. $F_1 = F_2 < F_3$
B. $F_1 < F_2 < F_3$
C. $F_1 > F_2 > F_3$
D. $F_1 = F_2 = F_3$

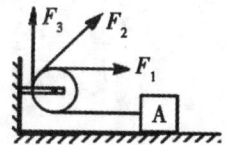

2. （1）画出下图1中杠杆的阻力、动力臂和阻力臂。
（2）如图2所示，小明站在地面上，欲用滑轮组提升重物，请画出最合适的绕线方法。

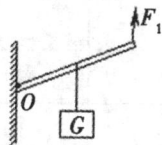

图1　　　　　图2

3. （2013·泉州）如下图所示的简单机械，在使用中属于费力杠杆的是（　　）

A. 起子　　　　B. 镊子　　　　C. 钢丝钳　　　　D. 托盘天平

4. 如右图所示，工人用 250N 的力 F 将重为 400N 的物体在 10s 内匀速提升 2m，则此过程中（　　）

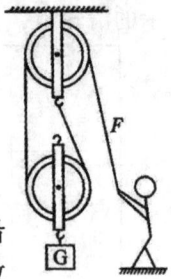

A. 工人做的有用功为 1000J

B. 工人做的总功为 500J

C. 滑轮组的机械效率为 80%

D. 拉力做功的功率为 80W

5.（2014·德阳）如下图所示，在 20N 的水平拉力 F 作用下，重 200N 的物体沿水平地面向左做匀速直线运动，物体与地面间的滑动摩擦力 48N，则滑轮组的机械效率为_____；若物体的速度为 0.2m/s，则 1min 内拉力做的功为_____J。

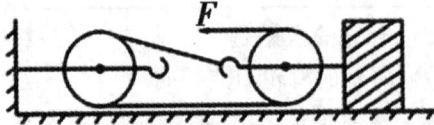

6. 如右图所示用撬棒撬起一石块，沿不同方向用力作用于撬棒，哪个力最小（　　）

A. F_1

B. F_2

C. F_3

D. 都一样

7.（2014·龙东）小明和小红一起做探究杠杆平衡条件的实验：

（1）实验前，将杠杆的中点置于支架上，当杠杆静止时发现杠杆停在如下图甲所示的位置。小明将左端的平衡螺母向右调，小红认为也可以将右端的平衡螺母向_____调（选填"右"或"左"），使杠杆在水平位置平衡。

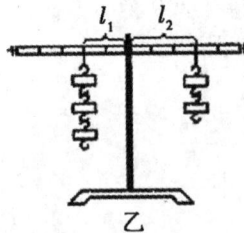

（2）在杠杆的两端加挂钩码，并移动钩码，使杠杆在水平位置平衡，如上图乙所示，并测出力臂。多次实验并把数据记录在表格中：

次数	F_1/N	l_1/cm	F_2/N	l_2/cm
1	1	10	2	5
2	2	10	1	20
3	2	15	3	10

实验时杠杆在水平位置平衡的目的是：_____；

多次实验的目的是_____。

（3）小明根据以上数据得出杠杆平衡的条件是：_____。

（4）小红将图乙中杠杆两侧的钩码各取下一个，杠杆会_____（选填"右侧下降"或"左侧下降"）。

（5）若小明只将图乙中的杠杆左侧的两个钩码取下，要使杠杆重新在水平位置平衡，应将右侧钩码_____（说出钩码移动的方向及格数）。

8. 如右图所示是小华同学探究滑轮组的机械效率的实验装置，实验数据如下表：

实验次数	钩码重 G/N	钩码上升高度 h/cm	弹簧测力计示数 F/N	弹簧测力计移动的距离 s/cm	机械效率 η/%
1	1	10	0.5	30	66.7
2	2	10	0.75	30	88.9
3	2	20	0.75		

（1）实验中应该_____竖直向上拉动弹簧测力计；

（2）第3次测量中，弹簧测力计移动的距离为_____cm，滑轮组机械效率为_____；

（3）分析实验数据，可得出的实验结论是：滑轮组机械效率与_____有关。

9. （2013·菏泽）甲乙两个滑轮组如右图所示，其中的每一个滑轮都相同，用它们分别将重物 G_1、G_2 提高相同的高度，不计滑轮组的摩擦，下列说法中正确的是（　　　）

A. 若 $G_1 = G_2$，拉力做的额外功相同

B. 若 $G_1 = G_2$，拉力做的总功相同

C. 若 $G_1 = G_2$，甲的机械效率大于乙的机械效率

D. 用甲乙其中的任何一个滑轮组提起不同的重物，机械效率不变

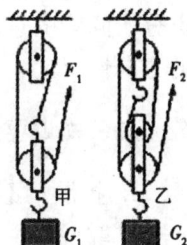

10. 如右图所示，在测量滑轮组的机械效率的实验装置中，动滑轮重 0.6N，物重 2.4N，不计绳重和各处摩擦，当物体匀速提升时，绳的自由端在竖直方向上的拉力 F 为_____N，此过程滑轮组的机械效率为_____。

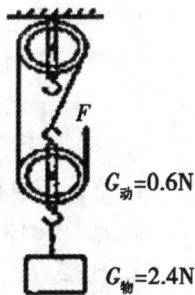

11. （2014·昆明）用右图所示的滑轮，使一个铁块以 0.2m/s 的速度匀速上升了 1m，已知铁块的体积为 $10^{-3}m^3$，求：

（1）铁块的重力；

（2）若不计滑轮、绳子的重和摩擦，绳子受到的拉力 F；

（3）拉力 F 的功率；

（4）若实际作用于绳子的拉力为 50N，这个滑轮的机械效率。

（其中 $\rho_{铁} = 7.9 \times 10^3 kg/m^3$、$g = 10N/kg$）

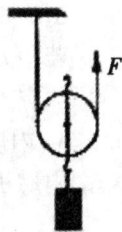

第十三章　内能　内能的利用

一、学业水平考试要求

1. 知道物质是由分子组成的，分子是由原子组成的；知道原子是由原子核和电子构成的，了解原子的核式模型，了解人类探索微观世界的历程，关注人类探索微观世界的新进程；了解人类探索太阳系及宇宙的历程，知道对宇宙的探索将不断深入，关注探索宇宙的一些重大活动；了解物质世界从微观到宏观的大致尺度（a）。

2. 了解内能和热量；从能量转化的角度认识燃料的热值（a）。

3. 通过实验了解比热容，尝试用比热容说明简单的自然现象（c）。

4. 了解热机的工作原理；知道内能的利用在人类社会发展史上的重要意义（a）。

5. 知道能量守恒定律；列举日常生活中能量守恒的实例（a）；有用能量转化与能量守恒的观点分析问题的意识（b）；从能量转化和转移的角度了解效率（a）；知道能量的转化和转移有一定的方向性（a）。

二、知识要点

1. 扩散：不同的物质在互相接触时彼此＿＿＿＿＿＿的现象，叫做扩散。

扩散现象说明：一切物质的分子都在不停地做＿＿＿＿＿＿；分子间存在＿＿＿＿＿。

2. 分子运动理论的初步知识：

（1）物质是由＿＿＿＿＿构成的。

（2）一切物质的分子都在不停地做＿＿＿＿＿＿。

（3）分子之间存在＿＿＿＿＿和＿＿＿＿＿。

3. 内能：构成物体的所有分子，其热运动的动能与分子势能的总和，叫做物体的内能。

注意：任何物体在任何情况下都具有＿＿＿＿＿。

4. 改变物体内能的两种方式：＿＿＿＿＿＿和＿＿＿＿＿。

5. 比热容：一定质量的某种物质，在温度升高时吸收的＿＿＿＿＿与它的＿＿＿＿＿和升高的＿＿＿＿＿乘积之比，叫做这种物质的比热容。若用 c 表示比热容，则：

$$c = \underline{\qquad\qquad}$$

注意：物质的比热容是物质的特性之一，跟物体质量的大小，温度改变的多少，物体的形状、体积、位置等无关，它与物质的种类和状态有关。

6. 物体吸收或放出的热量的计算：$Q = \underline{\qquad\qquad}$。

Q：物体吸收或放出的热量，单位：焦耳（J）

c：物质的比热容，单位：焦/千克·摄氏度 $[J/(kg \cdot ℃)]$

m：物体的质量，单位：千克（kg）

Δt：物体变化的温度，单位：摄氏度（℃）

若用 t_0 表示物体的初温，t 表示物体的末温则有：吸热时：$\Delta t = t - t_0$　放热时：$\Delta t = t_0 - t$

7. 热机：把＿＿＿＿＿能转化为＿＿＿＿＿＿能的装置。

8. 内燃机：燃料直接在发动机＿＿＿＿＿内燃烧产生动力的热机，叫做内燃机。

内燃机分为汽油机和柴油机两大类。

9. 汽油机和柴油机的四个冲程：吸气冲程、压缩冲程（＿＿＿＿能转化为＿＿＿＿＿能）、做功冲程（＿＿＿＿能转化为＿＿＿＿＿能）、排气冲程。

10. 热值：把某种燃料完全燃烧放出的＿＿＿＿＿与其＿＿＿＿＿之比，叫做这种燃料的热值，用字母 q 表示，其定义式为：

$$q = \underline{\hspace{3cm}}$$

Q（热量）：J m（质量）：kg q（热值）：J/kg

注意：热值是燃料的一种特性，只与燃料的种类有关，与其他因素无关。

当热值 q 的单位为 J/m³ 时：$Q = qV$

11. 热机的效率（η）：用来做_____部分的能量，与燃料完全燃烧放出的_____之比叫做热机的效率。

12. 能量守恒定律：能量既不会凭空_____，也不会凭空_____，它只会从一种形式转化为其他形式，或者从一个物体转移到另一个物体，而在转化和转移的过程中，能量的总量_____。

13. 从能量转化和转移的角度来了解效率：

（1）热机：$\eta = W_{有}/Q_{放}$；

（2）用燃烧燃料来给水加热：$\eta = Q_{吸}/Q_{放}$；

（3）用电热器来给水加热：$\eta = Q_{吸}/W$。

14. 物质世界从微观到宏观的大致尺度：

从小到大：夸克—质子（中子、电子）—原子核—原子—分子—物质—各种天体—宇宙。

三、云南中考真题分析

（一）云南怎么考

云南省 2005 年：

2. 桌上一只装有热茶水的水杯处于静止状态，但水杯中的水分子却在_____；一段时间后茶水的温度降低了，这是由于水的_____转移到了空气中。

11. 下列关于物体尺度由大到小的排列顺序符合实际的是（   ）

A. 电子、原子核、原子   B. 银河系、太阳系、地球

C. 原子核、电子、原子   D. 地球、太阳系、银河系

24. 小明家的电炉的铭牌如下表所示。小明用电炉把质量为 2kg、25℃ 的水烧开，用时 15min。已知水的沸点是 95℃，水的比热容是 4.2×10^3 J/（kg·℃）。

（1）烧水过程中水吸收的热量是多少焦？

（2）烧水过程中电炉消耗的电能是多少焦？

（3）该电炉的热效率是多少？

额定频率/Hz	50
额定电压/V	220
额定功率/W	800

云南省 2006 年：

1. 请将下列现象涉及的物理知识填在横线上。

固体和液体很难被压缩：_____。

8. 城市绿化中要修建许多人工湖以降低"热岛效应"造成的高温，这是利用了水的_____大的特性。飞机的喷气发动机的热机效率可高达 60%，则燃料完全燃烧产生 1000J 的热量，飞机可以获得_____的机械能。

云南省 2007 年：

1. 以下四种情形，通过热传递方式改变物体内能的是（   ）

A. 钻木取火　　　　B. 烧水水变热　　　　C. 锯木头木头发热　　　　D. 两手摩擦发热

14. 完全燃烧 $0.5m^3$ 天然气放出的热量是_____J。这些热量全部用来给水加热，可以使_____kg 的水温度升高 10℃（$q_{天然气} = 8.4 \times 10^7 J/m^3$）。

24. 某电热水壶的铭牌如下表所示。小菲研究有关资料后得知，在正常情况下用 9min 可烧开一壶 20℃ 的水（在 1 标准大气压下）。一天她用这个热水壶，烧开同样的一壶水却用 10min。问：

(1) 烧开这壶水需要吸收多少热量？

(2) 当时的电压是多少？（计算结果保留一位小数）

(3) 烧开同样一壶水所用的时间不同的主要原因？

××牌电热水壶	
额定电压	220V
额定容量	1.2L
额定功率	800W
额定频率	50Hz

云南省 2008 年：

6. 下列关于温度、内能、热量的说法，正确的是（   ）（注：错题）

A. 物体温度越高，它的热量就越多　　　　B. 要使物体内能增加，一定要吸收热量

C. 要使物体内能增加，一定要对物体做功　　　　D. 物体内能增加，它的温度就升高

11. 在热水和冷水中各滴入一滴墨水，墨水在_____中扩散得较快。

23. 我省有丰富的地热资源，可开发用于居民生活、发电、供暖等。腾冲热海的"大滚锅"呈圆筒形，直径约 6m，深 1.5m，周围用半圆形石板围成，终年热波喷涌，气浪腾腾，水温高达 96.6℃。锅内水的密度取 $1.0 \times 10^3 kg/m^3$，比热容为 $4.2 \times 10^3 J/(kg \cdot ℃)$。（计算结果保留两位小数）

(1) 说出应用地热能的两个优点。

(2) 求"大滚锅"内水的质量。

(3) 若"大滚锅"的水温降到 21.6℃ 可以放出多少热量？

云南省 2009 年：

4. 城市热岛效应是指城市中心区的气温明显高于外围郊区的现象。夏季，城市中心区的气温有时甚至比郊区高出 6℃ 以上。减轻城市热岛效应的有效措施是（   ）

A. 增大城市绿化面积　　　　B. 减小城市水面面积

C. 尽量多修水泥路面　　　　D. 在建筑物内多安装一些空调设备

9. 冬天用热水袋取暖，这是用_____改变物体的内能。

24. 室温下用电热水器给 2kg 水加热，加热过程中水温与时间的关系如下表所示，水的比热容为 $c_{水} = 4.2 \times 10^3 \text{J}/(\text{kg} \cdot ℃)$。

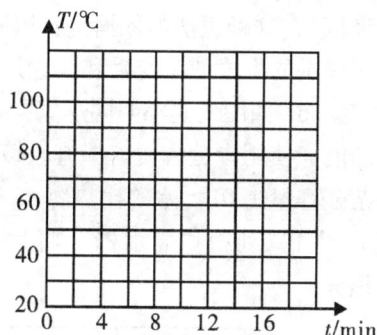

t/min	0	2	4	6	8	10	12	14
T/℃	20	35	50	65	80	95	95	95

（1）在右图坐标中作出水温与时间的关系图线。

（2）把水加热至刚沸腾时，水吸收的热量是多少？

（3）如果改用热效率为 15% 的煤炉完成（2）问中的加热，需要完全燃烧多少煤？（煤的热值为 $3 \times 10^7 \text{J/kg}$）

云南省 2013 年：

9. 墨水在温水中比在冷水中扩散快，说明分子运动的快慢与_____有关。冬天烤火取暖是用_____的方式增加人体的内能。

25. 某物理兴趣小组的同学，用煤炉给 10kg 的水加热，同时他们绘制了如右下图所示的加热过程中水温随时间变化的图线。若在 6min 内完全燃烧了 2kg 的煤，水的比热容为 4.2×10^3（J/kg·℃），煤的热值约为 $3 \times 10^7 \text{J/kg}$。求：

（1）煤完全燃烧产生的热量；

（2）经过 6min 时间加热，水所吸收的热量；

（3）煤炉烧水时的热效率。

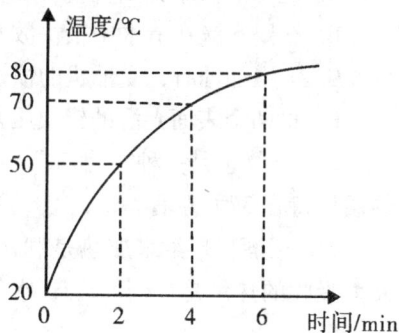

云南省 2014 年：

9. 在医院等公共场所设有"禁止吸烟"的标志，这是因为在公共场所"一人吸烟，多人被动吸烟"，这种说法的依据是：组成物质的分子在永不停息地做＿＿＿＿＿＿＿。冬天手冷时，我们用搓手的方式使手变暖和，这是采用＿＿＿＿＿的方式来增加手的内能。

26. 如图 1 是小明同学家购买的微电脑控温电茶壶，具有自动抽水、煮水、显示水温、控温等功能，使用十分方便。据查，该产品额定电压为 220V，额定总功率 1210W，煮水时功率 1200W，茶壶容量 1.0L。水的比热容 $c_水 = 4.2 \times 10^3 J/(kg \cdot ℃)$。

（1）利用"煮水档"将 550ml 的水加热 4min 的实验数据如下表，请计算 0～3min 的能量损失。

时间/min	0	0.5	1.0	1.5	2.0	2.5	3.0	3.5	4.0
温度/℃	20	21	33	49	66	82	95	95	95

（2）根据表中数据在图 2 中作出水被加热的"温度—时间"图像，并分析 0～0.5min 温度上升缓慢的主要原因。

图 1

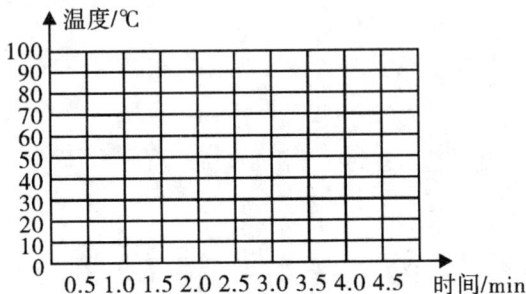

图 2

云南省 2015 年：

2. 下列物理现象的描述，正确的是（　　　）

A. 运动的汽车关闭发动机后将做匀速直线运动

B. 红墨水滴在清水中很快散开是扩散现象

C. 空中加油时，受油机的惯性减小

D. 将两个表面光滑的铅块压紧后会"粘"在一起说明分子间存在斥力

11. 食物也是一种"燃料"，不断地在人体内释放化学能，化学能转化为＿＿＿＿＿＿＿能，使人的体温保持在 37℃ 左右。

21. 用酒精灯给水加热是利用＿＿＿＿＿＿＿的方式改变水的内能。100g 的水温度由 90℃ 上升到 98℃ 吸收的热量是＿＿＿＿＿＿＿J；水的比热容 $c_水 = 4.2 \times 10^3 J/(kg \cdot ℃)$。

（二）云南考题分析

1. 云南省对本章主要考查：从实例中判断内能、比热、热值是否发生变化；用比热容的定义式及变形式解释有关现象；给出实例判断用什么方式改变物体的内能；热机的工作原理及内燃机的四个冲程和能量转化；热量、热效率的相关计算。

2. 用比热容的定义式及变形式解释有关现象：一般是结合水的比热容大这个特点进行解释，例如沙漠的日温差为什么比沿海地区的大，为什么用水做冷却剂或热量搬运工，城市热岛效应，等等。

3. 热量、热效率的相关计算：$Q = cm\Delta t$、$Q = qm$、热效率（η）三者结合进行计算，也可能结合电功（消耗的电能）、功率、密度等知识进行综合考查。

四、典例分析

例1. 把一瓶酒精用去三分之二，剩下三分之一的酒精与原来相比，发生变化的物理量是 （　　　）

A. 密度　　　　　　　B. 比热容　　　　　　C. 热值　　　　　　D. 质量

例2. 滇池是昆明的母亲湖，春城之所以冬无严寒夏无酷暑，与滇池息息相关，所以保护滇池，人人有责。滇池对昆明气候的调节作用，主要是因为 （　　　）

A. 水具有较大的比热容　　　　　　　B. 水具有较大的密度

C. 水具有较大的内能　　　　　　　　D. 水具有较高的温度

例3. 下列现象中，利用做功改变物体内能的是＿＿＿＿＿＿＿＿＿＿＿＿＿＿＿＿＿＿；利用热传递改变物体内能的是＿＿＿＿＿＿＿＿＿＿＿＿＿＿＿＿＿＿＿＿＿＿ （填序号）。

（1）冬天，人们用两只手掌相互摩擦取暖；（2）冬天，人们往手心中呵气取暖；

（3）在古代，人类钻木取火；（4）把烧红的铁块放到冷水中，冷水变热；

（5）晒太阳时感到很热；（6）用锤子反复打击一些铁片，它的温度升高；

（7）多次弯折一根铁丝，弯折处会发烫。

例4. 如右图所示，在试管内装些水，用橡皮塞塞住，加热使水沸腾。酒精的燃烧把＿＿＿＿＿能转化成＿＿＿＿＿能。通过＿＿＿＿＿方式使试管内的水的内能增大，水沸腾后会出现的现象是：橡皮塞飞出并伴有白气产生，其中橡皮塞飞出是水蒸气的＿＿＿＿＿能转化为橡皮塞的＿＿＿＿＿能；白气是怎样产生的？

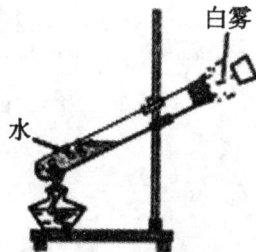

＿＿＿＿＿＿＿＿＿＿＿＿＿＿＿＿＿＿＿＿＿＿＿＿＿＿＿＿＿＿＿。

例5. 如下图是汽油机工作的四个冲程，其中表示机械能转化为内能的冲程是 （　　　）

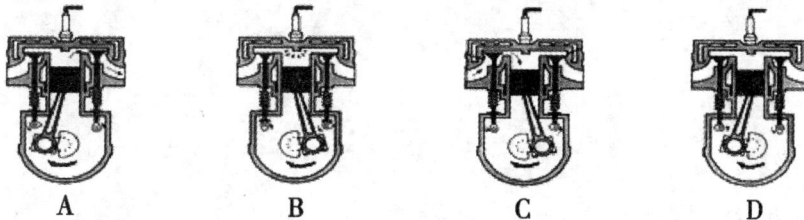

A　　　　　　　B　　　　　　　C　　　　　　　D

例6. 已知天然气的热值为 $4.0 \times 10^7 \mathrm{J/m^3}$，完全燃烧 $2.1\mathrm{m^3}$ 的天然气可以获得＿＿＿＿＿J的热量，不计热量损失，这些热量可以使 $500\mathrm{kg}$ 的水温度升高＿＿＿＿＿℃。

$[c_水 = 4.2 \times 10^3 \mathrm{J/(kg \cdot ℃)}]$

例7. 某中学为学生供应开水，用锅炉将200kg的水从25℃加热到100℃，燃烧了6kg的无烟煤。无烟煤的热值是3.4×10^7J/kg，水的比热容为4.2×10^3J/（kg·℃）。

（1）锅炉内200kg的水吸收的热量是多少焦耳？

（2）6kg无烟煤完全燃烧放出的热量是多少焦耳？

（3）此锅炉的效率是多少？

例8. 笑笑家中电热水壶的铭牌如右图所示，其中额定功率已经看不清。将电热水壶装满初温20℃的水，让其单独工作，在一标准大气压下将水烧开用时5分钟，她家的标有"600R/kW·h"字样的电能表旋盘转动了120转。求：

（1）水吸收的热量是多少？

（2）烧水过程中，电热水壶的效率是多少？

（3）电热水壶工作时的实际功率是多少？

（4）水吸收的这些热量，如果由无烟煤燃烧来提供，

则至少需要提供多少g的无烟煤？

（$\rho_水 = 1 \times 10^3$kg/m^3；$c_水 = 4.2 \times 10^3$J/kg·℃；$q_{无烟煤} = 3 \times 10^7$J/kg）

品名：家乐牌电热水壶
容积：2L
额定电压：220V　频率50Hz
额定功率：
防电等级：A级
重庆电器三厂

五、课堂达标训练

1. 下列关于微观粒子的空间尺度由小到大的排列顺序，正确的是（　　　）

A. 夸克、质子、原子核、原子　　　　B. 夸克、原子核、质子、原子

C. 原子核、质子、原子、夸克　　　　D. 质子、原子核、夸克、原子

2. （2014·遂宁）下列有关热机的说法中不正确的是（　　　）

A. 热机工作的过程是将燃料燃烧获得的内能转化成机械能的过程

B. 为了防止热机过热，通常用水来降温，是利用水的比热大的特性

C. 可以采用增大热机功率的方法来增大热机的效率

D. 热机的大量使用会造成环境污染

3.（2014·乌鲁木齐）下列哪种现象不能用分子运动理论来解释（　　）

A. 走进花园闻到花香　　　　　　　B. 放入水中的糖块会使水变甜

C. 天空中飞舞的雪花　　　　　　　D. 水和酒精混合后总体积变小

4.（2012年·昆明）下列关于热现象的说法，正确的是（　　）

A. 温度越高的物体具有的热量就越多　　B. 汽油机的做功冲程是将机械能转化为内能

C. 物体的温度越高，分子热运动越剧烈　D. 物体吸收的热量越多，其比热容就越大

5.（2014·梅州）如右图所示，在一个配有活塞的厚壁玻璃筒里放一小团硝化棉，用力把活塞迅速下压，棉花就会立即燃烧。根据该实验现象，下列结论正确的是（　　）

A. 棉花燃烧过程是化学能转化为内能

B. 活塞下压过程中，气体的内能减小

C. 气体容易被压缩，是因为气体分子间距离较小

D. 活塞下压过程的能量转化形式与热机做功冲程能量转化相同

6.（2014·巴中）如右图所示，给试管里的水加热，水沸腾后，水蒸气推动活塞迅速冲出试管口，水蒸气在这个过程中（　　）

A. 内能减少，温度不变，在试管口液化成小水滴

B. 内能增加，温度降低，在试管口变成白色的热空气

C. 内能增加，温度升高，在试管口变成白色的烟雾

D. 内能减少，温度降低，在试管口液化成小水滴

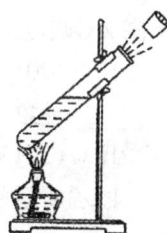

7. 四冲程汽油机的工作示意图如下，其中使汽车获得动力的冲程是（　　）

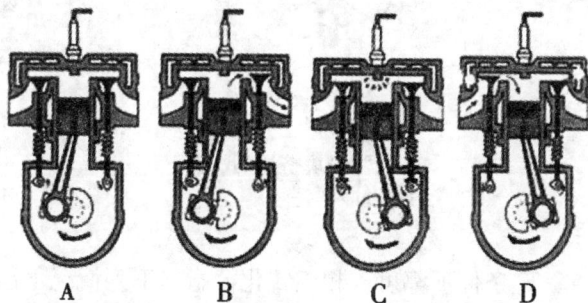

A　　　　　B　　　　　C　　　　　D

8.（2014·上海）关于比热容，下列说法中错误的是（　　）

A. 比热容可用来鉴别物质

B. 水的比热容较大，可用作汽车发动机的冷却剂

C. 沙的比热容较小，所以沙漠地区昼夜温差较大

D. 一桶水的比热容比一杯水的比热容大

9.（2014·北京）下列实例中，通过做功的方式改变物体内能的是（　　）

A. 用锯锯木头，锯条温度升高　　　　B. 向饮料中加冰块，饮料温度降低

C. 寒冬，用热水袋暖手，手感到温暖　　D. 盛夏，阳光曝晒路面，路面温度升高

10.（2013·龙岩）质量相等、初温相同的水和煤油，分别用两个相同的电加热器加热（不计热损失），加热过程中温度变化如右图所示，则下列判断正确的是（　　）

A. 甲的比热容大，是水

B. 甲的比热容大，是煤油

C. 乙的比热容大，是水

D. 乙的比热容大，是煤油

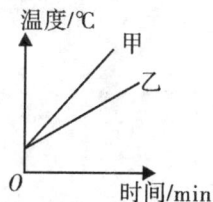

11. 如右图所示，在大口厚玻璃瓶内装入少量的水，并滴入几滴酒精。塞紧塞子后，用气筒往瓶内打气。当塞子跳出时，看到瓶口有白雾出现。下列关于该实验的分析错误的是（　　）

A. 往瓶内打气时，外界对瓶内气体做功

B. 往瓶内打气时，瓶内气体内能变小

C. 瓶塞跳出时，瓶内气体温度降低

D. 瓶塞跳出时，瓶内气体对外做功

12. 10kg 的水，温度由 10℃升高到 20℃所吸收的热量是_____J；如果这些热量由燃烧焦炭来提供，那么需要完全燃烧_____g 的焦炭。[$c_水 = 4.2 \times 10^3$J/（kg·℃），$q_{焦炭}$ =3.0×10^7J/kg]

13. （2014·曲靖）经历多年的中俄天然气进口谈判近日终于达成协议，已知天然气的热值 q =7×10^8J/m^3，小明家完全燃烧 $10dm^3$ 天然气，放出的热量为_____J，使用天然气时会闻到一股味道，这是_____现象。

14. （2014·齐齐哈尔）炎炎夏季，都市气温往往比郊外要高3℃~5℃，这就是热岛效应，人们修建人工湖、喷水池，主要利用水的_____大来调节气温。园丁小区喷水池内有 5t 水，水温升高 2℃吸收的热量是_____J。

15. （2014·齐齐哈尔）端午节那天，妈妈煮茶叶蛋时小宇闻到浓郁的茶蛋的香味，这是属于_____现象。煮茶叶蛋要比腌蛋时咸的快，这是由于_____。

16. （2014·烟台）图甲所示的实验现象说明：_____；图乙所示的实验现象说明：_____；图丙所示的实验现象说明：_____。

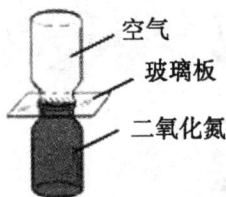

甲：抽掉玻璃板后，二氧化氮气体进入上面的空气瓶中

乙：两铅块挤压后，不易分开

丙：墨水在热水中比在冷水中扩散的快

17. 各种形式的能量在一定条件下都可以相互转化，指出下列情况下能量的转化。

（1）内燃机的做功冲程：_____；内燃机的压缩冲程：_____；

（2）植物的光合作用：_____；（3）燃料的燃烧：_____；

（4）摩擦生热：_____；（5）气体膨胀做功：_____；

（6）电池工作：_____；（7）给蓄电池充电：_____；

（8）发电机工作：_____；（9）电动机工作：_____。

18. 为了比较水和煤油的吸热能力，江涛用两个相同的装置做了如下图所示的实验：

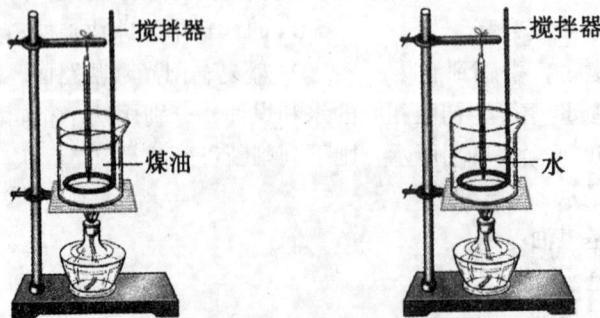

（1）除了如图所示的实验器材外，还需要的实验器材是_____；

（2）在两个相同的烧杯中应加入初温相同、_____相同的水和煤油；

（3）实验中搅拌器的作用是：使液体_____；选用相同酒精灯加热的目的是：使水和煤油

在相同时间内_____；

　　（4）实验中发现煤油的温度比水的温度升高得_____（选填"快"或"慢"），这表明_____吸热本领更强。

　　19．（2014·玉林）某团队在海拔3000多米的高山上野营时，使用铁锅烧水，他们发现把体积为2L的水从10℃加热到85℃时，共消耗了5kg的干木柴，水的比热容为4.2×10^3J/（kg·℃），干木柴的热值为1.2×10^7J/kg。求：

　　（1）干木柴完全燃烧放出的热量；

　　（2）水吸收的热量；

　　（3）铁锅烧水的效率；

　　（4）他们也发现在高山上用铁锅煮马铃薯时，尽管锅里的水哗哗地沸腾了很长时间。马铃薯还是煮不软，为什么？

　　20．（2013·苏州）太阳能热水器是把太阳能转化为内能的设备。热水器每小时平均接收4.2×10^6J的太阳能，在5小时的有效照射时间内，将热水器中质量为100kg、初温为20℃的水温度升高到40℃。求：

　　（1）热水器中的水吸收的热量；［水的比热容：4.2×10^3J/（kg·℃）］

　　（2）热水器5小时内接收到的太阳能；

　　（3）热水器的效率；

　　（4）若改用煤气来加热这些水，需要完全燃烧多少千克煤气？（煤气的热值：4.2×10^7J/kg，假设煤气燃烧放出的热量全部被水吸收）

第十四章　电流和电路

一、学业水平考试要求

1. 通过实验观察摩擦起电现象，探究并了解同种电荷相互排斥，异种电荷相互吸引（c）。
2. 会连接简单的串联电路和并联电路（c）。
3. 从能量转化的角度认识电源和用电器的作用（a）。
4. 说出生产、生活中采用简单串联或并联电路的实例；了解串、并联电路的电流特点（a）；会看会画简单电路图（b）。

二、知识要点

1. 自然界中只有两种电荷，分别命名为正电荷和负电荷。

正电荷：用丝绸摩擦过的_____带的电荷叫做正电荷；此时，丝绸带_____电荷。

负电荷：用毛皮摩擦过的_____带的电荷叫做负电荷；此时，毛皮带_____电荷。

2. 摩擦起电的原因：电子的_____，得到电子显_____电，失去电子显_____电。
3. 电荷间的相互作用规律：同种电荷互相_____，异种电荷互相_____。
4. 验电器：检验物体是否带电的仪器，其原理是同种电荷互相_____。
5. 导体和绝缘体：

导体：容易导电的物体叫做导体，常见的导体有：金属、人体、大地、石墨、酸碱盐的水溶液等等。

绝缘体：不容易导电的物体叫做绝缘体，常见的导体有：空气、陶瓷、橡胶、塑料、油、纯净的水等等。

注意：导体和绝缘体之间没有绝对的界限。

6. 电路是由电源、用电器、开关、导线构成。其中电源是把其他形式的能转化为_____能；其中用电器是把电能转化为_____的能。
7. 电路的三种状态：通路、断路、短路（电源短路和部分电路短路）。
8. 电流方向：

把_____电荷定向移动的方向规定为电流的方向。在电源外部，电流方向是从电源_____极经过_____流向电源_____极的。

9. 串联电路的特点：（1）电流只有_____条路径；（2）各用电器之间_____互相影响；（3）开关可以控制所有用电器，开关位置的改变不影响它对用电器的控制作用。
10. 并联电路的特点：

（1）电流有多条路径，有_____路和_____路之分；

（2）各条支路上的用电器可以独立工作，_____互相影响；

（3）干路上的开关可以控制所有用电器，支路上的开关只能控制其所在支路的用电器。

11. 电流是表示电流强弱的物理量，电流的符号是 I。电流的国际单位是安培，简称安，符号是 A；常用的电流单位还有毫安（mA）、微安（μA），它们同安培的关系是：

$$1mA = \underline{\hspace{2cm}} A \qquad 1μA = \underline{\hspace{2cm}} A$$

12. 电流表的使用方法：

①电流表要与被测用电器_____联在电路中；

②连接电流表时，要让电流从_____接线柱流入，从_____接线柱流出；

③被测电流不能超过电流表的_____；

④不允许把电流表直接连到_____的两极上。

13. 在串联电路中，电流_____相等。可用公式表达为：$I_总 = I_1 = I_2$。

14. 在并联电路中，干路上的电流_____各条支路的电流_____。

可用公式表达为：$I_总 = I_1 + I_2$。

三、云南中考真题分析

（一）云南怎么考

云南省 2005 年：

5. 铜丝、电阻丝、超导体、胶木棒、陶瓷、盐水中，属于导体的有_____。

9. 如下图所示的电路中，开关 S 闭合后，只有乙灯发光。甲灯不亮的原因可能是（　　）

A. 电池接触不良

B. 甲灯的灯丝被熔断

C. 甲灯被短路

D. 开关接触不良

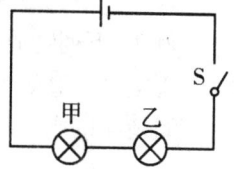

10. 如右图所示，要使两个灯泡并联，正确的连接方式是（　　）

A. a 与 b 相连

B. c 与 d 相连

C. a 与 b 相连，c 与 d 相连

D. a 与 b 相连，b 与 c 相连

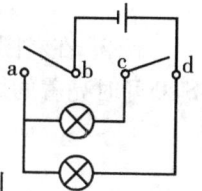

17. 在测定导体电阻的实验中，电流表连接情况及示数如下图所示，电流表测得的电流为_____A。

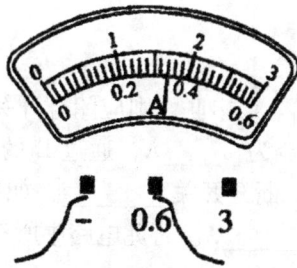

云南省 2006 年：

11. 一种声光报警器的电路如右图所示。闭合开关 S_1 和 S_2 后，会出现的现象是（　　）

A. 灯亮，铃响

B. 灯亮，铃不响

C. 灯不亮，铃响

D. 灯不亮，铃不响

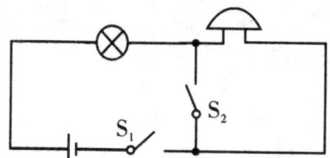

云南省 2013 年：

14. 如右图所示是电吹风的简化电路图，A 是风扇的电动机、B 是电热丝。要吹热风应闭合开关_____，此时 A 与 B _____联在电路中。

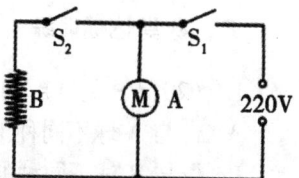

（二）云南考题分析

云南省对本章主要考查：正、负电荷与电荷之间的相互作用规律；常见的导体与绝缘体的区分；串、并联电路的辨别；电流表的使用方法；串并联电路的电流规律。

四、典例分析

例1. 如右图所示，通草球甲、乙相互排斥，甲、丙相互吸引，如果已知甲带正电，那么乙、丙的带电情况是（　　）

A. 乙带负电、丙带正电

B. 乙带正电、丙带正电

C. 乙带负电、丙带负电或不带电

D. 乙带正电、丙带负电或不带电

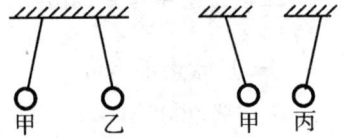

例2. 下列物质属于导体的是＿＿＿＿＿＿＿＿＿＿，属于绝缘体的是＿＿＿＿＿＿＿＿＿＿＿。
①空气　②煤油　③稀硫酸　④人体　⑤陶瓷　⑥塑料　⑦水银　⑧干纸　⑨大地
⑩纯净的水

例3. 在右图所示的电路中，当开关 S_1、S_2 都闭合时，亮着的灯是＿＿＿＿＿＿；当开关 S_1 闭合，S_2 断开时亮着的灯是＿＿＿＿＿＿。

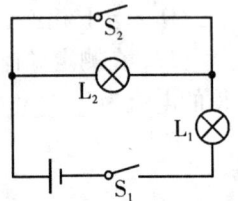

例4. 如右图所示，如果要使灯 L_1、L_2 串联，则应闭合开关＿＿＿＿＿＿，断开开关＿＿＿＿＿＿，如果电流表的示数为 0.25A，则通过 L_1 的电流为＿＿＿＿＿＿A，通过 L_2 的电流为＿＿＿＿＿＿A；如果要使灯 L_1、L_2 构成并联，则应闭合开关＿＿＿＿＿＿，断开开关＿＿＿＿＿＿，如果电流表的示数为 0.8A，通过 L_1 的电流为 0.35A，则通过 L_2 的电流为＿＿＿＿＿＿A。若此电路中所有开关都闭合，则电路会＿＿＿＿＿＿。

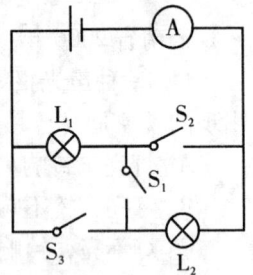

五、课堂达标训练

1. (2013·龙岩) 四个悬挂着的带电通草球，相互作用情况如右图所示，那么 D 球（　　）

A. 带与 A 球不同种的电荷

B. 带与 B 球不同种的电荷

C. 带与 C 球不同种的电荷

D. 一定带正电荷

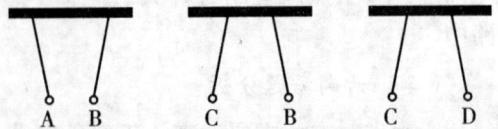

2. (2014·菏泽) 小聪家里有一台透明门的电冰箱，当他打开冰箱门时，冰箱内的灯就亮；当他关闭冰箱门时，冰箱内的灯就熄灭，但压缩机依然工作。小聪断定冰箱门上有一个开关S，下面小聪的判断中正确的是（　　）

A. 冰箱内的照明灯和压缩机串联

B. 冰箱内的照明灯和压缩机并联，开关 S 在干路上

C. 冰箱内的照明灯和压缩机并联，开关 S 和照明灯串联

D. 冰箱内的照明灯和压缩机并联，开关 S 和压缩机串联

3.（2014·怀化）如右图所示电路，闭合开关后，比较 a、b、c、d 四处电流的大小，其中正确的是（　　）

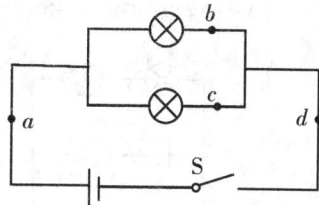

A. $I_a = I_d$

B. $I_a < I_b$

C. $I_b > I_c$

D. $I_c = I_d$

4. 通常情况下，下列对物质的分类，正确的是（　　）

A. 铜、铁、铝、石墨是金属　　　　　　　B. 石墨、盐水、铅、人体是导体

C. 水晶、冰、萘、玻璃是晶体　　　　　　D. 酒精、水银、水蒸气、水是液体

5. 下列学习文具，通常情况下属于绝缘体的是（　　）

A. 铅笔芯　　　　　　B. 铁丝　　　　　　C. 铜丝　　　　　　D. 纯净的水

6. 居民楼的楼道里，夜间只是偶尔有人经过，电灯总是亮着造成很大浪费。科研人员利用"光敏"材料制成"光控开关"，天黑时自动闭合，天亮时自动断开；利用"声敏"材料制成"声控开关"，当有人走动发出声音时，自动闭合，无人走动时自动断开。若将这两种开关配合使用，就可以使楼道灯变得"聪明"，则这种"聪明"的电路是（　　）

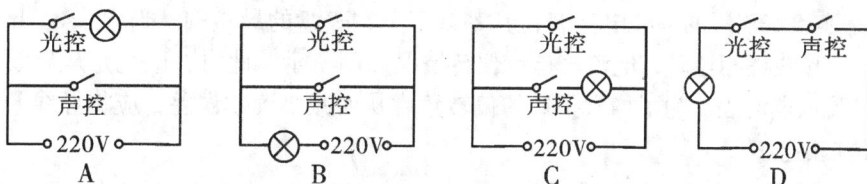

7.（2013·深圳）高铁每节车厢都有两间洗手间，只有当两间洗手间的门都关上时（每扇门的插销都相当于一个开关），车厢中指示牌内的指示灯才会发光提示旅客"洗手间有人"。下列所示电路图能实现上述目标的是（　　）

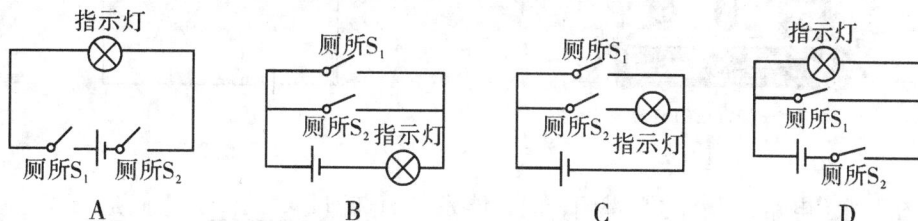

8.（2013·娄底）新交通法规于2013年1月1日施行，驾驶员不系安全带记3分，罚100元。汽车上设置了"安全带指示灯"，提醒驾驶员系好安全带。当安全带系好时，相当于闭合开关，指示灯不亮；安全带未系好时，相当于断开开关，指示灯发光。图中符合上述要求的电路图是（　　）

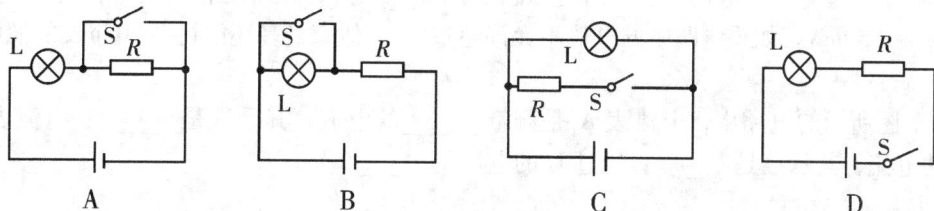

9. 如右图所示电路，要使灯泡 L_1 和 L_2 组成并联电路，应该（　　　）

A. 只闭合 S_3

B. 只闭合 S_2

C. 同时闭合 S_1 和 S_2

D. 同时闭合 S_1 和 S_3

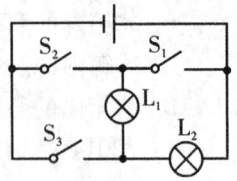

10. 如右图所示，用电流表测量通过灯 L_1 的电流，其中电路正确的是（　　　）

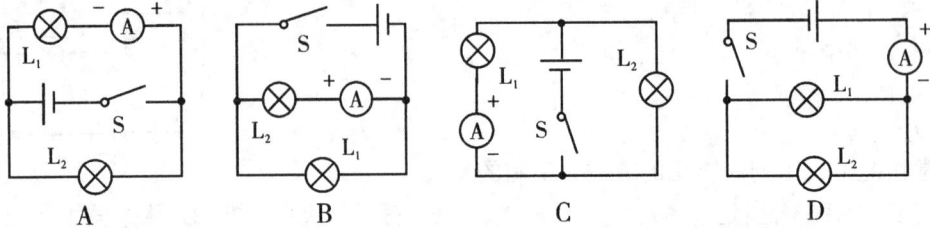

11. 电路是由_____、_____、_____、_____组成的。蓄电池、干电池工作时是把_____能转化为_____能；电动机工作是把_____能转化为_____能，电炉工作时是把_____能转化为_____能。

12. 用丝绸摩擦过的玻璃棒带_____电荷，丝绸带_____电荷；用毛皮摩擦过的橡胶棒带_____电荷，毛皮带_____电荷。

13. 甲、乙、丙三个带电物体。甲物体排斥乙物体，乙物体吸引丙物体，如果丙物体带正电，则甲物体带_____电。

14. 图1是实验室常用的一种电流表，其零刻度不在表盘的最左端。当导线 a、b 分别与标有"−"和"3"的接线柱相连时，电流表指针偏转情况如图所示。此时，电流是从导线_____（填"a"或"b"）流入电流表。为了增大指针的偏转角度从而减小读数误差，应将导线 b 与标有"_____"的接线柱相连。

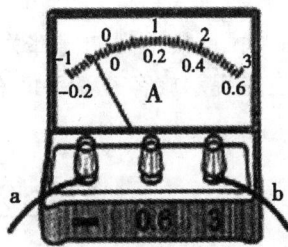

一种常用的电流表

图1

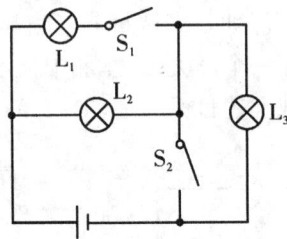

图2

15. 如图2所示电路，当 S_1、S_2 都闭合时，能发光的灯泡是_____，它们是_____联，当 S_1、S_2 都断开时，能发光的灯泡是_____，它们是_____联。

16. 你留心观察过街道上的路灯吗？当其中的任意一盏灯发生故障时，其他的灯还能正常发亮。由此可以断定这些路灯是_____联的。

17. 小明家中装有一台电视机、一台洗衣机、两盏照明灯，正常工作时的电流分别为 200mA、1A、300mA 和 250mA。如果电路中的电流不允许超过 3A，他家最多还能再装 300mA 的照明灯_____盏。

18. 如下图所示的电路中，电流表 A_1 是测量_____的电流，其示数是_____；电流表 A_2 是测量_____的电流，其示数是_____；通过 L_1 的电流是_____。

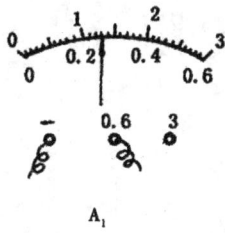

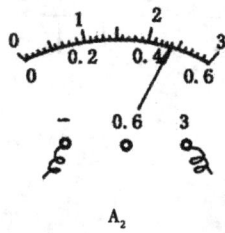

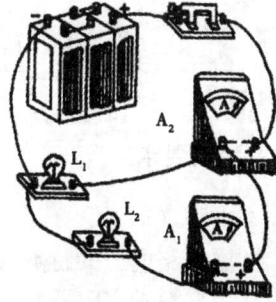

19. 根据如下图所示的实物连线图，画出对应的电路图。（要求连线要横平竖直，尽量使电路图简洁美观）

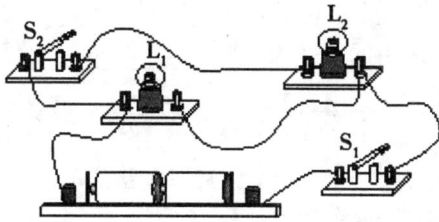

20. 如下图所示，是小明设计的"探究串联电路中电流特点"的实验电路图。

（1）电路中两个灯泡 L_1、L_2 串联，依次断开 A、B、C 各点，将接入电流表，测量流过的电流；重换两个小灯泡，再次测量三点的电流，数据记录表中。

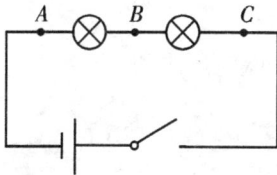

实验次数	A 点的电流 I_A	B 点的电流 I_B	C 点的电流 I_C
第 1 次测量	0.3A	0.3A	0.3A
第 2 次测量	0.2A	0.2A	0.2A

（2）拆接电路时，开关 S 必须处于_____状态。

（3）实验过程中，小明测量得到多组电流值的目的是：_____。

（4）实验数据表明：_____。

第十五章　电压　电阻

一、学业水平考试要求

1. 知道电压、电阻（a）。

2. 了解串、并联电路电压的特点（a）。

3. 会使用电压表，滑动变阻器（c）。

二、知识要点

1. 电压是形成电流的_____，_____提供电压的装置。电压通常用字母_____表示；电压的国际单位是_____，简称伏，符号是_____。常用的电压单位还有：_____（kV），_____（mV），它们的关系是：$1kV = $_____$V$，$1mV = $_____$V$。

2. 记住几个常见的电压值：

一节干电池的电压：_____V；一节铅蓄电池的电压：_____V；家庭电路的电压：_____V；对人体安全的电压：_____V；手机电池的电压：_____V。

3. 电压表的使用方法：

①电压表要与被测用电器_____联在电路中；

②连接电压表时，要让电流从_____接线柱流入，从_____接线柱流出；

③被测电压_____超过电压表的量程；要进行_____；

④电压表可以直接连到电源的两极上，此时测得_____的电压。

4. 串联电路的电压规律：串联电路的总电压_____各部分电路两端电压之和。

表达式为：$U_总 = $_____

并联电路的电压规律：在并联电路中各支路两端的电压_____。

表达式为：$U_总 = U_1 = U_2$

5. 用电阻来表示导体对电流_____的大小。电阻通常用字母_____表示。

电阻的国际单位是：_____，简称欧，符号是 Ω，其他常用的电阻单位还有：_____（$k\Omega$）、_____（$M\Omega$），它们的关系是：$1k\Omega = $_____$\Omega$　　$1M\Omega = $_____$\Omega$。

6. 导体的电阻与导体的_____、_____、_____，以及_____有关。

注意：导体的电阻是导体本身的一种性质，与导体两端的电压和通过导体的电流无关。

7. 滑动变阻器：

（1）滑动变阻器的原理：通过改变接入电路中的电阻线的_____来改变电阻。

（2）滑动变阻器的作用：

改变电路中_____的大小；调节与它串联的用电器的_____；保护电路。

（3）滑动变阻器的使用方法：

①滑动变阻器要与被控制的用电器串联。

②_____接电路，阻值变化观_____，滑片靠近阻值_____，滑片远离阻值_____。

③在闭合开关前，应将滑片放在阻值_____的位置。

8. 半导体：导电性能介于导体和绝缘体之间。温度、光照、杂质等外界因素对半导体的导电性能有很大影响。应用：光敏电阻、声敏电阻、压敏电阻、二极管、三极管、集成电路。

9. 超导体：某些物质在很低的温度时，电阻就变成了0，这就是超导现象。

超导体的应用前景：输电线，电子设备微型化，磁悬浮列车。

三、云南中考真题分析

（一）云南怎么考

云南省 2005 年：

20.（6分）在探究某种新材料的导电性时，小明提出两个猜想：

A. 该材料制成的导体的电阻可能与它两端的电压有关。

B. 该材料制成的导体的电阻可能与它的长度有关。为了验证他的猜想，小明设计了如下图所示的实验电路，并将一根粗细均匀的这种新材料导体剪成长度不同的三段进行了两组实验，实验记录和数据处理结果见表一、表二。

表一

长度 L/m	0.1		
电压 U/V	1.0	2.0	3.0
电流 I/A	0.20	0.41	0.60
电阻 R/Ω	5.0	4.9	5.0

表二

电压 U/V	3.0		
长度 L/m	0.1	0.2	0.3
电流 I/A	0.59	0.31	0.20
电阻 R/Ω	5.1	9.7	15.0

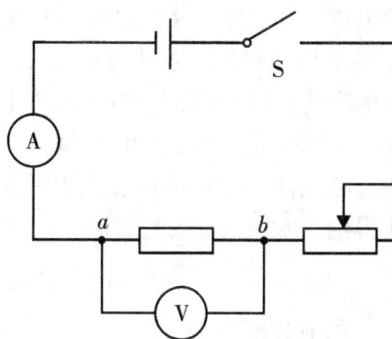

（1）表一可验证猜想_____（填"A"或"B"），所得结论是：_____。

（2）为了验证其电阻与它的长度的关系时，应保持_____不变，改变_____来进行实验。

（3）由表一和表二可得出的结论是：_____
_____。

云南省 2007 年：

8. 如下图所示，当开关 S 闭合后，可能会造成电流表或电压表损坏的是（　　）

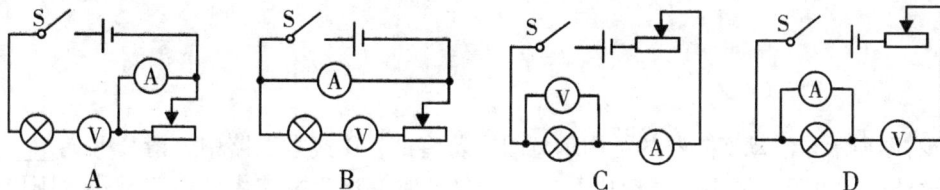

A　　　　　　　B　　　　　　　C　　　　　　　D

云南省 2009 年：

21.（6分）铅笔芯的主要成分是石墨。软硬程度不同的铅笔其用途是不同的，通常作画用 6B 软铅笔、制图用 6H 硬铅笔、写字用软硬适中的 HB 铅笔。学习电学后，小明知道铅笔芯是导体，他猜想铅笔芯的电阻大小可能与软硬程度、长度和横截面积有关。为了探究铅笔芯的电阻与软硬程度的关系，他设计了如右下图所示的探究实验电路。

（1）实验时，选用 6B、6H 和 HB 三种不同铅笔芯，应保证它们的_____和_____相同。

（2）实验中电阻的大小可由_____大小来反映，电流表示数越大，电阻越_____。

（3）小红认为还应在电路中连接一个电压表与铅笔芯并联，你认为对吗？答：_____，理由是_____
_____。

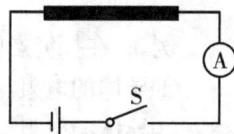

云南省 2013 年：

8. 如右图所示，一同学做测量小灯泡的电阻实验时，把电压表与电流表的位置接错了。闭合开关后，电路可能发生的现象是（　　）

A. 电流表和电压表都烧坏

B. 先烧坏电流表，再烧坏电压表

C. 电流表烧坏，电压表正常

D. 电压表烧坏，电流表正常

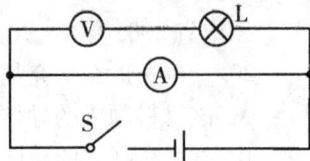

（二）云南考题分析

1. 云南省对本章主要考查：生产、生活常见的电压值；电压表，滑动变阻器的使用方法；影响导体电阻的四个因素：材料、长度、横截面积、温度；探究影响导体电阻的因素；探究串、并联电路的电压规律；串、并联电路的电流规律；半导体与超导体。

2. 探究影响导体电阻的因素：（1）如何判断导体电阻的变化：小灯泡的亮度变化或电流表示数大小的变化；（2）控制变量法的应用；（3）数据分析得出结论。

3. 探究串、并联电路的电压规律：（1）在连接或拆除电路时，开关要处于断开状态，这是为了保护电路元件；（2）电压表的使用方法；（3）实验中要用不同规格的小灯泡进行多次实验，是为了让得到的实验结论具有普遍性；（4）分析实验数据得出正确的结论；（5）进行简单的电路故障分析。

四、典例分析

例1. 如右图所示，电源电压为9V，且保持不变，开关S闭合时，电压表的示数为6V，则（　　）

A. L₁两端的电压为3V

B. L₁两端的电压为6V

C. L₂两端的电压为3V

D. L₂两端的电压为9V

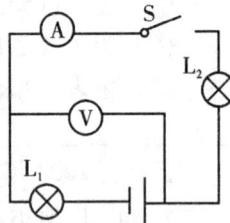

例2. 右图所示是滑动变阻器的结构示意图。若将 A、D 接入电路中，滑片 P 向_____端移动时，接入电路中的电阻将减小；若滑片 P 向右端移动时，接入电路中的电阻减小，则应该把_____接入电路。

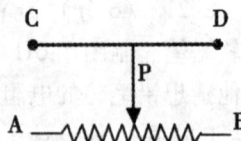

例3. 在探究影响导体电阻大小的因素时，小明、小红两位同学作出了如下猜想：

①导体的电阻与导体的长度有关

②导体的电阻与导体的横截面积有关

③导体的电阻与导体的材料有关

实验室提供了4根电阻丝，规格、材料如下表：

编号	材料	长度/m	横截面积/mm²
A	镍铬合金	0.5	0.5
B	镍铬合金	1.0	0.5
C	镍铬合金	0.5	1.0
D	锰铜合金	0.5	0.5

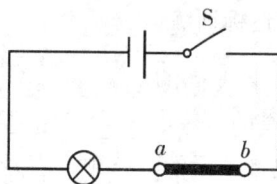

（1）为了验证猜想①，应该选用编号为_____两根电阻丝进行实验；如果选用编号为 A、C 两根电阻丝进行实验，是为了验证猜想_____（填序号）。

（2）如上电路图所示，为粗略比较 a、b 两点间导体电阻的大小，可观察_____变化。

（3）另有甲、乙两位同学分别对电路作了如下的改进：甲把灯泡更换为电流表；乙在原电路中串联接入电流表。你认为_____同学的改进更好一些，理由是_____。

例4. 小明同学对串联电路电压规律进行了探究：

【猜想与假设】串联电路总电压等于各用电器两端的电压之和

【设计与进行实验】

（1）按右图所示的电路图连接电路。

（2）闭合开关，排除故障，用电压表测出 L_1 两端的电压。

（3）在测 L_2 两端的电压时，小明为了节省时间，采用以下方法：电压表所接的 B 接点不动，只断开 A 接点，并改接到 C 接点上。

（4）测出 AC 间的电压，得出结论。

【交流与评估】

（1）在拆接电路时，开关必须_____。

（2）闭合开关，发现 L_1、L_2 都不发光，电压表示数接近电源电压，则电路的故障可能是_____。

（3）小明用上面的方法能否测出 L_2 两端的电压？_____。为什么？_____。

（4）方法改进后，测出 AB、BC、AC 间的电压记录在下面表格中，小明分析实验数据得出结论：串联电路总电压等于各用电器两端电压之和。此实验在设计方案上存在的不足之处是_____。

改进方法_____。

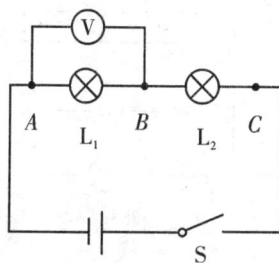

U_{AB}/V	U_{BC}/V	U_{AC}/V
2.4	1.4	3.8

五、课堂达标训练

1. 一节干电池的电压：_____V；一节铅蓄电池的电压：_____V；家庭电路的电压：_____V；对人体安全的电压：_____V；手机电池的电压：_____V。

2. 在如右图所示的电路中，当开关S闭合时，电压表 V_1 的示数为 3V，V_2 的示数为 6V，则电源电压为（　　　）

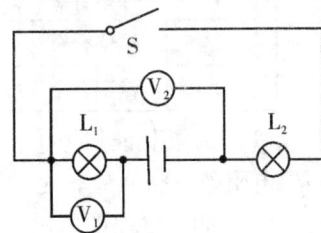

A. 3 V
B. 6 V
C. 9 V
D. 12 V

3. 读出下列电流表、电压表的示数：

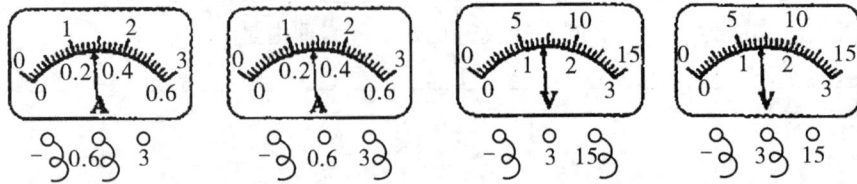

A: _____;　　　B: _____;　　　C: _____;　　　D: _____。

4. 如下图1所示，开关闭合后，电压表 V_1 的示数为2.4V，电压表 V_2 的示数为6V，则灯 L_1 两端的电压为_____V，灯 L_2 两端的电压为_____V。

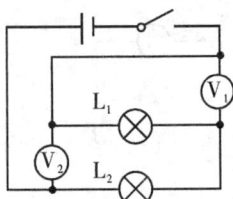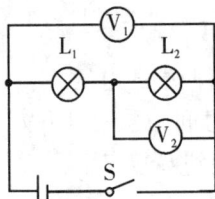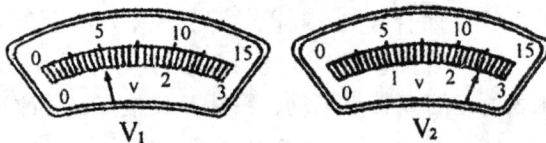

图1　　　　　　　　　　　　图2

5. 如图2所示的电路中，电压表所用的量程不明，当电路闭合后，V_1 和 V_2 的示数分别如图所示，则电压表 V_1 用的量程是_____V，电压表 V_2 用的量程是_____V，小灯泡 L_1 上的电压 U_1 = _____V。

6. 下图所示的旋盘式变阻箱，显示的阻值为_____Ω，该电阻箱的电阻变化范围是_____Ω。

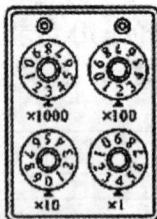

7. 下列材料中符合大功率、远距离输送电能要求并最具有应用前景的是（　　　）

A. 铝质材料　　　B. 超导体材料　　　C. 纳米材料　　　D. 半导体材料

8. 在如右图所示的电路中，用滑动变阻器调节灯的亮度，若要求滑片P向右端滑动时灯逐渐变亮，应选择下列哪种接法（　　　）

A. M 接 A，N 接 B

B. M 接 C，N 接 D

C. M 接 C，N 接 B

D. M 接 A，N 接 D

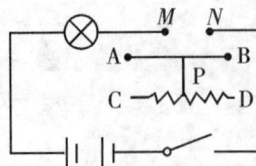

9. 家庭用的白炽灯的灯丝断了，有时适当动一动灯泡可以将灯丝搭上，这时灯丝的电阻跟原来相比_____。把一段直导线，均匀拉长，其电阻将_____；若把这段直导线截为两截并在一起，其电阻将_____。

10. 对于某个导体电阻的大小，以下说法正确的是（　　）

A. 加在导体两端的电压增大两倍，导体的电阻也增大两倍

B. 通过导体的电流减小一半，则导体的电阻增大两倍

C. 当导体的电压和通过导体的电流为零时，导体的电阻为零

D. 导体的电阻等于导体两端电压与通过它的电流之比

11. 关于导体电阻，下面说法正确的是（　　）

A. 铁线比铜线电阻大　　　　　　　B. 长度相同的细线比粗线电阻大

C. 粗细相同的铁线比铜线电阻大　　D. 电阻相同，粗细相同的铜线比铁线的长度大

12. 如下图所示为滑动变阻器的结构和连入电路情况示意图，当滑片向右滑时，连入电路的电阻变小的为（　　）

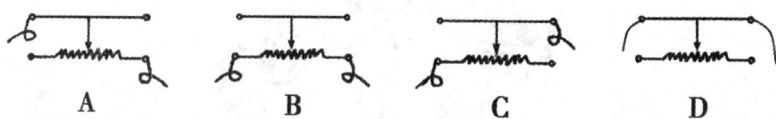

A　　　　　　　　B　　　　　　　　C　　　　　　　　D

13. 下图为小王同学设计的高速公路收费站计重秤的原理图。该原理图中，车重表是个_____表，当车重减小时，电路中的电流_____。

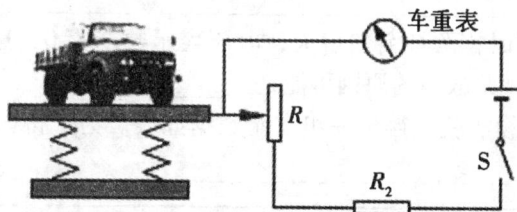

14. 如右图是一种自动测定油箱内油面高度的装置，请仔细观察后完成下列填空：

（1）图中虚线框内的装置相当于简单机械中的_____；

（2）图中 R 是电学中的什么元件_____；

（3）油量表是用_____表改装的；

（4）当油箱中的油升高时，R 的电阻值将_____，此时电路中的电流将_____（选填"增大"或"减小"）；

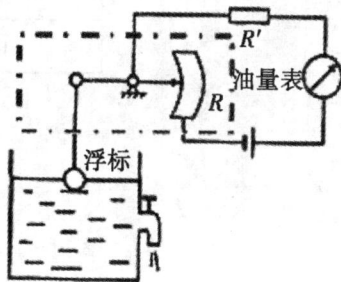

（5）R' 在电路中所起的作用是_____。

15. 根据下图所示的实物连接图，在右边的空白处画出电路图。

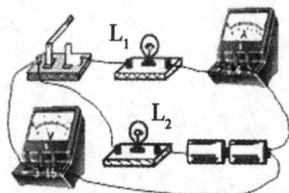

16. a 是长 1m，粗 0.1mm² 的康铜线；b 是长 1m，粗 0.2 mm² 的康铜线；c 是长 0.5m，粗 0.2mm² 的康铜线；d 是长 1m，粗 0.1m² 的镍铬线，要研究导体的电阻与材料是否有关，应选取做实验的金属线是（　　）

A. a 和 b　　　　　　B. b 和 c　　　　　　C. a 和 c　　　　　　D. a 和 d

17. 利用干电池、导线、小灯泡、铅笔芯、橡皮、塑料尺，可以完成下列探究实验中的哪几个实验（写出实验的序号）：_____。

①物质导电性；②电流与电压、电阻的关系；

③导体在磁场中产生电流的条件；④电阻大小与导体长度的关系。

18. 一实验小组用如下图所示的器材探究"串联电路的电压关系"。用三节干电池串联作电源，两只规格不同的小灯泡 L_1、L_2，其中 L_1 电阻值已知，L_2 电阻值未知。

（1）请用笔画线代替导线，连接实验电路。要求：L_1 和 L_2 串联，电压表测量两灯串联的总电压。

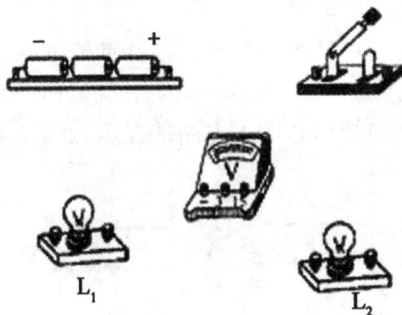

（2）为了保证电路的安全，连接器材时，开关应_____。

（3）小明用电压表测量 L_1 两端电压时，直接选用 0 ~ 3 V 的量程，小悦说这样不行，规范的操作方法应该是_____。

（4）在测量 L_2 两端电压时，两灯突然熄灭，电压表示数变为 0，用电压表检测 L_1 两端电压，电压表示数为电源电压，出现此故障的原因可能是_____。

（5）他们排除故障后继续实验，得出一组实验数据如表。为了得出串联电路电压关系的普遍规律，他们还应_____。

L_1 两端电压/V	L_2 两端电压/V	串联电路总电压/V
1.5	3	4.5

第十六章 欧姆定律

一、学业水平考试要求

1. 通过实验，探究电流、电压和电阻的关系（c）。

2. 理解欧姆定律（b）。

二、知识要点

1. 在_____一定时，通过导体的电流与导体两端的电压成_____。

在_____一定时，通过导体的电流与导体的电阻成_____。

2. 欧姆定律：导体中的电流，跟导体两端的电压成_____，跟导体的电阻成_____。

其公式为：$I = \dfrac{U}{R}$

对欧姆定律的理解：（1）当电阻一定，电流与电压成_____；

（2）当电压一定时（或在并联电路中），电流与电阻成_____；

（3）当电流一定时（或在串联电路中），电压与电阻成_____；

（4）注意公式中 I、U、R 三者的对应性和同时性。

3. 串联电路的电阻规律：在串联电路中，总电阻等于各分电阻_____，表达式为：

$$R_{总} = R_1 + R_2$$

并联电路的电阻规律：在并联电路中，总电阻的倒数_____各条支路电阻的倒数之和，表达式为：

$$\dfrac{1}{R_{总}} = \dfrac{1}{R_1} + \dfrac{1}{R_2}$$

4. 在串联电路中，电压与电阻成_____。

在并联电路中，电流与电阻成_____。

5. 分析电路的原则：把电流表看做_____，把电压表看做_____。

三、云南中考真题分析

（一）云南怎么考

云南省 2005 年：

7. 在不高于 36V 电压下工作，人相对较安全，若人体电阻约为 1000Ω，则对人体安全的电流约_____mA。

25. 一只标有"220V 40W"字样的白炽灯，正常发光时灯丝的温度可高达 2500℃。若灯泡两端的电压较低，通过灯丝的电流较小时，则灯丝温度较低，不会发光。

（1）白炽灯正常工作时灯丝的电阻值是多少欧？

（2）白炽灯两端电压为 36V 时，通过灯丝的电流约为 0.36A。此时灯丝的温度约为 20℃，灯丝的电阻值约为多少欧？

（3）比较（1）（2）可得出什么结论？提出一个验证所得结论的方案。

云南省 2006 年：

18. 如下图所示是"探究电阻上的电流跟两端电压的关系"的实验装置。

（1）请在图中用笔画线代替导线，把电路连接完整。

（2）小超在做此实验时，闭合开关后，发现电流表的指针快速打到左端无刻度处，这是由于电流表_____，电压表无示数是由于电压表_____。

（3）在探究过程中，测得表中三组数据，据此数据可得到的结论是：_____
_____。

次数	电压/V	电流/A
1	1.0	0.2
2	2.0	0.4
3	3.0	0.6

24. 如右下图所示为测量电阻的电路图，滑动变阻器的滑片置于最左端时电流表示数为 0.5A，电压表示数为 12V；滑动变阻器的滑片置于最右端时电流表示数为 0.25A。电源电压不变。求：

（1）待测电阻 R_x；

（2）滑动变阻器的滑片置于最右端时电压表示数；

（3）滑动变阻器 R 的最大电阻。

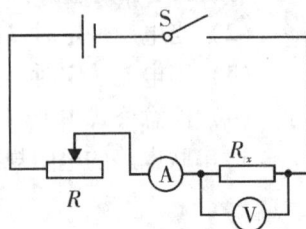

云南省 2007 年：

12. 定值电阻甲、乙的电流与电压关系如右下图所示，当乙的电压为 2.0V 时，电功率是_____W；甲的电阻_____乙的电阻（选填"大于""小于"或"等于"）。

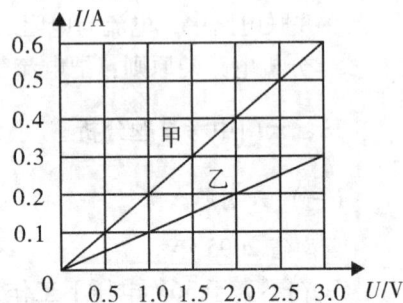

25. 某校物理兴趣小组设计了一种"电子秤"，实际上是压力测量仪，用它来称量物体的重量，其原理结构如右下图所示。图中 A 为金属片，B 为金属板，$R_1 = 24\Omega$，R_2 是最大值为 72Ω 的滑动变阻器，电源电压为 12V 不变。问：

（1）图中的重量表应该用什么电表改装？R_1 的主要作用是什么？

（2）当金属片 A 上放重物、开关 S 闭合时，请说明电子秤称量物体重量的原理。

（3）当称量物体重量达到最大值时，R_2 两端的电压是多少？

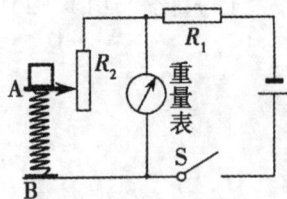

云南省 2008 年：

4. 如图 1 所示电路，电源电压为 12V，闭合开关 S 后，通过 R_2 的电流为 0.2A。R_1 与 R_2 的连接关系和 R_2 的阻值是（　　）

A. 串联，40Ω

B. 串联，60Ω

C. 并联，40Ω

D. 并联，60Ω

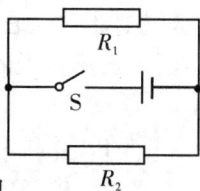

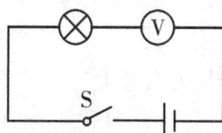

图 1　　　　　　　　　　　　图 2

14. 在做"练习使用电压表"实验时，小华把电压表接成了如图 2 所示的电路，小灯泡的规格为"1.2V 1.5W"，电池的电压为 1.5V。闭合开关 S 后，小灯泡_____（填"发光"或"不发光"）电压表的示数为_____V。

25. 有一种"压力测量仪"，其测量部分的原理如图甲所示，由压敏电阻 R（电阻值随所受压力变化而变化）、数字式仪表 P（电阻可忽略不计）、滑动变阻器、电池等组成电路。压敏电阻 R 在一定范围内的电阻与所受压力的关系如下表所示，R_0 为滑动变阻器用作仪表 P 的调零。台板部分的质量忽略不计，电源电压为 12V。

压力 F/N	0	250	500	750	1000
压敏电阻值 R/Ω	300	270	240	210	180

（1）在图乙坐标中作出压敏电阻的电阻值与压力的关系图线。

（2）由图线求压敏电阻为 200Ω 时，所受的压力是多大？

（3）台板上无物体，仪表 P 示数为零时 R_0 为 100Ω，电路中的电流是多大？由于某种测量需要，在台板上放置一块重 250N 的垫板，调整 R_0 使仪表 P 示数为零，求此时调零电阻 R_0 消耗的功率。

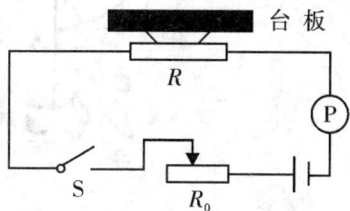

甲

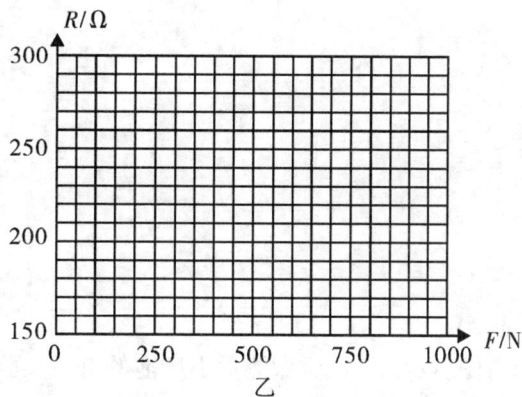

乙

云南省 2009 年：

8. 右图所示是一种家庭用高效电膜式电暖炉的电路图，图中电暖炉选择开关 S 处于断开状态，电暖炉有左、右两个阻值为 100Ω 的发热电阻，调节开关 S 可使它们分别发热，也可使它们同时发热。当开关 S 与"2""3"两个触点接触时，两个发热电阻的连接关系及干路中的电流大小是（   ）

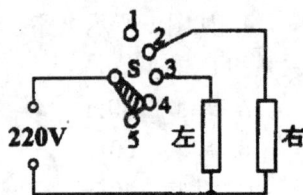

A. 串联 4.4A

B. 并联 4.4A

C. 并联 2.2A

D. 串联 2.2A

15. 工厂中，车床照明灯采用 36V 的安全电压供电，工作时灯丝的电阻约为 60Ω，此时通过灯丝的电流是_____A，照明灯工作时的功率为_____W。不工作时，灯丝的电阻_____60Ω（填"大于""小于"或"等于"）。

25. 小明设计了一个风力测定仪，如右下图所示，O 是转动轴，OC 是轻质金属杆，AB 是一段圆弧电阻，金属杆下面连接着受风板 D，P 点是金属杆与圆弧电阻的接触点，OC 可在 AB 上滑动。无风时，OC 是竖直的，风越强，OC 杆偏转的角度越大，闭合开关后，由电流表示数可以粗略确定风力的大小。电源电压为 6V。

（1）说出电路中电流大小与风力大小的关系。

（2）较小的风力使电流表指针有较大的偏转，则风力测定仪灵敏度高。列举两条提高风力测定仪灵敏度的措施。

（3）把电流表换成一个"2.5V 1W"的小灯泡，某风力下小灯泡正常发光 2min，求圆弧电阻在这段时间内消耗的电能。

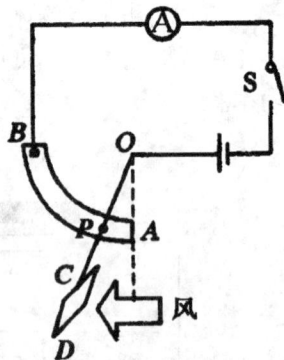

云南省 2013 年：

8. 如右图所示，一同学做测量小灯泡的电阻实验时，把电压表与电流表的位置接错了。闭合开关后，电路可能发生的现象是（   ）

A. 电流表和电压表都烧坏

B. 先烧坏电流表，再烧坏电压表

C. 电流表烧坏，电压表正常

D. 电压表烧坏，电流表正常

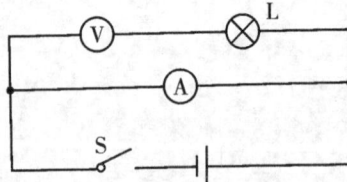

16. 如右图所示为分别测量小灯泡 L 和定值电阻 R 后得到的 $I-U$ 关系图线。由图可知，随着电压的升高，L 的电阻值逐渐变_____，R 的阻值为_____Ω。

云南省 2014 年：

17. 如下图所示的电路，闭合开关 S，滑动变阻器滑片向左移动时，灯泡亮度会_____（选填"变亮""变暗"或"不变"），电压表示数会

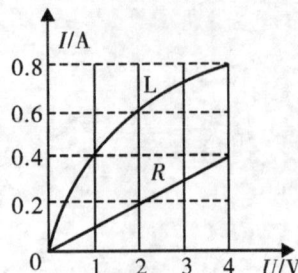

_____（选填"变大""变小"或"不变"）。

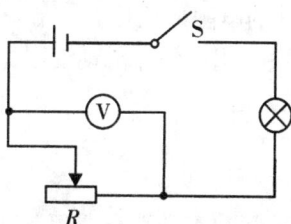

22. 如下图是"伏安法测电阻"的实验装置（待测电阻阻值不小于10Ω）。

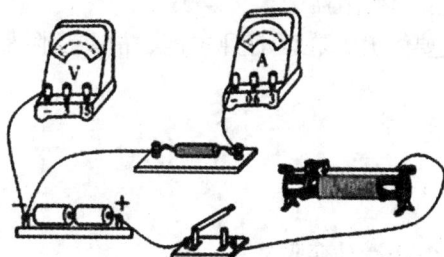

图1

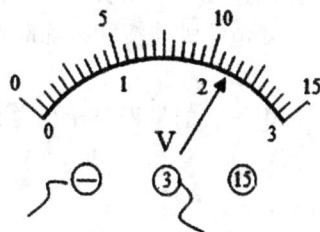

图2

（1）请用笔画线代替导线补充完成图1中的实物电路连接（要求导线不能交叉，滑动变阻器滑片右移时电阻变大）。

（2）某次测量时电流表示数为0.2A，电压表示数如图2所示，则待测电阻阻值为_____Ω。为减小误差，可用_____改变待测电阻两端的电压来进行多次测量求平均值。

（3）将上述实验中的电阻换成小灯泡，用同样的方法测小灯泡的电阻，数据记录如下表：

测量次数	1	2	3	4	5
电压 U/V	2.5	2.0	1.5	1.0	0.5
电流 I/A	0.28	0.25	0.22	0.18	0.16

分析表中数据可知，小灯泡两端电压越低，小灯泡的电阻越_____，原因是_____
_____。

云南省2015年：

16. 如右图所示的电路中 $R_1 < R_2$，开关闭合后，电压表 V 的示数为8V。通过 R_1、R_2 的电流之比是_____，电压表 V_1 的示数_____（选填"大于""小于"或"等于"）4V。

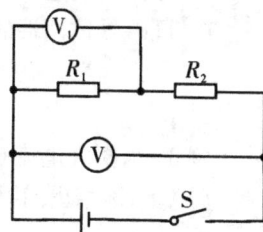

（二）云南考题分析

1. 云南省对本章主要考查：探究电流与电压、电阻的关系；欧姆定律的简单计算；以欧姆定律为核心的综合应用；伏安法测电阻；串联电路中电压与电阻成正比，并联电路中电流与电阻成反比。

2. 探究电流与电压、电阻的关系：

（1）实物电路的连接：电压表、电流表、滑动变阻器。

（2）注意事项：电路的连接和拆除时开关要断开，在闭合开关前，滑动变阻器的滑片要移到最大值处，目的是保护电路元件。

（3）电流表、电压表的量程选择及读数。

（4）控制变量法：实验步骤设计。

（5）故障分析。

（6）从数据分析得出结论：①在电阻一定时，通过导体的电流与导体两端的电压成正比；②在电压一定时，通过导体的电流与导体的电阻成反比。

（7）按要求使电流表、电压表示数变化：怎样滑动变阻器。

3. 以欧姆定律为核心的综合应用：

（1）动态电路分析；

（2）数理结合的问题；

（3）欧姆定律结合电路分析、串并联知识的综合应用。

4. 伏安法测电阻：

（1）实物电路的连接：电压表，电流表，滑动变阻器；

（2）注意事项：电路的连接和拆除时开关要断开，在闭合开关前，滑动变阻器的滑片要移到最大值处；

（3）电流表、电压表的量程选择及读数；

（4）故障分析；

（5）简单计算；

（6）按要求使电流表、电压表示数变化：怎样滑动变阻器；

（7）分析同一个小灯泡的电阻在不同电压下发生变化的原因：灯丝温度影响灯丝电阻。

四、典例分析

例1.（1）某导体两端的电压为220V，其电阻为$1k\Omega$，则通过它的电流是多少？

（2）通过某导体的电流为550mA，其电阻为60Ω，则导体两端的电压是多少？

（3）某导体两端的电压为220V，其电流为440mA，则这段导体的电阻是多少？若电压变为零，则通过导体的电流是这_____A，导体电阻是_____Ω。

例2. 根据欧姆定律可以得到公式$R = \dfrac{U}{I}$，关于这个公式的下列说法中，正确的是（　　）

A. 同一导体的电阻与加在它两端的电压成正比

B. 同一导体的电阻与通过它的电流成反比

C. 导体两端电压为零时，导体的电阻也为零

D. 同一导体两端的电压增大几倍，通过它的电流也增大几倍，电压与电流的比值不变

例3. 为探究电流与电压、电阻的关系，小星将实物连接成如图甲所示。

（1）请你指出图甲中连接的错误之处：

①_____；②_____。

（2）请你将正确的电路图画在答题卡虚线框内。

（3）电路连接正确后，在研究电流与电阻的关系时，更换阻值不同的定值电阻后，应调节__

_____，使定值电阻两端的电压_____。

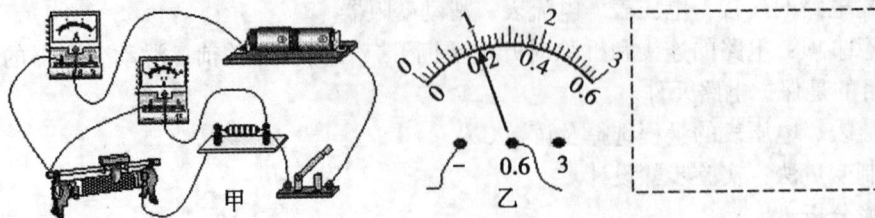

（4）图乙是实验中电流表的某次示数，则电流是_____A。要使电路中的电流增大，根据你所画的电路图，滑动变阻器的滑片应向_____移动。

（5）下表是小星的测量数据，请你帮她分析数据，得出的结论是：

_____。

R	4Ω		
U/V	1	2	3
I/A	0.25	0.5	0.75

（6）若在实验中无论怎样滑动滑片，电压表都不能调到1V，原因是_____

_____。

例4. 如右下图所示的电路中，电源电压保持不变，R_1为定值电阻，开关S闭合后，滑动变阻器的滑片P向左移动时，下列说法正确的是（　　　　）

A. 电流表示数变小，电压表与电流表示数乘积变大
B. 电流表示数变大，电压表与电流表示数乘积变大
C. 电流表示数变小，电压表与电流表示数之比变大
D. 电流表示数变大，电压表与电流表示数之比变小

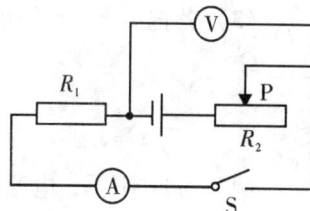

例5. 如下图是"伏安法测电阻"的实验装置（待测电阻阻值不小于10Ω）。

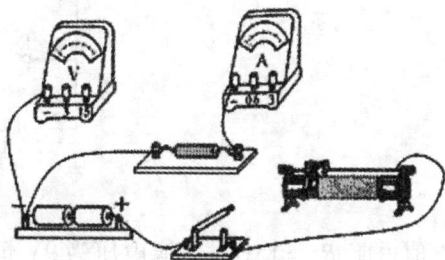

图1

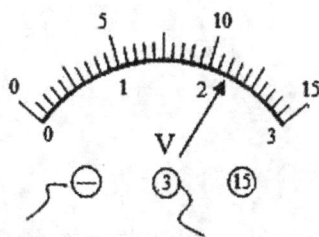

图2

（1）请用笔画线代替导线补充完成图1中的实物电路连接（要求导线不能交叉，滑动变阻器滑片右移时电阻变大）。

（2）某次测量时电流表示数为0.2A，电压表示数如图2所示，则待测电阻阻值为_____Ω。为减小误差，可用_____改变待测电阻两端的电压来进行多次测量求平均值。

（3）将上述实验中的电阻换成小灯泡，用同样的方法测小灯泡的电阻，数据记录如下表：

测量次数	1	2	3	4	5
电压 U/V	2.5	2.0	1.5	1.0	0.5
电流 I/A	0.28	0.25	0.22	0.18	0.16

分析表中数据可知，小灯泡两端电压越高，小灯泡的电阻越_____，原因是_____

_____。

（4）在实验中，若完成了第2次试验之后进行第3次实验时，滑动变阻器应该向_____

移动。

（5）在实验中，若出现电流表示数为零，电压表有明显示数，则电路中出现的故障可能是_____。

（6）用这套实验器材_____（选填"能"或"不能"）进行探究电流与电压的关系，为什么？_____。

（7）若在实验中无论怎样滑动滑片，电压表都不能调到1V，原因是_____。

例6. 有两个电路元件 A 和 B，流经各元件的电流 I 与其两端电压 U 的关系如右图所示。

（1）由图可知_____元件的电阻随电压的变化而变化，其电阻变化的原因是_____。

（2）把 A、B 元件并联后接在 1V 电源两端，并联电路的总电流为_____A，此时元件 B 的电阻是_____Ω。

（3）若把 A、B 元件串联在 4.5V 的电源上时，B 的电阻为_____Ω。

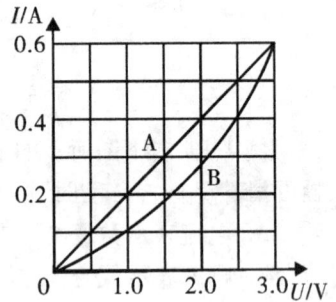

例7. 如右下图，电源电压恒定为9V，R_1 的电阻为30Ω，R_2 的电阻为60Ω。

（1）当开关 S_3 闭合，S_1、S_2 都断开时，求 R_2 的电压是多少；

（2）当开关 S_3 断开，S_1、S_2 都闭合时，求电流表的示数。

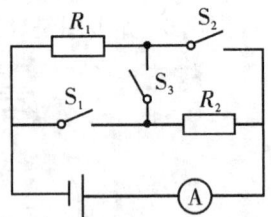

例8. 如图甲是某电子秤的原理图，已知定值电阻 $R_0 = 15\Omega$，电源电压为9V 恒定不变，压力传感器 R 的阻值随所受压力变化的图像如图乙所示，托盘的质量忽略不计。

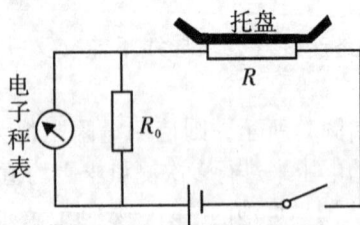

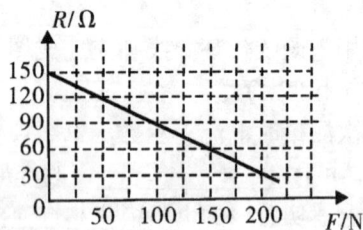

甲　　　　　　　　　　　乙

（1）该电子秤表是由_____表改装而成的。

（2）当托盘内物体的质量是15kg时，通过电路的电流是多少？

（3）若 R_0 两端的电压最大只能为3V，则该电子秤的最大称量为多少千克？

五、课堂达标训练

1. 一段导体两端电压是4V，导体中的电流是0.5A，此导体的电阻是_____Ω。如果该导体两端电压增加到6V，导体中的电流是_____A。如果导体两端电压变为0V，通过导体的电流是_____A，导体的电阻是_____Ω。（设导体电阻不随温度变化而变化）

2.（2014·遂宁）如右图所示的电路，闭合开关S，将滑片P向右移动时（　　）

A. 电压表示数变大，电流表示数变大

B. 电压表示数变小，电流表示数变大

C. 电压表示数变小，电流表示数变小

D. 电压表示数与电流表示数的比值变大

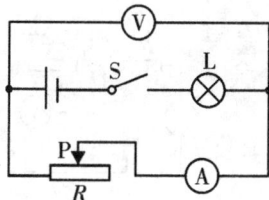

3.（2014·淄博）如右图所示的电路，电源电压恒定，当开关S闭合时（　　）

A. A示数变小，V示数变大

B. A示数变大，V示数不变

C. A示数不变，V示数变小

D. A示数不变，V示数变大

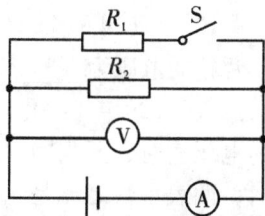

4.（2014·内江）如右图所示的电路中，电源电压保持不变，闭合开关S，将滑动变阻器的滑片P向左移动，下列说法中正确的是（　　）

A. 电压表的示数不变，电流表A_1的示数变大

B. 电压表的示数变大，电流表A_1的示数变大

C. 电流表A_1的示数和电流表A_2的示数同时变小

D. 电流表A_1的示数和电流表A_2的示数同时变大

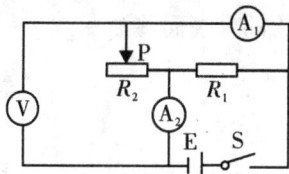

5.（2014·曲靖）如图1所示是某酒精浓度检测仪的原理图，R_1为一种气敏电阻，它的阻值随酒精浓度的增大而减小，酒精浓度增大时，电流表的示数将_____，电压表的示数将_____（填"增大""减小"或"不变"）。

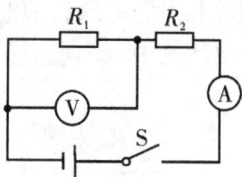

图1

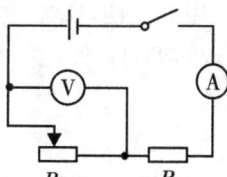

图2

6.（2014·青海）如图2所示的电路中，电源电压为12V，闭合开关后，电流表的示数为0.4A，电压表的示数为8V，则电阻R_2的阻值为_____Ω，将滑动变阻器R_1的滑片向右移动，电压表的示数将变_____。

7.（2014·鞍山）图3的电路中，电源电压恒为12V，滑动变阻器的铭牌上标有"100Ω 0.5A"字样，图4为R_1的$I-U$图像，R_1的阻值为_____Ω。当电路中的电流为0.2A时，滑动变阻器R_2接入电路的阻值为_____Ω。为了不损坏滑动变阻器，R_2接入电路的阻值应不小于_____Ω。

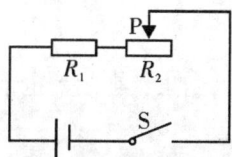

图3

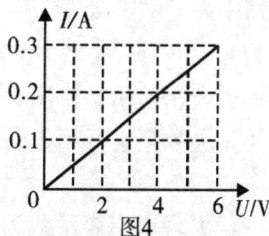

图4

8. (2014·自贡) 一只小灯泡的额定电压为8V，正常发光时通过它的电流为0.4A，现将该小灯泡接在12V的电源上，为使其正常发光，应_____联一个_____Ω的电阻。

9. (2014·乐山) 如下图甲所示的电路中，R_1为定值电阻，R_2为滑动变阻器，电源电压不变。闭合开关S后，滑片P从a端移动到b端，电流表示数I与电压表示数U的变化关系如下图乙所示，则电源电压为_____V，R_1的阻值为_____Ω。

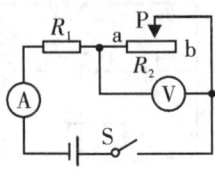 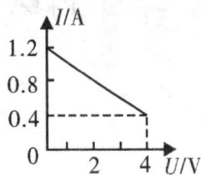 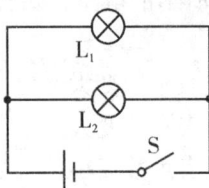 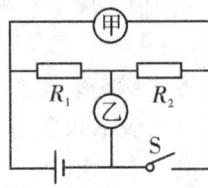

图甲 图乙 图5 图6

10. (2014·徐州) 如图5所示电路，电源电压为3V，小灯泡 L_1 和 L_2 的连接方式为_____联；L_1两端的电压为_____V；若L_1损坏，则L_2_____（填"能"或"不能"）正常发光。

11. (2014·绥化) 在如图6所示的电路中，电源电压保持不变，当开关S闭合，甲、乙两表为电压表时，两表的示数之比$U_甲:U_乙=5:3$，则$R_1:R_2=$_____；当开关S断开，甲、乙为电流表时，两表示数之比是$I_甲:I_乙=$_____。

12. (2014·汕尾) 如图7所示是分别测量定值电阻 R 和小灯泡 L 两端电压和通过的电流后得到的 $U-I$ 关系图线。由图7可知，定值电阻 R 的阻值为_____Ω；小灯泡 L 的阻值会随其两端电压的升高而逐渐变_____，当其两端电压为2V时阻值为_____Ω。

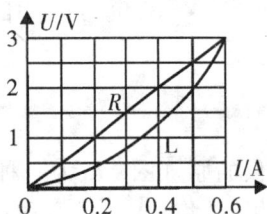 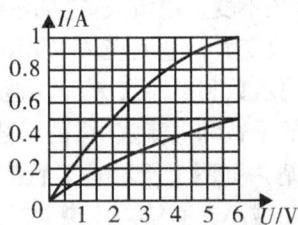

图7 图8

13. (2014·贵阳) 甲和乙两灯泡的额定电压均为6V，若甲、乙两灯泡的电流随其两端电压变化的图像如图8所示。现将两灯串联后接在某一电路中，要使其中一个灯泡正常发光，并保证电路安全，则电源电压最大为 (　　)

A. 6V　　　　　　B. 8V　　　　　　C. 10V　　　　　　D. 12V

14. 下图是探究流过电阻的电流与它两端电压关系的实验电路图：

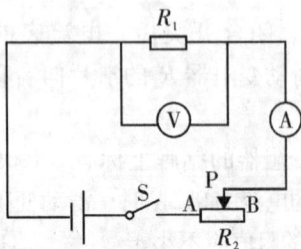

测量值\实验次数	1	2	3	4
电压 U (V)	2.0	3.0	4.0	5.0
电流 I (A)	0.10	0.15		0.25

(1) 在连接电路中，开关要处于_____状态，在闭合开关前滑片要置于_____端；

(2) R_1的阻值为_____Ω；表格中空缺的数据是_____A；

(3) 实验数据如上表格所示，则实验的结论是：_____；

(4) 在测量完第2次数据进行第3次测量时，要得出3次的结果，变阻器的滑片P应向_____端滑动；

(5) 在实验中，若出现电流表示数为零而电压表有示数，则可能原因是：_____。

在实验中，若出现电流表有示数，而电压表的示数为零，则可能原因是：_____。

15. （2014·桂林）在"探究通过导体的电流与电压和电阻的关系"实验中，有如下器材：电压表、电流表、滑动变阻器、开关、两节干电池、定值电阻 R（分别为 5Ω、10Ω、15Ω、20Ω、25Ω）、导线若干。小明在实验时连接的电路如图9所示。

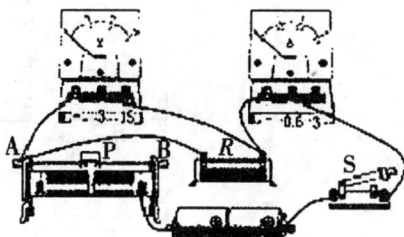
图9

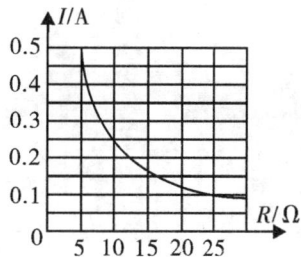
图10

（1）在探究"电流与电压的关系"实验中：

①闭合开关前，要将滑动变阻器滑片移至_____（填"A"或"B"）端；电路中滑动变阻器起到保护电路元件安全和_____的作用；

②闭合开关S，无论如何移动滑动变阻器的滑片P，发现电流表示数几乎为零，电压表示数约为3V，此时，电路出现的故障可能是_____；小明排除故障后继续实验。

（2）在探究"电流与电阻的关系"实验中：

①小明先将 $R=10\Omega$ 的电阻接入，闭合开关，调节滑动变阻器的滑片，直到电压表示数为2.5V，记下电流表示数；接着在滑动变阻器的滑片位置不变，把 R 换为 15Ω 的电阻时，应向_____（填"A"或"B"）方向移动滑动变阻器的滑片P，才能使电压表示数为2.5V，同时记下电流表的示数；

②若要使所给的5个定值电阻分别接入电路中都能正常进行实验，应该选取至少标有_____Ω 的滑动变阻器；

③根据多次测量数据描绘出电流随电阻变化的曲线如图10所示，小明由图像得出的结论是：_____。

（3）若继续使用该实验电路，还可以进行的实验有_____（只要求填写一个实验名称）。

16. 如左下图所示的电路中，电源电压恒定不变，$R_2=30\Omega$，通过 R_1 的电流随它两端电压变化关系如右下图所示，求：

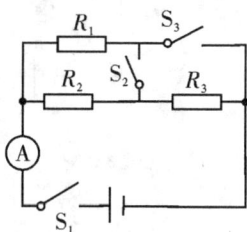

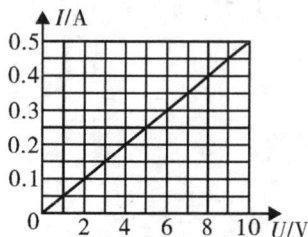

（1）R_1 的阻值大小；

（2）当 S_1、S_2、S_3 均闭合时，电流表的示数为0.5A，电源电压的大小；

（3）当 S_1 闭合，S_2、S_3 断开时，电流表的示数为0.15A，R_3 消耗的功率。

17. 如右下图所示的电路中，灯泡的电阻 $R_L = 12\Omega$，正常发光时的电压为 12V，$R_2 = 12\Omega$，当开关 S_1、S_2 都闭合时，电流表的示数为 1.2A，这时灯泡正常发光。

（1）求电源电压和 R_1 的阻值；

（2）当开关都断开时，灯泡两端的电压。

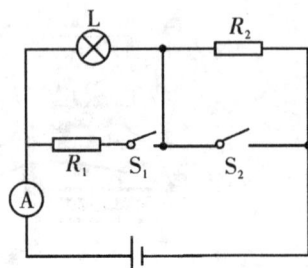

18. 如右下图所示，电源电压保持不变，电流表使用 0～0.6A 的量程，电压表使用 0～3V 的量程，定值电阻 $R_1 = 8\Omega$，灯泡电阻 $R_2 = 5\Omega$，滑动变阻器的最大阻值 $R_3 = 20\Omega$。

（1）开关 S_1 闭合，S_2 断开，电流表示数为 0.25A，电压表示数为 2.5V，求电源的电压和滑动变阻器接入电路的电阻值；

（2）将开关 S_1 断开，S_2 闭合，移动滑动变阻器的滑片，为了保证电流表和电压表不超过其量程，滑动变阻器接入电路的电阻值只能在什么范围内变化？

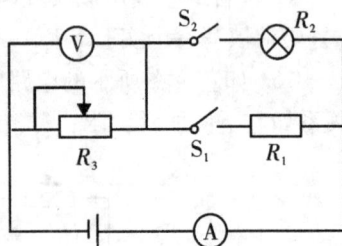

第十七章　电功率

一、学业水平考试要求

1. 结合实例理解电功和电功率（b）；知道用电器的额定功率和实际功率（a）。

2. 通过实验，探究并了解焦耳定律（c）；用焦耳定律说明生产生活中的一些现象（b）。

二、知识要点

1. 电功：电流所做的功，用字母 W 表示，其定义式为：$W =$ _____。

2. 电能和电功的单位：焦耳（J），千瓦时（kW·h）

$$1\text{kW·h} = \underline{\quad\quad} \text{J}$$

3. 电能表是测量用电器消耗的电能（电功）的仪器。记住电能表各参数的含义。若用 W 表示消耗的电能（电功），n 表示电能表表盘的转数，N（r/kW·h）表示电能表的参数，则 $W =$ _____。

4. 电功率：

（1）电功率表示电流做功的_____。用字母 P 表示电功率。

（2）电功率的单位：瓦特，简称瓦，符号是 W。更大的电功率单位是千瓦（kW），$1\text{kW} =$ _____ W。

（3）电功率的定义：电功率等于_____与_____之比。则电功率的定义公式为：

$$P = \frac{W}{t}$$

符号的意义及单位：W（电功）——焦（J）——千瓦时（kW·h）

$\quad\quad\quad\quad\quad\quad\quad t$（时间）——秒（s）——小时（h）

$\quad\quad\quad\quad\quad\quad\quad P$（电功率）——瓦（W）——千瓦（kW）

（4）电功率的推导公式：$P =$ _____；$P =$ _____；$P =$ _____。

5. 在串联电路中，电功率与电阻成_____。数学表达式_____。

在并联电路中，电功率与电阻成_____。数学表达式_____。

6. 额定电压：用电器_____的电压叫做额定电压。

额定功率：用电器在_____下的电功率叫做额定功率。

当 $U_实 > U_额$ 时，$P_实$_____$P_额$；当 $U_实 = U_额$ 时，$P_实$_____$P_额$；当 $U_实 < U_额$ 时，$P_实$_____$P_额$。

灯泡的亮度由灯泡的_____来决定的。

7. 电流的热效应：电流通过导体时电能转化成_____，这种现象叫做电流的热效应。

8. 焦耳定律：电流通过导体产生的热量，与电流的二次方成正比，跟导体的电阻成正比，跟通电时间成正比。其公式为：

$$Q = \underline{\quad\quad}$$

9. 在纯电阻电路中，电能_____转化为内能，即 $Q = W$。

10. 电热的利用和防止：

电热的利用：电热水器、电饭锅、电熨斗、电热毯、电烤箱、电烙铁等电热器；

电热的防止：电视机后盖的散热窗，电脑的散热风扇。

三、云南中考真题分析

（一）云南怎么考

云南省 2006 年：

21.（6分）小琴从资料上得知："220V 11W"的日光灯与"220V 60W"的白炽灯亮度相同。

亮度与什么因素有关呢？小琴家有三盏灯：A "220V 40W" 的日光灯、B "220V 40W" 的白炽灯、C "220V 60W" 的白炽灯，于是，她利用家里的照明电路进行了探究。

（1）小琴猜想：灯泡的亮度可能与灯泡种类有关，为此小琴选择了灯泡 A、B 进行验证，发现 A 灯比 B 灯亮得多，由此可得结论：灯泡的亮度与灯泡的种类有关。请你再提出一个猜想：灯泡的亮度可能与实际功率有关。

（2）在满足相同的照明亮度要求下，日光灯更节能，原因是日光灯实际功率较小，在相同时间内消耗的电能少。

（3）小琴认为为了节约能源，应提倡大量使用日光灯。可小明认为 "220V 11W" 的日光灯 8 元一只，"200V 60W" 的白炽灯 1 元一只，使用日光灯的成本太高，还是应使用白炽灯。你认为小琴或小明的观点正确，原因是略（只要言之有理均给分）。

25. 如右下图所示为一种家庭用高效电膜式电暖炉的电路图，图中电暖炉选择开关 S 处于断开状态，电暖炉有左、右两个完全相同的发热电阻，每个发热电阻正常工作时的功率为 550W。

（1）求每个发热电阻的阻值。

（2）选择开关 S 与哪两个触点接触时只有左发热电阻工作？

（3）若选择开关 S 与 "2""3" 两个触点接触，猜想此时电暖炉正常工作的功率大小。说出你猜想的依据。

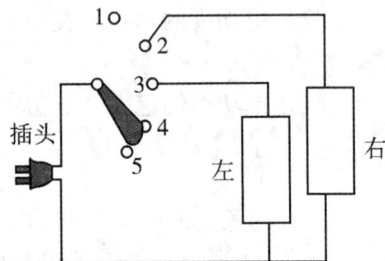

云南省 2007 年：

12. 定值电阻甲、乙的电流与电压关系如图 1 所示，当乙的电压为 2.0V 时，电功率是_____W；甲的电阻_____乙的电阻（选填 "大于""小于"或"等于"）。

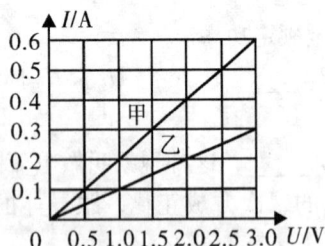

图1

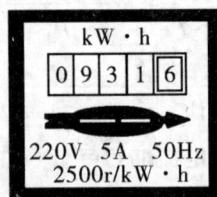

图2

17. 如图 2 所示，电能表的读数为_____kW·h。

18. 如左下图所示，是小宇做 "测量小灯泡电功率" 实验的实物图。

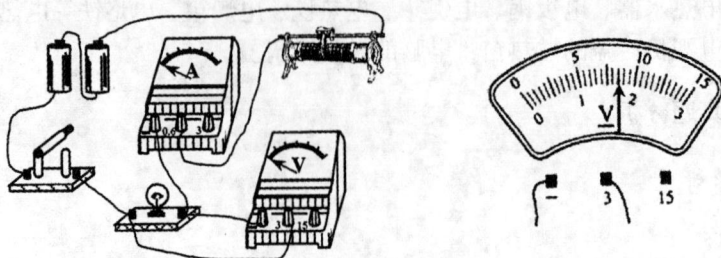

（1）在所连的实物图中，连接错误的地方是：

①＿＿＿＿＿＿＿＿＿＿＿＿＿＿＿＿＿＿＿＿；（1分）

②＿＿＿＿＿＿＿＿＿＿＿＿＿＿＿＿＿＿＿＿。（1分）

（2）正确连接电路后，闭合开关：

①电流表无示数，电压表示数较大，则电路故障可能是：＿＿＿＿＿＿＿＿＿＿＿＿＿＿＿；（1分）

②电流表示数为0.20A，电压表示数如右下图所示，读数为＿＿＿＿＿V，（1分）此时小灯泡的实际功率为＿＿＿＿＿W。（1分）

云南省2008年：

16. 某科技公司应用电磁感应原理发明并生产了一种"无电池手电筒"。手电筒每摇1min可照明约10min，灯泡的功率约为1.2W。手电筒是把＿＿＿＿＿能转化为电能，每摇1min手电筒获得的电能约为＿＿＿＿＿J。

19. 如右下图所示装置是小明测量额定电压为2.5V的小灯泡功率的实物图。

（1）请把实物图连线补充完整。

（2）实验中小明发现无论怎样移动变阻器滑片，电压表指针偏转角度始终较小，原因可能是＿＿＿＿＿＿（填字母）。

A. 电池较旧，电压不足　　　　B. 电流表短路

C. 滑动变阻器短路

（3）小明正确测得如下几组数据：

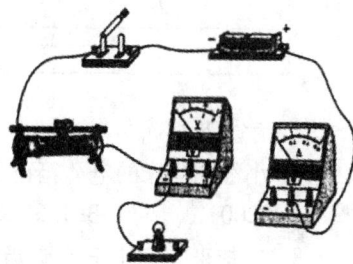

电压/V	1.5	2.0	2.5
电流/A	0.34	0.40	0.48

由表中数据可知，小灯泡的额定功率为＿＿＿＿＿W。

小林认为应利用三组数据计算取功率的平均值会更准确。请你评价小林的说法：

＿＿＿＿＿＿＿＿＿＿＿＿＿＿＿＿＿＿＿＿＿＿＿＿＿＿＿＿＿＿＿＿＿＿＿。

云南省2009年：

12. 如右图所示，闭合开关后灯泡L发光，当滑动变阻器的滑片P由a端向b端移动时，电流表的示数＿＿＿＿＿＿＿（填"变大"或"变小"），灯泡的亮度＿＿＿＿＿＿＿（填"变亮"或"变暗"）。（假设灯丝电阻不变）

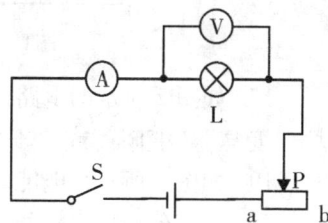

19. 小明同学在做"测量小灯泡的电功率"的实验时，连接了如图甲的电路。

（1）连接电路时，小明应让开关处于＿＿＿＿＿＿＿状态，滑动变阻器的滑片置于＿＿＿＿＿＿＿端（填"A"或"B"）。

（2）图甲中，正负接线柱接反的是＿＿＿＿＿＿＿表，量程选择错误明显的是＿＿＿＿＿＿表。

（3）小灯泡正常发光时电压表示数是2.5V，电流表示数如图乙所示，此时通过小灯泡的电流是＿＿＿＿＿A，则小灯泡的功率是＿＿＿＿＿W。

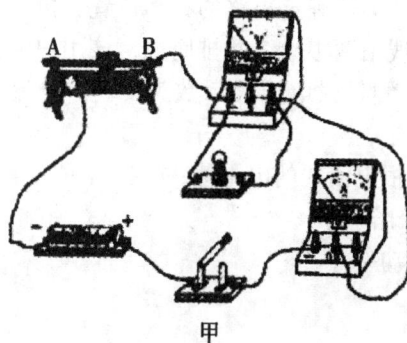

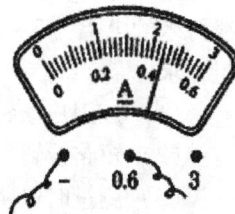

云南省2013年：

22. 如右下图所示是某同学"测定小灯泡电功率"时连接的电路，小灯泡额定电压为2.5V，

所用电源电压恒为3V。

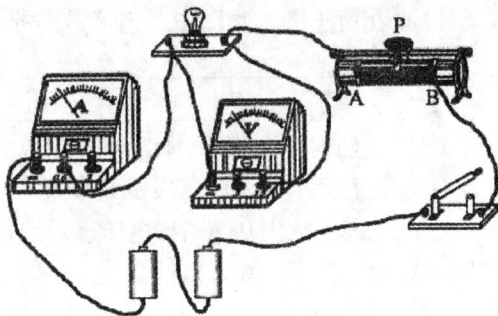

（1）连接电路时开关应_____，闭合开关前滑动变阻器滑片应移动到_____端（选填"A"或"B"）。

（2）电路中，_____表连接不当，为减小读数误差必须改接到量程为_____。

（3）该同学重新正确连接电路后，实验得到的数据见下表。根据表中记录可得小灯泡的额定功率为_____W，其亮度随实际功率增加而_____。

实验次数	电压表示数 U/V	电流表示数 I/A	小灯泡亮度
1	2.0	0.17	较暗
2	2.5	0.20	正常
3	3.0	0.22	很亮

云南省2014年：

7. 小红同学家的电冰箱正常工作时电流大约是1A，则它正常工作10h所消耗的电能是（　　　）

A. 2200J　　　　B. 1.32×10^5J　　　　C. 7.92×10^5J　　　　D. 7.92×10^6J

8. 冬季来临，小王给奶奶买了一个"暖手宝"。该"暖手宝"加热过程中所产生的电热与时间的关系如图1所示，由此可知该"暖手宝"加热时的功率约为（　　　）

A. 2400W　　　　B. 400W　　　　C. 40W　　　　D. 24W

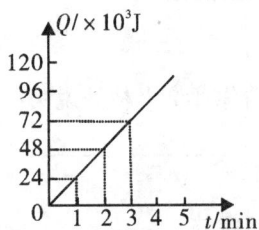

图1

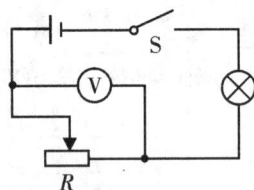

图2

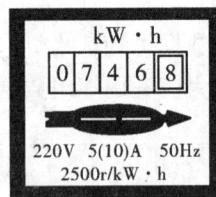

图3

17. 如图2所示的电路，闭合开关S，滑动变阻器滑片向左移动时，灯泡亮度会_____（选填"变亮""变暗"或"不变"），电压表示数会_____（选填"变大""变小"或"不变"）。

19. 如图3所示，电能表的读数为_____kW·h。

25. 电信公司机房接到某用户反映，他家的电话不能使用。经过机房人员初步测试，判断为接入该用户的电话线某处短路。为了确定短路的具体位置，机房人员利用测量仪器接成如右下图所示的电路进行测量。已知电话线由两根导线并排而成，该用户家到机房的电话线长5km，设单根电话线每米的电阻为 $3 \times 10^{-3}\Omega$，测量时电压表示数为12V，电流表示数为1A。若只考虑电话线的电阻，求：

（1）该用户家到机房单根电话线的电阻值；

（2）短路位置到机房的距离 s；

（3）测量时电路消耗的功率。

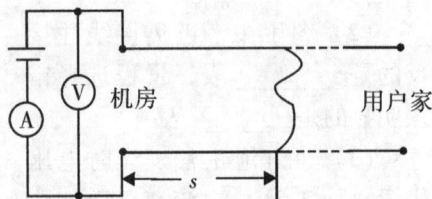

云南省 2015 年：

8. 左下图为灯 L_1、L_2 的 $U-I$ 图像，根据图像可知（ ）

A. 通过 L_2 的电流为 0.2A 时，L_2 两端的电压为 100V

B. 电压为 160V 时，通过 L_1 的电流较大

C. 电压为 160V 时，L_1 的电阻较大

D. 把两灯并联接入 220V 的电路中，L_1 较亮

14. 家用电能表如右下图所示，该电能表工作时的电流不应超过_____A。

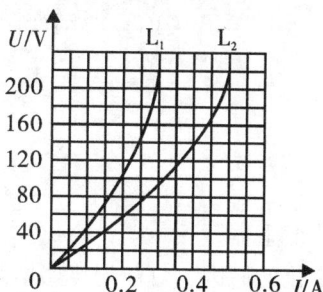

22. 下图是测量额定电压为 3.8V 的小灯泡的电功率的实物电路图，小灯泡的电阻约为 10Ω。

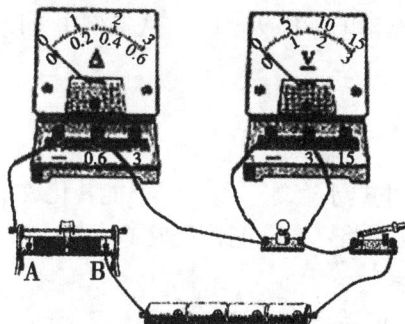

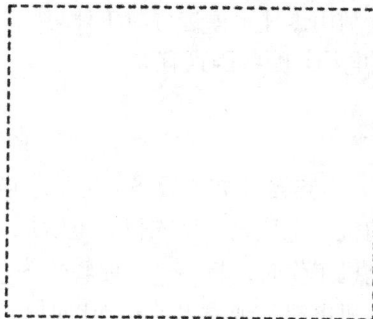

（1）请在虚线框内画出与实物图对应的电路图。

（2）实物电路中连接不合理的是_____。开关闭合前，滑动变阻器滑片应置于_____（选填"A"或"B"）端，目的是_____。

（3）调节滑动变阻器，分别读出电流表和电压表的示数，记录如下表：

实验次数	1	2	3	4
电压 U/V	2.5	3.0	3.8	4.5
电流 I/A	0.33	0.36	0.40	0.44
灯泡亮度	逐渐变亮			

小灯泡的额定功率为_____W。小灯泡逐渐变亮的原因是实际功率逐渐_____（选填"变大""变小"或"不变"）。

25. 如右下图所示，电源电压 6V 恒定不变，灯泡 L 标有"6V 3W"字样，滑动变阻器的阻值范围是 0~20Ω。求：

（1）小灯泡的电阻；

（2）S、S_1 都闭合时滑动变阻器两端的电压；

（3）S 闭合、S_1 断开时电路消耗的最小功率。

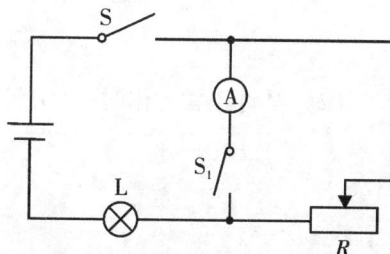

（二）云南考题分析

1. 云南省对本章主要考查：电功（消耗的电能）；电功率；测量小灯泡的电功率；电热。

2. 电功（消耗的电能）：与电能有关的能量转化问题；利用 $W = UIt = I^2Rt = U^2t/R$ 进行计算。

3. 电功率：利用电功率公式进行简单计算；电功率公式结合电路分析、图像、串并联知识进行综合考查。

4. 测量小灯泡的电功率：

（1）实物电路的连接：电压表，电流表，滑动变阻器；

（2）注意事项：电路的连接和拆除时开关要断开，在闭合开关前，滑动变阻器的滑片要移到最大值处；

（3）电流表、电压表的量程选择及读数；

（4）简单电路故障分析；

（5）利用电功率公式进行简单计算；

（6）按要求使电流表、电压表示数变化：怎样调节变阻器；

（7）分析同一个小灯泡的电阻在不同电压下发生变化的原因：灯丝温度影响灯丝电阻；

（8）滑动变阻器不能调出所需的较小电压值的原因：滑动变阻器的最大值选小了；

（9）根据现象及数据得出结论。

5. 电热：利用焦耳定律进行简单计算（注意纯电阻电路中 $Q = W$）；从实例中判断电热的利用和防止；探究电热与哪些因素有关。

四、典例分析

例1. （1）电热器（如电饭煲、电炉、电烙铁、电热水壶等）将_____能转化成了_____能。

（2）电动机（电风扇、洗衣机、电吹风等）工作时将_____能转化成了_____能。

（3）发电机工作时，将_____能转化为_____能。

（4）给手机电池（或蓄电池）充电时，将_____能转化为_____能。

例2. （1）陈明一家今年1月新安装了电能表，如右图所示。9月初的读数为_____，9月末读数_____，9月份她家共用了电能_____ kW·h。

（2）若此电能表标有"1200r/kW·h"，将某用电器单独接在该表上。当用电器工作15min后，电能表水平转盘转过了60r，则此用电器的电能是_____J，此用电器的功率为_____W。

月初
0 4 7 8 2

月末
0 5 6 1 6

例3. （1）小明家的电冰箱正常工作时电流大约是0.5A，则它正常工作2min所消耗的电能是多少？

（2）某灯正常工作时，2分钟消耗的电能是4800J，则此灯正常工作时的功率是多少？

（3）某电炉正常工作时，1 小时 30 分钟消耗的电能是 3kW·h，则此电炉正常工作时的功率是多少？

（4）1 度电能使额定功率为 40W 的电灯正常工作几个小时？

（5）额定功率为 800W 的电炉正常工作 5 小时所消耗的电能是多少？

（6）某用电器工作时的电压为 220V，通过的电流为 0.4A，则此用电器的功率是多少？

（7）某用电器工作时的电压为 220V，功率为 660W，则通过此用电器的电流是多少？

（8）电熨斗的电阻为 242Ω，在家庭电路中工作时，其功率是多少？

（9）某用电器工作时的电流为 0.5A，它的电阻为 1000Ω，则此用电器的功率是多大？通电一分钟产生的热量是多少？

例4. 如下图甲所示是笑笑同学"测定小灯泡电功率"时连接的电路，小灯泡额定电压为 2.5V，所用电源电压恒为 3V。

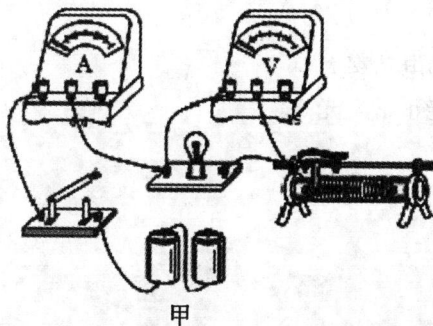

甲

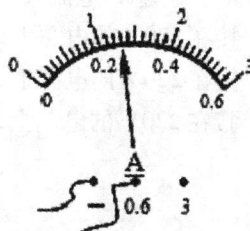

乙

（1）在连接或拆除电路时开关应_____，在闭合开关时，滑动变阻器应该处于_____ _____。

（2）请把实物图连线补充完整（要求滑片向左滑动时连入电路的电阻增大），并把电路图画在下面的空白处。

（3）笑笑实验得到的数据见下表。根据表中记录可得小灯泡的额定功率为_____W，其亮度随实际功率增加而_____。

实验次数	电压表示数 U/V	电流表示数 I/A	小灯泡亮度
1	2.0	0.17	较暗
2	2.5	0.20	正常
3	3.0	0.22	很亮

（4）若实验中把小灯泡取出，则电压表_____，电流表_____。

（5）若在实验中无论怎样滑动滑片，电压表都不能调到1V，原因是_____。

（6）分析表中数据可知，小灯泡两端电压越高，小灯泡的电阻越_____，原因是_____ _____。

例5. 一定值电阻两端的电压为4V时，电功率是1W；当加在这个电阻两端的电压为2V时，它的电功率为（   ）

A. 0.25W   B. 0.5W   C. 1W   D. 2W

例6. 有两只灯泡 L_1 和 L_2，分别标有"PZ220-40""PZ220-100"字样，若不考虑温度对电阻的影响，下列说法不正确的是（   ）

A. 正常发光时，通过 L_2 电流大

B. 并联后，接在220V的电源上，L_2 消耗的电功率大

C. 串联后，接在220V的电源上，它们都能正常发光

D. 串联后，接在220V的电源上，L_1 更亮

例 7. 如右图所示为分别测量小灯泡 L 和定值电阻 R 后得到的 $I-U$ 关系图线。

（1）把 L 与 R 并联接在 2V 的电源上时，电路的总功率是_____W。

（2）把 L 与 R 串联接在 5V 的电源上时，L 的实际功率是_____W。

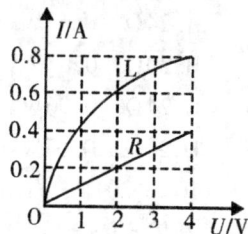

例 8. 如右下图所示，电源电压恒定为 9V，$R_1=30\Omega$，$R_2=60\Omega$。

（1）当开关 S_3 闭合，S_1、S_2 都断开时求 R_1 通电 2 分钟产生的热量和 R_2 的电功率；

（2）当开关 S_3 断开，S_1、S_2 都闭合时，求电路的总功率和通电 1 分钟 R_1 上所消耗的电能是多少。

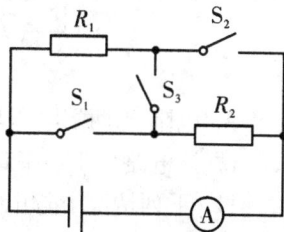

五、课堂达标训练

1. $0.4\ kW\cdot h =$ _____J；1800000J = _____ $kW\cdot h$；400W = _____ kW；1.5kW = _____W。

2. 以下各单位中不是电功率的单位的是（　　）

A. $kW\cdot h$　　　B. J/s　　　C. W　　　D. VA

3. 电子式电能表表盘上标有"3000imp/（$kW\cdot h$）"字样，将某用电器单独接在该表上工作 20min，电能表指示灯闪烁了 300 次。该用电器在上述时间内消耗的电能为_____$kW\cdot h$，它的电功率是_____W。

4. 铭牌上标有"220V 11W"的节能灯，正常工作时的电流为_____A，若它每天正常工作 2 小时，那么一个月消耗_____$kW\cdot h$ 的电能（一个月按 30 天计算）。

5. "220V 40W"的灯泡连续正常工作_____h，消耗 $1kW\cdot h$ 电能，$1kW\cdot h$ 电能可使"110V 40W"的灯泡连续正常工作_____h。

6. 有"220V 40W"的电烙铁，接在 220V 的电源上，该电烙铁每分钟消耗的电能是_____J，每分钟产生的热量是_____J。

7. 甲、乙两个灯泡的铭牌分别是"PZ220-25""PZ220-100"，关于这两个灯泡的描述正确的是（　　）

A. 甲灯的灯丝粗、电阻大　　　B. 乙灯的灯丝细、电阻小

C. 甲灯的灯丝细、电阻大　　　D. 乙灯的灯丝粗、电阻大

8. 如右下图所示电路，电阻 $R_1=10\Omega$，闭合开关 S，电流表 A_1 的示数为 0.3A，电流表 A_2 的示数为 0.5A。下列说法正确的是（　　）

A. 通过电阻 R_2 的电流为 0.5A

B. 电阻 R_2 的阻值为 15Ω

C. 电源电压为 4.5V

D. 电阻 R_1 消耗的电功率为 3W

9.（2014·临沂）右下图为一只"6V 1.5W"小灯泡的电流随电压变化的关系图像。若把这样的三只灯泡串联起来，接在 12V 的电源两端，则此时每只灯泡的电阻及实际功率为（　　）

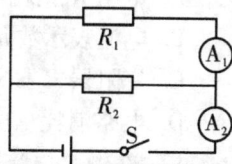

A. 24Ω　0.67W

B. 20Ω　0.8W

C. 24Ω　0.96W

D. 20Ω　0.67W

10.（2014·眉山）如图甲所示是某同学探究电流与电压关系的电路图，开关 S 闭合后，将滑动变阻器的滑片 P 从 a 端移至 b 端，电流表和电压表的示数变化关系如图乙，则图像可知（　　）

A. 电阻 R_0 两端电压与通过 R_0 的电流成正比　　　B. R_0 的电阻值是 10Ω

C. 该电路最小功率 0.05W　　　　　　　　　　　D. 滑动变阻器 R 的电功率变化范围 0～0.45W

11. 下列情况中防止电热危害的是（　　）

A. 电视机背后有散热窗　　　　　　　　　　　B. 家电长时期不使用，隔一段时间要通电一次

C. 家庭电路一般安装的漏电保护器　　　　　　D. 大型爆破工程用电热引发炸药

12. 把标有"PZ220－40"字样的白炽灯接在 110V 的电源上，这个白炽灯的实际功率是_____W。

13. 家庭电路使用的电炉，电炉丝与导线是串联的，当电炉丝发热发红时，连接导线却不热，这是因为（　　）

A. 通过电炉丝电流比通过连接导线的电流大　　B. 通过电炉丝电流比通过连接导线的电流小

C. 电炉丝两端电压比连接导线两端电压小　　　D. 电炉丝的电阻比导线的电阻大

14. 如右图所示，已知电阻 $R_1 = 10Ω$、$R_2 = 5Ω$，当开关闭合后，下列说法正确的是（　　）

A. 通过 R_1 与 R_2 的电流之比为 2:1

B. R_1 与 R_2 的电功率之比为 1:2

C. 相同时间内 R_1 与 R_2 消耗的电能之比为 2:1

D. R_1 与 R_2 的电压之比为 1:2

15. 如右图所示电路中，闭合开关，将滑动变阻器的滑片向上滑动时，观察到的现象是（　　）

A. 灯泡变暗，电压表示数变大

B. 灯泡变亮，电压表示数不变

C. 电路消耗的总功率变小，电压表示数不变

D. 电路消耗的总功率变大，电压表示数变大

16. 如右图所示，电源电压保持 6V 不变，电流表的量程为 0～0.6A，电压表的量程为 0～3V，定值电阻的规格为"10Ω 0.5A"，滑动变阻器的规格为"20Ω 1A"。闭合开关，为了保证电路安全，在变阻器滑片移动过程中，下列说法正确的是（　　）

A. 电阻 R_1 消耗功率允许的变化范围为 0.4W～0.9W

B. 电流表示数允许的变化范围为 0.2A～0.5A

C. 变阻器 R_2 接入电路的阻值允许变化范围为 2Ω～20Ω

D. 电路消耗总功率允许的变化范围为 1.2W～3W

17. 在做"电流通过导体时产生的热量与什么因素有关"的实验时，小于采用了如图甲所示的实验装置。两个透明的容器中密闭了等量的空气，U 形管中液面变化反映了

密闭空气温度的变化。

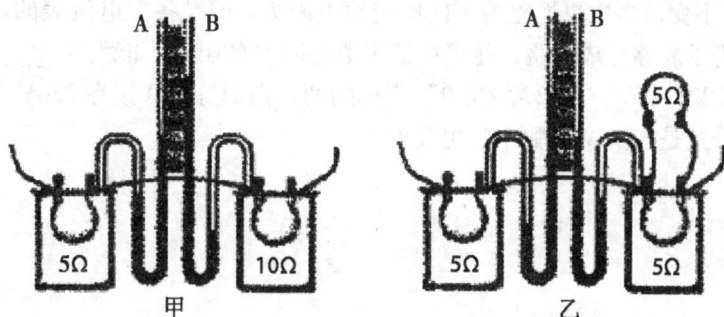

（1）若通电时间相同，发现 B 玻璃管内液面上升较高，这表明：在电流和通电时间相同的情况下，导体的_____越大，产生的热量越_____。

（2）小刚采用了如图乙所示的实验装置，通电相同时间，发现 A 玻璃管液面上升较高，这表明：在电阻和通电时间相同的情况下，通过导体的_____越大，产生的热量越_____。

（3）该实验中用到的研究物理问题的方法是_____和_____。

18．在"测定小灯泡额定功率"的实验中：

（1）小华按照右图所示的电路图进行连接，当他刚把最后一根导线连接好，小灯泡就立刻发光了。出现这种现象，是由于在连接电路前_____。除此之外，连接电路还要注意两点：一是连接电路前要使变阻器置于最大阻值处，二是闭合开关前要先进行_____。变阻器置于最大阻值处的作用是_____。

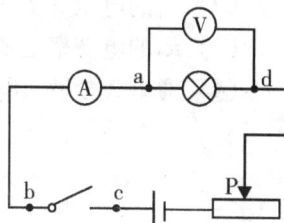

（2）小华按规范要求重新连接好电路，闭合开关后，发现小灯泡不亮。他利用电压表判断故障（假设故障只有一处），保持电压表接 d 点的一端不动，另一端分别接 a、b、c 三点。分别接 a、b 两点时电压表均无示数，接 c 点时电压表有示数，故障原因是_____。

（3）排除故障，电路恢复正常后，滑片 P 向左滑动的过程中，小灯泡的功率_____（选填"变大""变小"或"不变"），小灯泡的亮度_____（选填"变亮""变暗"或"不变"）。

19．（2014·兰州）在"测量小灯泡电功率"的实验中，电源电压恒定为 6V，小灯泡的额定电压为 2.5V，正常发光时的电阻约为 10Ω，所用滑动变阻器的规格为"50Ω 1A"。

（1）请用笔画线代替导线把甲图中未完成的实物电路连接完整；

（2）连接电路后闭合开关，发现小灯泡不发光，电压表无示数，电流表有示数，则电路中发生的故障是_____（选填"小灯泡断路"或"小灯泡短路"）；

（3）排除故障后，继续进行实验：闭合开关前，滑片 P 应移到_____（选填"A"或"B"）端，闭合开关后，移动滑片 P 使灯泡 L 正常发光，此时电流表的示数如图乙所示，则小灯泡的额定电功率是_____W；

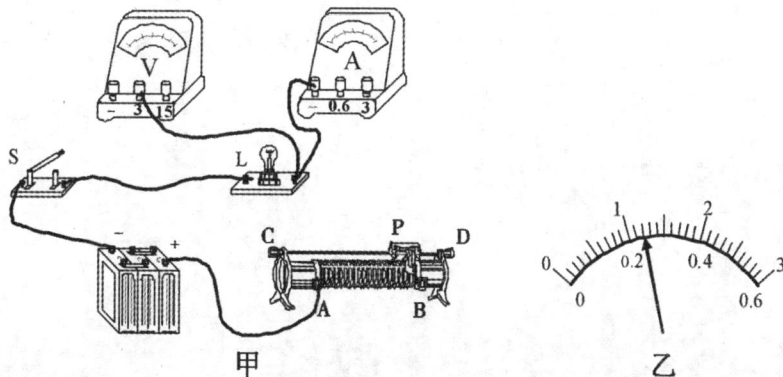

（4）某同学还想探究电流与电阻的关系，于是将甲图中的小灯泡换成定值电阻 R，并使电压表的示数始终保持 2V 不变，多次更换阻值不同的定值电阻 R，记录各次电流表的示数，在不更换其他器材的情况下，为了能够完成实验，他更换的定值电阻 R 的阻值不能大于_____Ω。

20. 把标有"PZ220－50""PZ220－100"字样的两个白炽灯串联接在 220V 的电源上，这两个白炽灯的实际功率分别是多少 W？哪个灯更亮？

21. 如右图所示，$R_1 = 30\Omega$，$R_2 = 60\Omega$，把它们串联接在 9V 的电源上，求：
（1）这个电路中的电流是多少？
（2）R_1 的电压是多少？
（3）R_2 的电功率是多少？
（4）通电 2 分钟，R_2 消耗的电能是多少？

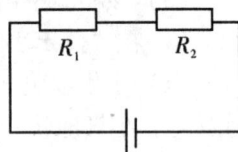

22. 如右下图所示，电源电压为 6V 恒定不变。灯泡上标有"6V 4W"的字样。当 S_2 闭合，S_1、S_3 断开时，灯泡的实际功率为 0.25W。求：
（1）电阻 R 两端的电压；
（2）电阻 R 的阻值；
（3）当 S_1、S_3 闭合时，S_2 断开，通电 2min，电流通过电阻 R 做的功。

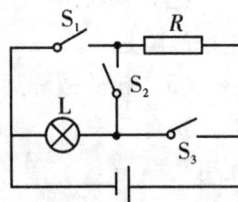

23.（2014·广安）如右下图所示，是家用保温式电饭锅的电路原理图，S 是手动温控一体开关，必须用外力按下才能闭合，但当锅底温度达到大约 103℃ 以上时，会自动弹起断开进入保温状态。已知 $R_2 = 495\Omega$，电饭锅的额定加热功率为 880W。

（1）分析电路原理图或根据你的实际生活经验，如果不按下开关 S，电饭锅_____煮熟饭（选填"能"或"不能"）。

（2）当电饭锅处于正常加热状态时，电路中的电流是多大？

（3）当电饭锅处于保温状态时，保温功率是多大？

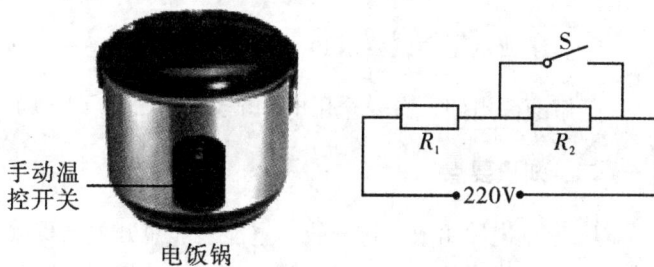

手动温控开关

电饭锅

24.（2014·巴中）如右下图所示是一种家用电烤箱内部结构电路简图，它有高、中、低三个档位，已知 $R_1 = 120\Omega$，$R_2 = 240\Omega$，求：

（1）闭合 S_1、S_3，断开 S_2 时，电烤箱处于什么档位？电路中的电流是多大？

（2）闭合 S_3，断开 S_1、S_2 时，通电一分钟电路中电流产生的热量是多大？

（3）当电烤箱处于低温档时，它消耗的电功率是多大？

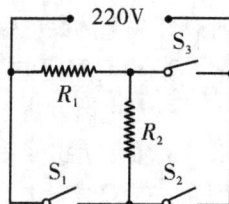

第十八章　生活用电

一、学业水平考试要求

了解家庭电路，有安全用电和节约用电的意识（a）。

二、知识要点

1. 家庭电路组成：进户线、电能表、总开关、保险装置、插座、用电器、导线。

2. 两根进户线是_____线和_____线，它们之间的电压是_____V，火线与大地之间的电压也是_____V。可用_____来判别火线和零线，如果试电笔中氖管_____，则所测的是火线，不发光的是_____线。

3. 所有家用电器和插座之间都是_____联的，而开关则要与它所控制的用电器_____联，开关要连在_____和用电器之间。

4. 保险丝：是用电阻率_____，熔点_____的铅锑合金制成。它的作用是当电路中有过大的电流时，保险产生较多的热量，使它的温度达到熔点，从而熔断，自动切断电路，起到保险的作用。注意：不允许用铜丝、铁丝代替保险丝！

5. 三线插头：洗衣机、电冰箱等用电器的电源插头通常有三条线，其中一条接火线（标有"L"），一条接零线（标有"N"），还有一条是地线（标有"E"），插头上标有 E 的导线和用电器金属外壳相连，插座上相应的导线和大地相连。万一用电器外壳和电源火线之间绝缘损坏，使外壳带电，电流就会流入大地，不致对人造成伤害。

6. 漏电保护器：正常情况下，用电器通过火线、零线和供电系统中的电源构成闭合电路，不应该有电流直接流入大地。但是如果站在地上的人不小心接触了火线，电流经过人体流入大地，这时总开关上的漏电保护器就会迅速切断电流，对人体起到保护作用。

7. 引起家庭电路中电流过大的原因有两个：

一是电路发生_____；二是用电器总功率过_____。

8. 低压触电：①单线触电：人体直接触摸电源、火线或漏电的用电器等，使人体与大地形成回路；②双线触电：人体的两部分分别接触到火线和零线，使人与电网形成回路。

9. 高压触电：①高压电弧触电：当人体靠近高压带电体到一定距离时，高压带电体和人体间发生放电现象，电流通过人体，造成高压电弧触电；

②跨步电压触电：如果高压输电线掉落在地上，当人经过这个区域时，两脚之间存在相当高的电压，有电流通过身体，造成跨步电压触电。

10. 触电事故处理：

①切断电源或用一根绝缘棒将电线挑开，尽快使触电者脱离电源；②尽力抢救触电者；③发生电火灾务必切断电源后再泼水救火；④在救护的过程中，必须随时注意自身保护，防止自己也触电。

11. 安全用电的原则是：

不接触低压带电体，不靠近高压带电体；

更换灯泡、搬运电器前应该断开电源开关；

不弄湿用电器，不损坏绝缘层；

保险装置、插座、导线、家用电器等达到使用寿命应及时更换。

三、云南中考真题分析

(一) 云南怎么考

云南省 2005 年：

7. 在不高于 36V 电压下工作，人相对较安全，若人体电阻约为 1000Ω，则对人体安全的电流约为＿＿＿＿mA。较小的电流长时间通过人体也会导致对人体的伤害，说明人体安全不仅与通过人体的电流大小有关，还与＿＿＿＿＿＿＿＿有关。

云南省 2006 年：

10. 下列关于各元器件连接的说法，正确的是（　　　）

A. 教室里各盏电灯和插座是串联的　　　B. 家庭里的各用电器是串联在电路中的

C. 手电筒里的各块电池是串联的　　　　D. 电学实验中电流表与被测电器是并联的

云南省 2013 年：

2. 关于家庭电路的下列做法，不符合安全用电常识的是（　　　）

A. 发现有人触电，应首先切断电源

B. 检修电路故障时，应尽量在通电情况下作业

C. 有金属外壳的用电器，金属外壳一定要接地

D. 为了保证电路安全，家里尽量不要同时使用多个大电功率电器

云南省 2014 年：

2. 下列情况容易发生触电事故的是（　　　）

A. 火线断路　　　　　　　　　　　B. 用电器金属外壳接地

C. 使用大功率家用电器　　　　　　D. 发现高压输电线掉落地面时，快步赶去用木棍挑开

云南省 2015 年：

6. 下列做法符合安全用电原则的是（　　　）

A. 用铜线代替熔断的保险丝　　　　B. 有人触电时，用手将其拉开

C. 控制灯泡的开关接在火线上　　　D. 洗衣机不使用三孔插座

(二) 云南考题分析

云南省对本章主要考查：家庭电路的连接；保险丝；家庭电路中电流过大的原因；安全用电常识；家庭电路故障分析。

四、典例分析

例 1. 如下图所示的家庭电路中，有两个器件连接错误，它们是（　　　）

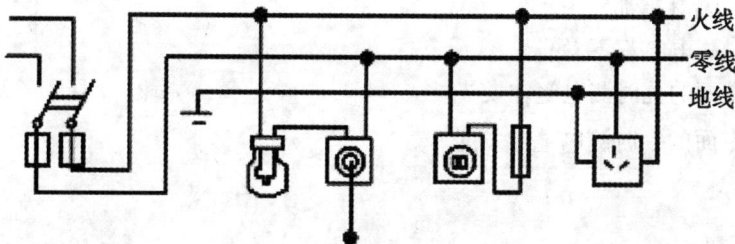

A. 闸刀开关和带开关的灯泡　　　B. 带开关的灯泡和带熔丝的二线插座

C. 带开关的灯泡和三线插座　　　D. 闸刀开关和三线插座

例2. 下列做法不符合安全用电的是（　　）

A. 在建楼房里安装漏电保护器　　B. 组装家庭电路时将开关接在零线上

C. 洗衣机的金属外壳与地线相连　　D. 使用测电笔时手指接触金属笔尾端

例3. 生命可贵、安全第一！在如下图所示的各种情况下，人体不会触电的是（　　）

例4. 某同学家中的四盏灯突然全部熄灭了，检查保险丝发现并未烧断，用试电笔检测室内各处电路时，氖管都在发光，该同学对故障出现的原因的判断，其中正确的是（　　）

A. 灯泡全部烧坏了　　　　　　　B. 进户零线断路

C. 室内线路某处短路　　　　　　D. 进户火线断路

例5. 笑笑家新购住房刚装修完毕，家中部分照明电路如右图所示。验收工程时，笑笑闭合了开关 S（家中其他用电器均处于断开状态），白炽灯 L 亮了一段时间后熄灭了，她用测电笔分别测试了图中插座的两个孔，发现测电笔都发光。她断开开关 S，再次用测电笔测试插座的两个孔，她将观察到（假设故障只有一处）（　　）

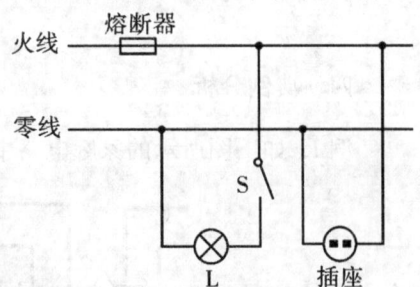

A. 测试两孔时测电笔都发光

B. 测试两孔时测电笔都不发光

C. 只有测试左面的孔时测电笔才发光

D. 只有测试右面的孔时测电笔才发光

五、课堂达标训练

1. 请在下图中将灯泡和控制灯泡的开关正确连入家庭电路中。

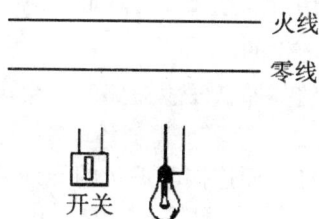

2. 如下图所示的家庭电路，将开关、两盏灯和插座连入电路中，要求开关同时控制两盏电灯，插座单独使用。

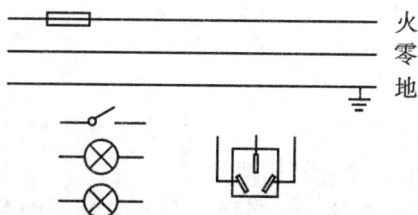

3. 如下图所示，关于家庭用电的操作或做法，正确的是（　　）

A. 试电笔的握法　　B. 带金属外壳的用电器使用三孔插座　　C. 多个大功率用电器同时使用一个插座　　D. 在高压线下放风筝

4. 下列有关家庭电路和安全用电做法正确的是（　　）

A. 长时间不看电视时，不切断电源，用遥控器关闭电视机

B. 将开关接在用电器和零线之间

C. 使用试电笔时手指不可以碰到笔尾金属体

D. 电线绝缘层破损后，应用绝缘胶布裹扎

5. 关于家庭电路和安全用电，下列说法正确的是（　　）

A. 家庭电路中，电灯和插座是串联的　　　　B. 家庭电路中，空气开关串联在干路上

C. 加金属外壳不用接地　　　　　　　　　　D. 家庭电路中，熔丝熔断，可用细铜丝代替

6. 生活中掌握一些安全用电常识很有必要，下列做法中正确的是（　　）

A. 更换灯泡时要先切断电源

B. 用电器失火时，先用水灭火，再切断电源

C. 将湿衣服直接晾在输电线上

D. 发现有人触电时直接用手将触电者拉开

7. 某家庭电路的部分电路如右图所示，其中甲、乙两处分别装用电器和开关。对此电路，下列说法正确的是（　　）

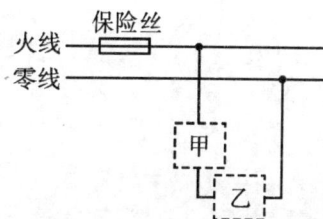

A. 火线上的保险丝应该改装到零线上

B. 甲处应装用电器，乙处应装开关

C. 当用电器功率增大时，通过保险丝的电流就增大

D. 当保险丝熔断后，可以用铜丝代替

8. 如右图所示，在三孔插座的 A、B、C 三孔中，连接火线的是_____孔，通过三孔插头和家用电器的金属外壳相连的是_____孔。

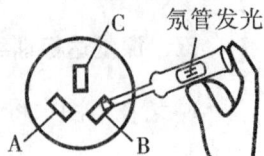

9. 关于家庭电路，下列说法正确的是（　　　）

A. 在家庭电路中，同时工作的用电器越多，总电阻越大

B. 微波炉是利用电流的热效应工作的

C. 如果家庭电路中不安装保险丝，那么发生短路时，会因为通过用电器的电流过大而烧毁用电器

D. 电炉工作时，电炉丝热得发红，而连接电炉丝的导线并不太热是因为导线的电阻比电炉丝的电阻小很多

10. 洗衣机、电冰箱、电脑等许多家用电器均使用三脚插头与电源插座连接，如右图所示。细心观察可以发现，三脚插头中与用电器金属外壳连接的那个插脚比另外两个插脚要稍长。这样的设计主要考虑下列哪一因素（　　　）

A. 使插头的造型更美观

B. 插入插座中可更稳固

C. 有利于识别火线和零线插脚

D. 插入插座时，可确保用电器外壳先接地

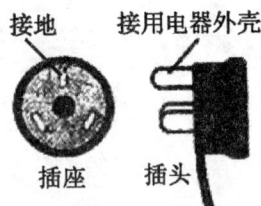

11. 某同学家中原来电灯都正常发光，当把一个开关断开的台灯插头插入插座中，保险丝熔断，室内电灯全部熄灭，其原因可能是（　　　）

A. 台灯的功率过大   B、台灯内灯泡短路

C. 插座原已短路   D. 台灯的插头短路

12. 电工师傅常用一只标有"220V 40W"的灯泡 L_0（检验灯泡）取代保险丝来检查新安装的照明电路中每个支路的情况，如右图所示，当只闭合 S、S_1 时 L_0 不亮；当只闭合 S、S_2 时，L_0 和 L_2 都呈暗红色；当只闭合 S、S_3 时，L_0 正常发光。由此可以判断（　　　）

A. L_1 所在的支路短路

B. L_2 所在的支路断路

C. L_3 所在的支路短路

D. 各支路均完好

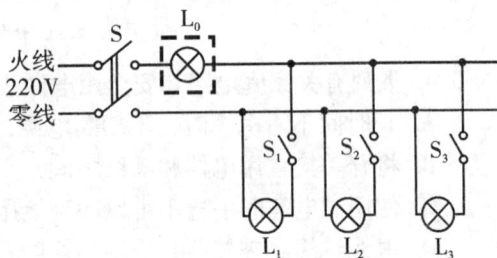

第十九章　电与磁

一、学业水平考试要求

1. 通过实验认识磁场（c）；知道地磁场（a）。
2. 通过实验，了解电流周围存在磁场；探究并了解通电螺线管外部磁场的方向（c）。
3. 通过实验，了解通电导线在磁场中会受到力的作用（c）；知道力的方向与哪些因素有关（a）。
4. 通过实验，探究导体在磁场中运动时产生感应电流的条件（c）；了解电磁感应在生产、生活中的应用（a）。

二、知识要点

1. 磁极间相互作用的规律：同名磁极相互_____，异名磁极相互_____。
2. 磁化：一些物体在_____的作用下会获得磁性，这种现象叫做磁化。
3. 磁场：磁体周围存在着一种物质，这种物质看不见、摸不着，我们把它叫做磁场。
4. 磁场的方向：物理学中把小磁针静止时_____极所指的方向规定为该点磁场的方向。
   磁场的基本性质：把磁体放在磁场中会受到_____的作用。
5. 磁感线：
   用一些带箭头的曲线来方便、形象地描述磁场，这样的曲线叫做磁感线。在磁体外部磁感线从_____极出来回到_____极。磁感线不是实际存在的。
6. 地球是一个巨大的_____，地球周围存在着的磁场叫做地磁场。地磁_____极在地理北极的附近，地磁_____极在地理南极的附近，但是地磁的南北极和地理的南北极并不_____，略有偏离，这个现象最早由我国宋代学者_____发现。
7. 电流的磁效应：
   通电导体周围存在与电流方向有关的_____，这种现象叫做电流的磁效应。
8. 安培定则：用_____手握住螺线管，让四指指向螺线管中_____的方向，则拇指所指的那端就是螺线管的_____极。
9. 电磁铁的磁性强弱与_____铁芯、电流_____、_____有关。
10. 通电导体在磁场中会受到_____的作用。它的受力方向跟_____的方向、_____的方向有关。
    电动机是利用通电线圈在磁场中_____转动的原理制成的（或通电导体在磁场中会受到力的作用）；电动机工作时把_____能转化为_____能。
11. 电磁感应现象：_____电路的一部分导体在磁场中做_____磁感线运动时，导体中就会产生_____；这种现象叫电磁感应现象，产生的电流叫感应电流。
    发电机利用了电磁感应原理发电，将_____能转化为_____能。

三、云南中考真题分析

（一）云南怎么考

云南省 2005 年：

4. 1831 年，法拉第发现了_____现象，导致了发电机的发明，实现了机械能向_____能的大规模转化。

云南省 2007 年：

3. 如下图所示的四个实验中，研究电磁感应现象的实验是（　　）

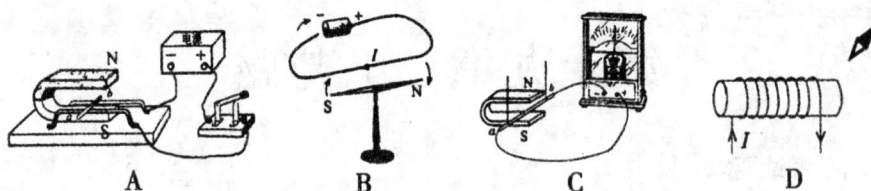

A   B   C   D

云南省 2009 年：

7. 关于下图所示电与磁部分四幅图的分析，正确的是（　　　）

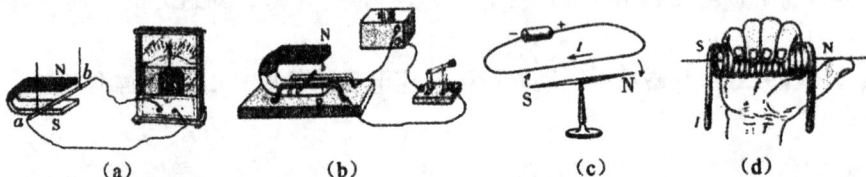

（a）　　　　　　　（b）　　　　　　　（c）　　　　　　　（d）

A. 根据图（a）装置原理可制造电动机　　B. 根据图（b）装置所示原理可制造发电机

C. 图（c）实验说明电流具有磁效应　　D. 图（d）中大拇指所指方向为电流的方向

云南省 2013 年：

15. 如图 1 所示是研究电磁感应现象的装置，闭合开关后，导体棒 ab 在_____（填"水平"或"竖直"）方向运动时，电流表指针会发生偏转。根据这一现象，制成了_____机。

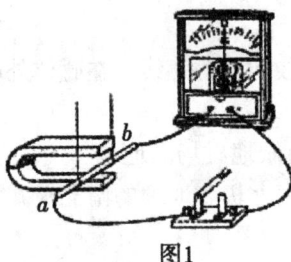

图1

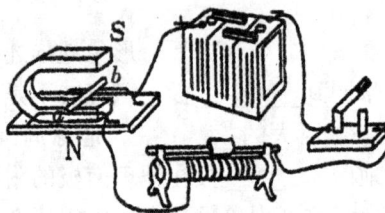

图2

云南省 2014 年：

15. 如图 2 所示，开关闭合后，导体棒 ab 会发生运动，根据这一原理可以制成_____机。

云南省 2015 年：

14. 在电风扇、扬声器、动圈式话筒中，利用图 3 中所揭示的原理工作的是_____。

19. 请在图 4 中标出通电后螺线管和小磁针的 N 极。

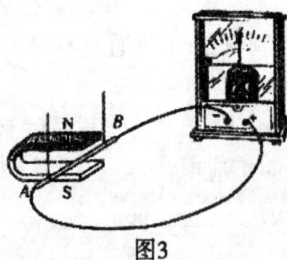

图3

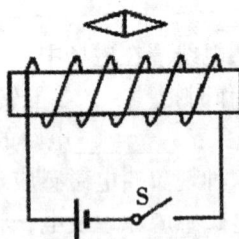

图4

（二）云南考题分析

云南省对本章主要考查：磁极之间的相互作用规律；磁感线；安培定则；电流的磁效应（实验）；电磁铁；通电导体在磁场中受到力的作用（实验与电动机）；电磁感应现象（实验与发电机）。

四、典例分析

例1. 请利用右图中给出的信息，在图中标出电源的正极、小磁针的 S 极，并用箭头标出磁感线的方向。

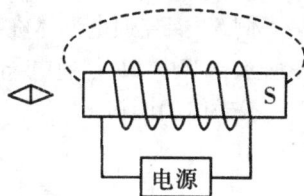

例2. 在一次实验中，小宇连接了如右下图所示的电路，电磁铁的 B 端有一个小磁针，闭合开关后，下列说法正确的是（　　）

A. 电磁铁的 A 端为 N 极

B. 小磁针静止时，S 极水平指向左

C. 当滑动变阻器的滑动片 P 向左端移动，电磁铁磁性增强

D. 利用这一现象所揭示的原理可制成的设备是发电机

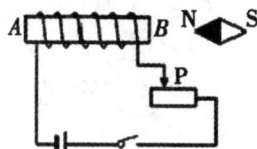

例3. 小丽要研究电磁铁的磁性强弱跟什么因素有关。现有线圈匝数分别为 50 匝和 100 匝的外形相同的电磁铁，她先后将这两个电磁铁接如右图的电路中。闭合开关 S 后用电磁铁吸引大头针，并移动滑动变阻器的滑片 P，重复了多次实验，记录如下：

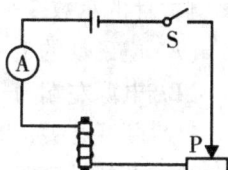

	50 匝的电磁铁			100 匝的电磁铁		
实验次数	1	2	3	4	5	6
电流表示数/A	0.8	1.2	1.5	0.8	1.2	1.5
吸引大头针的数目/枚	5	8	10	10	16	25

（1）实验中小丽是通过电磁铁_____来判定其磁性强弱的。

（2）分析第1、2、3次的实验记录，会发现_____相同时，_____磁性越强。

（3）分析第_____次的实验记录，会发现电流相同时，_____磁性越强。

例4. 如下图所示的四个装置可以用来演示物理现象或原理，下列表述正确的是（　　）

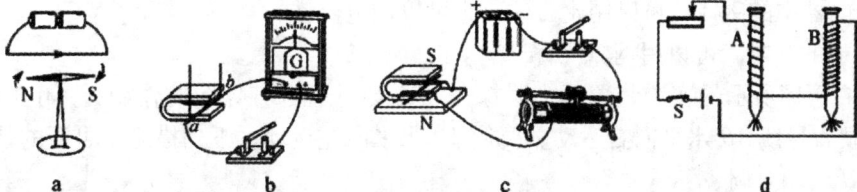

a　　　　b　　　　c　　　　d

A. 图 a 可用来演示电磁感应现象　　B. 图 b 可用来演示电动机原理

C. 图 c 可用来演示发电机原理　　D. 图 d 可用来演示电磁铁磁性强弱与线圈匝数的关系

例 5. 探究通电导体在磁场中受到的力与哪些因素有关时，笑笑同学做了如下三组实验，如下图所示，其中 AB 是通电导体的一部分，导线上的箭头表示电流方向，F 表示导体受力的方向，N、S 表示磁体的两极。

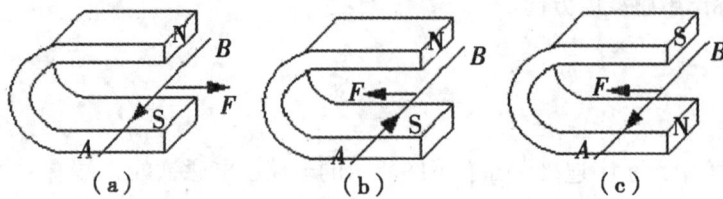

(a)   (b)   (c)

（1）通过实验（a）和（b）说明，通电导体在磁场中受到的力方向与_____的方向有关。

（2）通过实验（a）和（c）说明，通电导体在磁场中受到的力方向与_____的方向有关。

（3）本实验中，_____能转化为_____能，举一个实际应用的例子_____。

例 6. 如右图，闭合开关，将滑动变阻器的滑片 P 向右移动时，弹簧测力计的示数变小。则下列分析正确的是（   ）

A. 电磁铁的上端为 S 极

B. 电源左端为 " + " 极

C. 断开开关，弹簧测力计的示数为零

D. 若滑动变阻器的滑片 P 不动，抽去电磁铁铁芯，弹簧测力计的示数增大

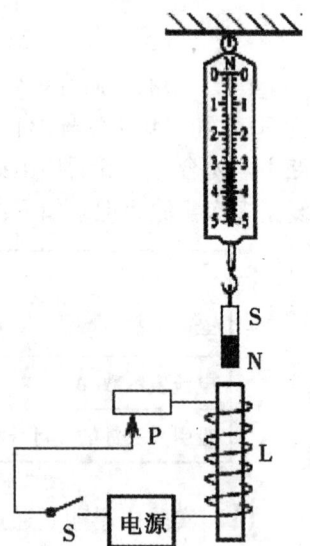

五、课堂达标训练

1. 在下面四位科学家中，发现电磁感应现象的是（   ）

A. 奥斯特   B. 安培   C. 法拉第   D. 焦耳

2. 下列哪种电器设备是利用电磁感应现象来工作的（   ）

A. 电热器   B. 电动机   C. 发电机   D. 电磁铁

3. 关于电磁铁，下面说法中正确的是（   ）

A. 电磁铁是根据电磁感应原理制作的

B. 电磁继电器中的磁体，必须用电磁铁

C. 电磁继电器中的磁体，可以用永磁体，也可以用电磁铁

D. 电磁铁中的铁芯，可以用钢棒代替

4. 借助如右下图所示的实验装置，小明探究"磁场对通电直导线的作用"。闭合开关 S₀，原本静止的轻质硬直导线 AB 水平向右运动。要使 AB 水平向左运动，下列措施中可行的是（   ）

A. 将 A、B 两端对调

B. 将滑动变阻器的滑片 P 向右移动

C. 换用磁性更强的蹄形磁体

D. 将蹄形磁体的 N、S 极对调

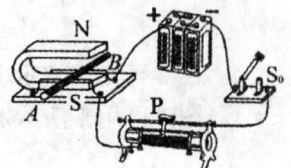

5. 如下图所示的四个装置，以下关于它们的说法中错误的是（　　　）

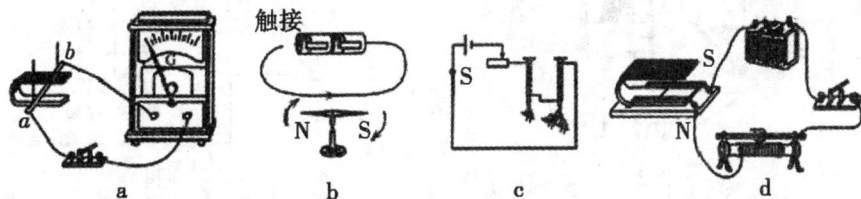

A. 图 a 可用来演示电磁感应现象

B. 图 b 可用来演示电流的磁效应

C. 图 c 可用来演示电磁铁中线圈匝数与磁性强弱的关系

D. 图 d 可用来演示发电机的工作原理

6. 如下图中的 a 表示垂直于纸面的一根导线，它是闭合电路的一部分，它在磁场中按箭头方向运动时，下列哪种情况不会产生感应电流（　　　）

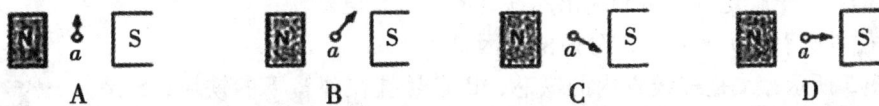

7. 如右图所示是一种动圈式话筒，当你对着话筒说话时，声音使与膜片相连的线圈振动，线圈在磁场中振动能产生随声音变化而变化的_____，这是_____现象，话筒工作时_____能转化为_____能，再举一个这个规律的实际应用的例子_____。

8. 地球是一个巨大的_____，地球周围存在着的磁场叫做地磁场。地磁_____极在地理南极的附近，地磁_____极在地理北极的附近，但是地磁的南北极和地理的南北极并不_____，略有偏离，这个现象最早由我国宋代学者_____发现。

9. （1）图1中，小磁针在图示位置静止，请标出通电螺线管的 N 极和电源的正极。

（2）请在图2中标出小磁针的 N 或 S 极，在虚线上标出磁感线的方向。

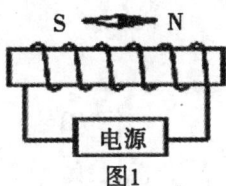
图1

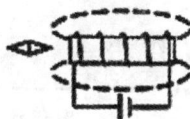
图2

10. 如下图所示的实验名称是_____，观察、比较图中所示的现象，由甲和乙可得到的结论是：_____，由甲和丙可得到的结论是：_____。

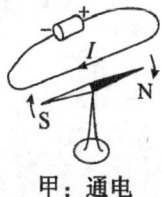
甲：通电

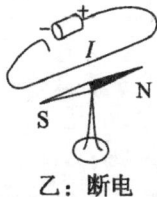
乙：断电

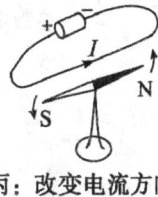
丙：改变电流方向

11. 课堂上，老师做了如图3所示的演示实验。闭合开关，让导体 ab 向左运动，观察到灵敏电流计的指针发生_____，这现象说明闭合电路的一部分导体做_____磁感线运动，导体中能产生电流；_____机就是利用这种原理制成的，这个实验中_____能转化为_____能。

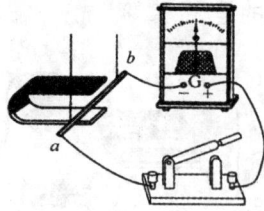

图3

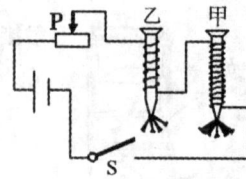

图4

12. 在探究"影响电磁铁磁性强弱的因素"实验中，小明制成简易电磁铁甲、乙，并设计了如图 4 所示的电路。

（1）当滑动变阻器滑片向左移动时，电磁铁甲、乙吸引大头针的个数_____（填"增加"或"减少"），说明电流越_____，电磁铁磁性越_____。

（2）根据图示的情境可知，_____（填"甲"或"乙"）的磁性强，说明电流一定时，_____，电磁铁磁性越强。

（3）根据右手螺旋定则，可判断出乙铁钉的上端是电磁铁_____极。

（4）电磁铁吸引的大头针下端分散的原因是_____。

13. 如图 5 所示，A 是螺线管内的铁芯，B 是悬挂在弹簧下的铁块，S 是转换开关。要使弹簧长度变短，可采取的办法有：

（1）_____；

（2）_____；

（3）_____。

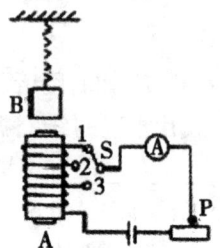

图5

14. 如图 6 所示为一恒温箱温控电路，包括工作电路和控制电路两部分。R 为热敏电阻（置于恒温箱内），阻值随温度变化的关系如图 7 所示。恒温箱温控电路工作原理是：加热过程中，恒温箱温度升高到一定值时，控制电路中电流会达到一定值，继电器的衔铁被吸合，工作电路停止加热。

（1）图中所示状态，电路处于加热还是未加热?

（2）恒温箱的温度为 100℃时，继电器线圈中的电流达到 20mA，衔铁被吸合，此时热敏电阻 R 消耗的功率是多少?

（3）电阻 R' 有什么作用?

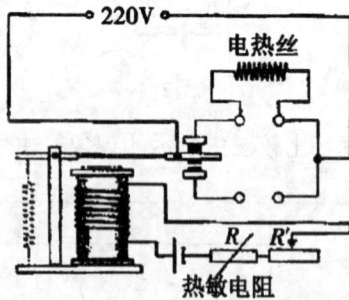

图6

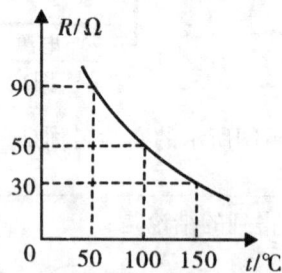

图7

第二十章　信息的传递　能源与可持续发展

一、学业水平考试要求

1. 知道电磁波；知道电磁波在真空中的传播速度；了解电磁波的应用及其对人类生活和社会发展的影响；知道电磁波的波长、频率、波速（a）。

2. 结合实例，说出能源与人类生存和社会发展的关系（a）。

3. 列举常见的不可再生能源和可再生能源（a）。

4. 知道核能的优点和可能带来的问题（a）。

5. 了解世界和我国的能源状况；对于能源的开发利用有可持续发展的意识（a）。

二、知识要点

1. 1876 年美国科学家贝尔发明了电话；电话由话筒和听筒两部分组成。话筒的作用是把声音转换成变化的电流，听筒的作用是把变化的电流转换成声音。电话交换机提高了线路的利用率。

2. 迅速变化的_____可以产生电磁波。电磁波的传播_____介质；电磁波可以在_____中传播。

3. 电磁波的描述：

真空中电磁波的波速（c）：$c =$_____m/s；

电磁波的频率（f）的单位是赫兹（Hz），常用单位还有千赫（kHz）和兆赫（MHz）；

$$1kHz =$$_____Hz　　$$1MHz =$$_____Hz

电磁波的波长（λ）的单位是：米（m）；

电磁波的波速 c、波长 λ 和频率 f 之间的关系是：$c =$_____。

4. 无线电波：电磁波是个大家族，通常用于广播、电视和移动电话的是频率为数百千赫至数百兆赫的那部分叫无线电波。

5. 无线电广播信号（电磁波）的发射由广播电台完成，信号的接收由收音机完成。

6. 电视台用电磁波传递图像信号和声音信号；电视机把图像和声音信号接收并还原出来。

7. 移动电话是靠_____来传递声音信息的；移动电话既是电磁波_____台又是电磁波_____台。

8. 微波通信：微波的波长是 1mm ~ 10m 之间，频率在 30MHz ~ 3×10^5 MHz 之间，微波的性质更接近光波，大致沿直线传播，不能沿地球表面绕射，因此每隔 50km 左右就要建立一个中继站。

9. 卫星通信：用卫星做微波通信的中继站。在地球的周围均匀的配置_____颗同步通信卫星，就可以实现全球通信。

10. 光纤通信：激光一般在特殊的管道光导纤维里传播，在内壁上经多次_____，从另一端射出，将信息传到远方。由于光的频率很高，所以在一定时间内传输大量信息。

11. 网络通信：把计算机连在一起，可以进行网络通信。目前人们经常使用的网络通信形式是电子邮件。

12. 能源的分类：

（1）能源从其产生的方式可分为：一次能源和二次能源。

①一次能源：可以直接从自然界获得的能源叫做一次能源。

②二次能源：必须通过消耗一次能源才能得到的能源叫做二次能源。

（2）按生成年代分为：化石能源和生物质能。

①化石能源：像煤、石油、天然气，是千百万年前埋在地下的动植物经过漫长的地质年代形成的，所以称为化石能源。

②生物质能：由生命物质提供的能量称为生物质能。如木材、草类、肉类等。

（3）从能源是否可再生的角度可分为：可再生能源和不可再生能源。

①可再生能源：可以在自然界里源源不断地得到的能源，如太阳能、水能（潮汐能）、风能、生物质能。

②不可再生能源：越用越少，不可能在短期内从自然界得到补充的能源，如化石能源、核能。

13. 核能：质量较大的原子核发生裂变或者质量较小的原子核相互聚合，就能释放出惊人的能量，这就是核能。由此可知，核能可以由两种方式得到：一是由质量较大的原子核发生裂变得到核能；二是由多个质量较小的原子核发生聚变得到核能。

14. 核裂变：将质量较大的原子核分裂，会释放出巨大的核能，这种现象叫做核裂变。应用：核电站、原子弹。

15. 核聚变：在超高温下，将质量较小的原子核结合起来，也会释放出巨大的核能，这种现象叫做核聚变，也叫热核反应。应用：氢弹。

16. 太阳能的利用：

光热转化：用集热器收集阳光中的能量来加热水等物质，实现了把太阳能转化为内能。

光电转化：太阳能电池可以将太阳能转变为电能；在航空、航天、交通、通信等领域中有较为广泛的应用。

17. 未来理想能源必须满足以下几个条件：

①必须足够丰富；②必须足够便宜；③技术必须成熟；④必须足够安全、清洁。

三、云南中考真题分析

（一）云南怎么考

云南省 2005 年：

14. 下列关于节约资源与能源的说法，正确的是（　　）

A. 太阳能取之不尽、用之不竭，所以使用太阳能热水器不必考虑节约

B. 节约用水主要是指工业生产，家里的生活用水量小，不必考虑节约

C. 家里无人时，电冰箱应该断开电源，停止工作

D. 电视机关机后应该断开电源，否则还会消耗一定的电能

云南省 2006 年：

13. 下列物理知识分类及分析，正确的是（　　）

A. 高新技术材料：超导体、电磁铁、纳米材料

B. 应用电流磁效应：电动机、发电机、电铃

C. 可再生能源包括：太阳能、风能、铀矿产生的核能

D. 微观粒子按大小顺序排列：原子、原子核、夸克

云南省 2008 年：

12. 5 月 12 日四川省汶川县发生 8.0 级特大强烈地震后，媒体把地震信息及时传遍全世界，世界各地积极回应，支援灾区，因特网上可以看到全国人民"抗震救灾，众志成城"的很多感人事迹，媒体利用_____波传出信息，这种波在真空中的传播速度约为_____m/s。

云南省 2013 年：

10. 云南省大部分地区的日照时间较长，可以大量开发利用太阳能，近年来风能也在逐步开发利用，太阳能、风能都属于_____能源，既安全又环保。

云南省 2015 年：

9. 手机微信利用电磁波传递信息，电磁波在真空中的传播速度是_____m/s。

（二）云南考题分析

云南省对本章主要考查：电磁波（产生、传播、应用、描述）；能源的分类（可再生能源与不

可再生能源）；核能（产生与应用）；有节约能源的意识。

四、典例分析

例1. 太空中，宇航员在太空舱外部工作时，需通过无线电通信设备进行交谈，说明电磁波的传播＿＿＿＿＿介质（填"需要"或"不需要"）；电磁波的传播速度与光速＿＿＿＿＿（填"相等"或"不相等"），电磁波在真空中的传播速度是＿＿＿＿＿m/s。

例2. 广播电台通过＿＿＿＿＿将信息传播给千家万户。某收音机的面板上有"AM"和"FM"两个波段（如下图所示），其中波长较长的是＿＿＿＿＿波段。

FM	88	90	94	99	105	MHz
AM	530	610	850	1300	1600	kHz

例3. 水能和石油是两种重要能源，其中属于不可再生能源的是＿＿＿＿＿。在利用风能、煤、地热能的过程中，对环境污染较大的是＿＿＿＿＿。太阳能是一种既无污染，又取之不尽的能源，利用太阳能发电是将太阳能转化为＿＿＿＿能。

例4. 获取核能有两条途径：一是原子核的裂变，二是原子核的聚变；裂变核能的应用有：＿＿＿＿＿＿＿＿＿＿＿＿＿，聚变核能的应用有：＿＿＿＿＿＿＿＿＿＿＿＿＿＿＿。

五、课堂达标训练

1. 下列关于电磁波的说法正确的是（　　　）
A. 超声波是电磁波
B. 电磁波在真空中不能传播
C. 手机不能接收电磁波
D. 红外线是电磁波

2. 在下图中，以消耗不可再生能源来获取电能的是（　　　）

　A. 太阳能电池板　　　B. 风力发电机　　　C. 水力发电站　　　D. 核能发电站

3. 关于能源、材料，下列说法不正确的是（　　　）

A. 目前的核电站是利用核裂变释放出来的能量来发电的

B. 航空器材采用的是低强度、高密度的合金材料

C. 超导材料可用做高压输电线

D. 太阳能是一种既无污染又取之不尽的新能源

4. 在 2008 年北京奥运会，要想把比赛实况进行全球转播，至少需要多少颗地球同步卫星（　　　）

A. 2 颗　　　　　　B. 3 颗　　　　　　C. 5 颗　　　　　　D. 8 颗

5. 下列属于不可再生能源的是（　　　）

①石油 ②太阳能 ③天然气 ④生物质能

A. ①②　　　　　　B. ②③　　　　　　C. ③④　　　　　　D. ①③

6. 能源科技的发展促进了人类文明的进步，但化石能源的大量使用也带来了诸如酸雨、雾霾、温室效应等环境问题。下列做法或说法不符合环保要求的是（　　　）

A. 外出尽量骑自行车或公交车，做到低碳出行

B. 生活中要节约粮食、节约用水、避免用电器待机耗电

C. 依靠科技进步，开发和推广清洁的可再生能源

D. 因为能量在转化过程中是守恒的，所以能源是"取之不尽，用之不竭"的

7. 长期以来随州人民的生活能源离不开煤、石油、天然气这些①，由于这些②在自然界中越用越少且又排放污染，人们正在寻找理想能源。随州市的"齐星公司"正在研发太阳能的高效利用。因为太阳能可直接从自然界中获取，所以叫它③；太阳能取之不尽又清洁环保！我们期待太阳能的深度开发，我们期待蓝天白云！以上叙述中①、②、③分别是指（　　　）

A. 化石能源、不可再生能源、一次能源　　　　B. 二次能源、可再生能源、一次能源

C. 可再生能源、一次能源、二次能源　　　　　D. 化石能源、二次能源、不可再生能源

8. 下列关于新材料及信息传递的说法中，正确的是（　　　）

A. 超导体主要用于制作电饭锅等电热器　　　　B. 半导体可用来制作 LED 灯的发光二极管

C. 移动电话（手机）利用超声波传递信息　　　D. 声呐利用电磁波传递信息

9. 如右图所示是我省某高校学生设计的一款不夜灯，它的一侧是太阳能电池板，另一侧是高效节能的 LED 灯。关于小夜灯中所应用的物理知识，下列说法正确的是（　　　）

A. 太阳能电池板主要是靠白天接受阳光的照射而获得能量

B. 太阳能电池板将电能转化为内能

C. LED 灯的发光物体是由电阻很小的铜质材料制成的

D. LED 灯不发光时也有电流通过

10. 以下设备中，主要利用电磁波的能量特性进行工作的是（　　　）

A. 微波炉　　　　B. 手机　　　　C. 雷达　　　　D. 电吹风

11. 近一年来在我们的生活中，4G 手机通信业务已经逐渐推广，使用 4G 手机不仅通话信号好，还要在无线网络上网时效果更佳。下列说法正确的是（　　　）

A. 电磁波和声波在空气中的传播速度都是 3×10^8 km/s

B. 电磁波和声波都是由物体振动产生的

C. 手机无线上网是利用电磁波传输信息

D. 电磁波能传递能量，声波不能传递能量

12. 给出的四组能源中，均为可再生能源的一组是（　　　）

A. 潮汐能、核能、石油　　　　　　　　　　B. 天然气、石油、氢能

C. 地热能、核能、煤炭　　　　　　　　　　D. 太阳能、水能、风能

13. 关于能量与能源，下列说法错误的是（　　　）

A. 能量的转化、能量的转移，都是有方向性的

B. 人类在耗用各种能源时，不可避免地会对环境造成影响

C. 化石能源、水能、核能，不能在短期内从自然界得到补充，这类能源称为不可再生能源

D. 可再生能源是未来理想能源的一个重要发展方向

14. 关于生活中遇到的各种波，下列说法正确的是（　　）

A. 电磁波可以传递信息，声波不能传递信息

B. 手机在通话时涉及的波既有电磁波又有声波

C. 声波和电磁波的传播速度相同

D. 遥控器发出的红外线不能在真空中传播

15. 手机的声控密码锁解锁时，只能由设置语音密码的人说出密码才能打开手机，这种语音密码记录的是人的声音的_____特性，手机是通过_____来传递信息的。

16. 中国能源结构主要是以煤为主，煤、石油、天然气在我国能源消耗中占94%，这三种能源属于_____能源（填"可再生"或"不可再生"），这种能源结构是_____（填"合理的"或"不合理的"）。

17. "神州八号"与"天宫一号"对接时，对接指令是由地面控制中心用_____发射的。对接后，"神州八号"相对于"天宫一号"是_____（填"静止"或"运动"）的。

18. 人们在不同场合使用手机时需要选择不同的音量，改变音量是改变了声音的_____；当你接听电话时，一般能够知道对方是熟人还是陌生人，这是根据声音的_____进行判断的。手机信号靠电磁波传播，电磁波在真空中的传播速度是_____m/s。电磁波频率越低，波长越_____。

19. 能源问题是现代社会发展的三大基本问题之一。能源家族中：①煤炭、②核能、③石油、④天然气、⑤水能、⑥风能、⑦地热能等，属于不可再生的是_____；没有污染的能源是_____。

20. 获取核能有两条途径：一是原子核的_____，二是_____；用人工控制的办法释放核能的装置叫做_____，利用核能发电的电站叫做_____。

参考答案

第一章 机械运动

二、知识要点

1. 刻度尺；2. 米，m；3.（1）量程，分度值；（2）垂直，下一位；5. 秒，s；6. 测量值，真实值；7. 变化；8. 发生，不发生；10. 路程，时间；11. 路程，时间，$v=s/t$，m（米），km（千米），s（秒），h（小时），m/s（米/秒），km/h（千米/时），3.6；12. 不变，直线，正比；13. $v=s/t$。

三、云南中考真题分析

（一）云南怎么考

云南省 2005 年：6. 0.15；云南省 2006 年：17. 26.5；云南省 2007 年：9. 地球，具有；17. 3.18；云南省 2008 年：13. 运动，1.3；云南省 2009 年：17. 2.64；22. 600km；云南省 2013 年：24.（1）120km/h；（2）有超速，因为 120km/h＞80km/h；云南省 2014 年：24.（1）由图可知，小汽车在相同的时间内通过的路程不同，根据速度公式可知，小汽车做变速直线运动；（2）30 m/s；云南省 2015 年：10. 静止；20. 2.83；24. 6. 25m/s。

四、典例分析

例1.（1）0.1cm，2.75cm，2.7cm，0.05cm；（2）2.3，2.50；例2. 静止，运动，西；例3. 7.5m/s，2250m；例4. 9km/h；例5. BC。

五、课堂达标训练

1. B；2. D；3. D；4. B；5. 0.1cm，1.43；6. A；7. 地球，飞机，地球，运动；8. B；9. 15，18，20；10. B；11. 时间，路程，路程，时间；12. 匀速直线，大于；13. A；14.（1）从交通标志牌处到瑞丽的路程是 120km，限速为 80km/h；（2）1.5h；15.（1）变速，小球在相同的时间内通过的路程不相等；（2）C；16.（1）15.6m/s；（2）453.3s。

第二章 声现象

二、知识要点

1. 振动，振动，发声；2. 介质，声波；3. 种类，温度，气体，340；4. 人耳，骨传导；5. 频率，振幅，材料，结构；6. 20Hz～20000Hz；8. 声源，传播过程，人耳；9. 信息，能量。

三、云南中考真题分析

（一）云南怎么考

云南省 2005 年：6. 液体（水）能够传播声音；云南省 2006 年：1. 声音是由物体振动产生的；23. ①声速与介质的温度有关；②声速与介质的种类有关；云南省 2007 年：10. 振动，信息；云南省 2008 年：1. B；云南省 2009 年：14. 20000，次，6000；云南省 2013 年：10. 音色；云南省 2014 年：10. 振动，传播途中；云南省 2015 年：9. 声源处。

四、典例分析

例1. 空气，振动；例2. 振动，音色，噪音；例3. 低，大，高，小；例4. 空气，超声波，传播途中；例5. 两，铁管，空气；例6. ABDEG，CFH；例7. 680m。

五、课堂达标训练

1. 振动，空气；2. 空气，音色；3. 振动，音调；4. 声带振动，空气；5. 响度，音色；6. 音色，传播过程中；7. 音调，音色，噪声；8. 信息，音色；9. 音调，能；10.（1）音调；（2）音调；（3）响度；（4）音调；（5）响度；11. D；12. D；13. 声源，人耳，传播过程中；14. B。

第三章　物态变化

二、知识要点

1. 吸，固，液，放，液，固，吸，液，气，放，气，液，吸，固，气，放，气，固，液化；2. 蒸发，沸腾；3. 吸收，不变；4. 温度，液体的表面积，吸；5. 热胀冷缩；6. 35，42；8. 降低温度，压缩体积。

三、云南中考真题分析

（一）云南怎么考

云南省 2005 年：1. 昆明的大气压低于一个标准大气压；2. 液化；19.（1）略；（2）不变，48；（3）晶体；云南省 2006 年：5.（1）放热；（2）液态；（3）凝华；19.（1）略；（2）94，小于，吸收；云南省 2007 年：14. 凝华，放热；云南省 2008 年：5. A；云南省 2009 年：11. 凝华，液化；云南省 2013 年：4. D；13. 升华，放出；20. 37.8；云南省 2014 年：13. 沸点，液化；云南省 2015 年：13. 熔化，放出；21.（1）热胀冷缩；（2）略；（3）98，低于，水沸腾时温度保持不变。

四、典例分析

例1. 16，−8，38.3；例2. C；例3. D；例4. D；例5.（1）固，固液共存，液，BC，80；（2）固，固液共存，5，10，5；（3）晶体熔化吸收热量、温度保持不变；例6.（1）略；（2）99℃，小于；（3）液体沸腾时吸收热量、温度保持不变；（4）减少水的质量（或用热水做实验）；（5）气泡，变小，变大，破裂；（6）不能，达到沸点、继续吸热。

五、课堂达标训练

1. 18℃，−16℃；2. A；3. C；4. B；5. B；6. C；7. B；8. D；9. C；10. D；11. B；12. A；13. C；14. D；15. B；16. 10，固液共存，0，吸收热量温度保持不变；17.（1）略；（2）吸，保持不变；（3）100，等于；（4）甲。

第四章　光现象

二、知识要点（图略）

1. 直线；2. 不同，3×10^8，3×10^5，距离；3. 同一平面内，两侧，等于，镜面，漫，遵守，漫；4. 反射，正立等大，相等，相等，垂直，相反；5. 斜射，改变；6. 偏向，偏离，不变，0°，增大；7. 折射，虚；8. 可逆；10. 看不见；12. 绿，黄。

三、云南中考真题分析

（一）云南怎么考

云南省 2005 年：1. 光的折射；3. 右，射击瞄准；12. D；云南省 2006 年：1. 漫反射；12. C；云南省 2007 年：11. 折射；13. 直线传播；19. ①40（50），50（40）；②反射角等于入射角；云南省 2008 年：2. B；15. 绿；18.（1）在水中放入少量牛奶，能；（2）大于，增大，折射光线消失；云南省 2009 年：13. 黄，绿；18.（1）较暗，垂直；（2）平面镜所成的像与物体的大小相等；（3）大 0.2，L_2 少测了玻璃板的厚度；云南省 2013 年：3. A；11. 折射，绿；19. 略；云南省 2014 年：3. C；14. 3×10^8，色散；21.（1）刻度尺；（2）垂直，平面镜，反射；（3）相等，垂直，对称；云南省 2015 年：1. A；18. 以 O 为圆心 L 为半径的半圆；19. 略。

四、典例分析

例1. CEFGH；例2.（4）（6）（8），（1）（3）（10）（12），（2）（5）（7）（9）（11）（13）；

例3.略；例4.（1）漫，遵循；（2）等于；在反射现象中，反射角等于入射角；（3）OE，光路可逆；（4）不能，反射光线、入射光线、法线在同一平面内；例5.50°，100°，60°；例6.3，6，1.6，不变，1.6，左；例7.略；例8.（1）比较像与物体的大小关系，确定像的位置；（2）A，重合，相等；（3）虚；（4）反射；（5）垂直，薄；例9.略；例10.D。

五、课堂达标训练

1.C；2.B；3.D；4.A；5.C；6.30°，60°，40°；7.D；8.2∶51，紫外线；9. D；10.D；11.红，红，黑；12.D；13.C；14.A；15.（1）等于；（2）同一平面内，不能，在；（3）OE；在反射现象中，光路可逆；（4）漫；16.略；17.（1）较暗，B蜡烛；（2）大小；（3）镜面的距离；（4）不能，虚；（5）不变；（6）不能，蜡烛B不能与蜡烛A的像重合；18.略；19.略。

第五章 透镜及其应用

二、知识要点

1. 会聚，发散，图略；2. 倒立，缩小，实，倒立，等大，实，倒立，放大，实，正立，放大，虚；3. 小，小，大，大，大，小；4. 前，凹，后，凸；5. 正立，放大，倒立，放大，正立，放大，倒立，缩小。

三、云南中考真题分析

（一）云南怎么考

云南省2005年：3. 实；云南省2006年：4. 大于，实；12. C；云南省2007年：13. 前，凹；19.8，左，照相机；云南省2008年：9. 实；17. 略；云南省2009年：1. D；云南省2013年：21.（1）10；（2）同一高度，小于，左；（3）放大，缩小，大于；云南省2014年：19. 略；云南省2015年：4. D。

四、典例分析

例1. 略；例2.（1）倒立，缩小，实，照相机；（2）倒立，等大，实；（3）倒立，放大，实，幻灯机（或投影仪）；（4）正立，放大，虚，放大镜；（5）变小，变小；（6）变小；例3. A；例4. D；例5. B；例6.（1）11；（2）c，投影仪；（3）小，远离，倒立；（4）远离，实。

五、课堂达标训练

1. A；2. C；3. C；4. C；5. A；6. D；7. A；8. B；9. 近视，凹，远视，凸；10.（1）使像成在光屏中央；（2）投影仪，倒立，缩小，可逆的；（3）靠近；11.（2）同一高度；（3）①照相机；②远离；③不能，正立，放大，虚，放大镜；12. 略。

第六章 质量与密度

二、知识要点

1. 物质；2. 千克，吨，克，毫克，10^3，10^3，10^3；3. 形状，位置，状态；4. 天平；5.（1）水平台，零刻度线；（2）中线；（3）左，右；（1）称量，感量；（2）镊子；（3）不能；6. 质量，体积；8. 1.0×10^3，1。

三、云南中考真题分析

（一）云南怎么考

云南省2005年：17.19；云南省2006年：14. A；云南省2007年：24.4.032×10^5J；云南省2008年：15. 小，10^8；17.29.2；23.4.24×10^4kg；云南省2009年：23.4.85×10^3m³；云南省2013年：6. B；20.71.4；云南省2014年：4. B；20.25。

四、典例分析

例1. 不变，变小，不变，变小；例2.（1）称量时调节平衡螺母；（2）①相同，1.2×10^3；

② 37.4，45.4；例3. B，CAED；例4.（1）13.6g/cm³；（2）10.5kg；（3）5×10⁻⁴m³；例5.250，
0.8×10³。

五、课堂达标训练

1. 0.8×10^3，2.7，550，5.5×10^{-4}，1.8×10^3，5.6×10^{-3}，2.8×10^3；2. 不变，不变，不变；
3. D；4. B；5. 不变，变小；6. D；7. 左，52，20，2.6×10^3；8. B；9. C；10. B；11.（1）①
81.4，40，1.1×10^3；②酸奶倒入量筒中时会有部分残留在烧杯中，使测量的体积偏小；（2）用天
平测出小瓶的质量（含盖）记为 m_1；在瓶内装满水盖上盖子，用天平测出瓶和水的总质量，记为
m_2；倒干净水，再往瓶内装满酸奶，盖上盖子，用天平测出瓶和酸奶的总质量记为 m_3；则酸奶密
度的表达式为：$\rho_{奶}=\rho_水（m_3-m_1）/（m_2-m_1）$；12. 1.6×10^{-4}g/cm³，0.2m³；13.4.5m³；
14. 0.8×10^3kg/m³。

第七章　力

二、知识要点

1. 物体对物体的作用，离开物体；2.（1）形状；（2）运动状态；3. 大小，方向，作用点；
4. 方向，大小，作用点；5. 相互；6. 弹性形变；7. 大，长；8. 正比；9. 竖直向下。

三、云南中考真题分析

（一）云南怎么考

云南省2005年：27.1.6；云南省2006年：22. 不能，计算略；云南省2007年：22.2.4×10⁴J；
23. 不能；云南省2008年：15.10⁸；云南省2009年：9. 形状；17.（1）略；（2）2.2；云南省
2013年：24.1.6×10⁵Pa；云南省2014年：26.3.3J；云南省2015年：3. D；20.1.4。

四、典例分析

例1.（1）运动状态，形状；（2）a，b；例2. 作用点，方向；例3. 水，物体间力的作用是相
互的；例4. 略；例5.（1）2×10⁴N；（2）58kg；（3）12N。

五、课堂达标训练

1. 0~8N，0.4N，3.2；2. D；3. B；4. 桌子，相互；5. 形状，运动状态；6. A；7. C；8.（1）
2.5×10⁵N；（2）100g；（3）6N。

第八章　运动和力

二、知识要点

1. 静止，匀速直线运动；2. 运动状态，惯性，质量；3. 静止，匀速直线运动；4. 同一个，相
等，相反，同一直线；5. 平衡力，不改变，改变；6. 同一个，不同；7. 接触，趋势，阻碍；8. 小
于；9. 相反；10.①粗糙程度；②压；③滚动，滑动；11.①减小；②减小；③滑动，滚动；④分
开；12. 增大，减小。

三、云南中考真题分析

（一）云南怎么考

云南省2005年：1. 物体具有惯性；云南省2006年：2. 具有；20.（1）B，压力，摩擦力的大
小与物体的运动速度无关；（2）C；木块匀速运动时，弹簧测力计对木块的水平拉力与木块受到的
摩擦力是一对平衡力，它们的大小相等；D；云南省2007年：5. A；9. 地球，具有；15.500，竖直
向上；云南省2009年：22.2×10⁵N；德宏州2011年：19.（1）相同；（2）木板；粗糙程度；（3）
做匀速直线运动；（4）相等；云南省2013年：12. 摩擦；云南省2014年：12. 摩擦；19. 略；云南
省2015年：5. B；12. 惯性。

四、典例分析

例1.（1）匀速直线；（2）压力；（3）接触面越粗糙；（4）2:1,0；例2.（1）800，西，不变，1.8×10^4 N，竖直向上；（2）25，竖直向上，不变；例3. ABCDFHI，ABCHI，EGJK；例4.（1）分别用不同的力推了一下木块；（2）变大，长，不可能为零；（3）做匀速直线运动；例5. 惯性，后，东，惯性，惯性。

五、课堂达标训练

1. B；2. D；3. D；4. A；5. A；6. D；7. 小，远，匀速直线，实验加推理；8. B；9. C；10. 5，不变；11. 静，500，竖直向上；12. 匀速直线，拉，二力平衡，摩擦，摩擦；13.（1）2；（2）可行；（3）越大；14. ①③，②④；15. 略；16. 略。

第九章　压强

二、知识要点

1. 垂直，水平面；2. 压力，受力面积，1；3. ①压力；②受力面积；③压力，受力面积；①压力②受力面积；③压力，受力面积；5.（1）各个方向；（2）相等；（3）越大；（4）密度，密度；6. ρgh，液体的密度，深度；7. 开口，连通，相平；11. 托里拆利；12. 10^5；13. 减小；14. 减小，增大；16. 升高，降低；17. 大，小。

三、云南中考真题分析

（一）云南怎么考

云南省2005年：15. A；23.（1）大气压随高度升高而降低；（2）3km；（3）不能；大气压除了与高度有关外，还与其他因素有关；云南省2006年：6. B，A；云南省2007年：5. A；16. A，B；23.（1）不能；（2）增大地基面积（或选用质轻的建筑材料）；云南省2008年：22.（1）屋外气体的流速大，气体的流速越大压强越小；（2）10^6N，方向：垂直于屋顶指向屋外；（3）飞机的机翼；云南省2009年：10. 低，小于；22. 1.33×10^5Pa；云南省2013年：12. 压强；17. 7×10^7，小；24.（1）1.6×10^5 Pa；云南省2014年：6. A；12. 1.6×10^4 Pa；13. 沸点；16. 小，增大；云南省2015年：7. D；10. 大于；11. 大气压；15. 5.15×10^4；18. 连通器；24. 6.25×10^4Pa。

四、典例分析

例1.（1）海绵的形变程度；（2）压力大小，压力的作用效果与压力大小有关；（3）甲丙，压力的作用效果与受力面积大小有关；（4）压力，受力面积大小；例2.（1）1.25×104 Pa；（2）$2m^2$；（3）500N；例3.（2）（5），（1）（3）（6）（7）（8）；例4.（1）相平；（2）深度；（3）丙丁，无关；（4）乙丙；（5）各个方向；例5.（1）2kg；（2）1.6×10^3 Pa；（3）1.28×10^3 Pa；例6. A。

五、课堂达标训练

1. C；2. 7.062×10^7，2.531×10^7；3. A；4. B；5. 大气压；6. A；7. C；8. C；9. D；10. C；11. C；12. 1.5×10^5，人体内外气压平衡；13.（1）同一液体的相同深度向各个方向的压强相等；（2）3.4，液体压强与液体深度有关；（3）大于；14. 2.2×10^5Pa；15.（1）8.8h；（2）5×10^5 Pa。

第十章　浮力

二、知识要点

2. 竖直向上；3.（1）$G-F$；（2）$m_{排}g$，$\rho_{液}gV_{排}$，液体的密度，排开液体的体积；（3）G；4.（1）物体上浮；（2）物体悬浮；（3）物体下沉；5. 重力。

三、云南中考真题分析

（一）云南怎么考

云南省 2005 年：22. 10^8 N；云南省 2006 年：9. D；云南省 2008 年：8. C；云南省 2009 年：6. C；23.（1）5×10^7N；（2）上浮一些；云南省 2013 年：7. A；云南省 2014 年：23.（1）质量；（2）二力，相等；（3）错误，错误，通过一次实验得出的结论具有偶然性；云南省 2015 年：15. 下沉；23.（1）水平，0.46；（2）4.6×10^{-3}，4.6×10^{-3}，46；（3）不正确，用钢铁制成的船能漂浮在水上。

四、典例分析

例1.（1）物体所受的浮力大小与物体排开液体的体积有关；（2）c，d；（3）排开液体的体积，浮力的大小，液体的密度，浮力的大小与密度有关，控制变量法；（4）8，2，0.8，2.4；（5）4×10^3；例2.（1）5×10^3N；（2）8×10^7N，8×10^3m³；例3. 不变，不变，变大；例4. <，=，<，<；例5. C。

五、课堂达标训练

1. 2，2；2. 3×10^4，10^7，不变，变大；3. 0.6，下沉；4. 1，密度，下沉；5. 10，1.5×10^3；6. =，<；7.（1）排开液体的体积，浮力的大小与排开液体的体积有关；（2）①③④；（3）深度，浮力的大小与物体浸没在液体中的深度无关；（4）9×10^3；8. 5×10^7；9. 2.58×10^4；10. 小，大，不变；11. 10；12. $\rho_甲 > \rho_乙 > \rho_丙$；13.（1）4N；（2）4×10^{-4} m³；（3）2.5×10^3 kg/m³。

第十一章　功和机械能

二、知识要点

1. 力，距离；2. 力，距离，焦耳；3. 快慢；5. 焦耳；7. 质量，速度；8. 重力，弹性；（1）质量，高度；（2）弹性形变，越大，越大；9. 动能，重力，弹性。

三、云南中考真题分析

（一）云南怎么考

云南省 2005 年：8. 10^8；云南省 2006 年：15. B；云南省 2007 年：7. D；云南省 2008 年：11. 减小；24. 1.08×10^5J；云南省 2009 年：5. C；云南省 2013 年：18. 100，400；云南省 2014 年：26. 3. 3J；云南省 2015 年：24. 0. 3J；26.（1）4.86×10^8J；（2）3×10^4W；（3）4×10^4W。

四、典例分析

例1.（1）×；（2）×；（3）√；（4）×；（5）×；（6）√；例2. 500J，1500J；例3.（1）2×10^5J；（2）2×10^3W；例4. 15kW；例5. A；例6.（1）弹性势，动，重力势，动；（2）减小，增大，不变，重力势，动。

五、课堂达标训练

1. D；2. C；3. 400；4. C；5. B；6. D；7. 30；8. 2000，40；9. 增大，增大，增大；10. 不变，变大；11. 木桩陷入沙子的深度，<，<，物体的质量、高度；12. ①木块移动的距离，转换；②甲、乙；③物体的动能与物体的质量有关；13.（1）198km；（2）6000N；（3）5×10^5Pa；14. 2×10^4W。

第十二章　简单机械

二、知识要点

2. 转动，阻碍，动力作用线，阻力作用线；3. $F_1 l_1 = F_2 l_2$；4. >，<，=；5. 方向，等臂；6. 不能，2h，$(G_物 + G_动)/2$，$G_物/2$；7. $(G_物 + G_动)/n$，$G_物/n$；8. Gh，Fs；9. $W_有/W_总$。

三、云南中考真题分析

（一）云南怎么考

云南省 2005 年：16. A；云南省 2006 年：7. 1/3；16. A；云南省 2007 年：22. （1）2.4×10^4 J；
（2）4×10^4 J；（3）20s；云南省 2008 年：7. C；云南省 2009 年：10. 大于；云南省 2013 年：
9. 100，400；云南省 2014 年：18. 180，变大；云南省 2015 年：17. 80%，120。

四、典例分析

例 1. 略；例 2. CEFHKL，ABGIJMN；例 3. （1）水平，左；（2）垂直，力臂；（3）错误的；
（4）乙，甲；（5）镊子；例 4. 400，80%；例 5. （1）66.7%，乙；（2）增加物体的重量，0.1；
（3）分析表格中第 1.4 次实验的数据可知：使用相同的滑轮所组成的滑轮组提升同一个重物时，
滑轮组的机械效率相等，所以他的想法不正确。

五、课堂达标训练

1. D；2. 略；3. B；4. C；5. 80%，720；6. B；7. （1）右；（2）便于测量力臂，让实验结论具
有普遍性；（3）$F_1L_1 = F_2L_2$；（4）左侧下降；（5）向左移动 2 格；8. （1）匀速；（2）60，
88.9%；（3）物体的重量；9. C；10. 1，80%；11. （1）79N；（2）39.5N；（3）15.8W；
（4）79%。

第十三章　内能　内能的利用

二、知识要点

1. 进入对方，无规则运动，间隙；2. （1）分子；（2）无规则运动；（3）引力，斥力；3. 内
能；4. 做功，热传递；5. 热量，质量，温度，$Q/m\Delta t$；6. $Q = cm\Delta t$；7. 内，机械；8. 汽缸；9. 机
械，内，内，机械；10. 热量，质量，Q/m；11. 有用功，热量；12. 产生，消灭，保持不变。

三、云南中考真题分析

（一）云南怎么考

云南省 2005 年：2. 永不停息运动，内能；11. B；24. （1）5.88×10^5 J；（2）7.2×10^5 J；
（3）81.7%；云南省 2006 年：1. 分子间存在斥力；8. 比热容，600J；云南省 2007 年：1. B；
14. 4.2×10^7，1000；24. （1）4.03×10^5 J；（2）208.7V；（3）实际电压小于额定电压，水壶不能
正常工作；云南省 2008 年：6. （错题无答案）；11. 热水；23. （1）无污染，取之不尽　（2）
4.24×10^4 kg；（3）1.34×10^{10} J；云南省 2009 年：4. A；9. 热传递；24. （1）略；（2）6.3×10^5 J；
（3）0.14kg；云南省 2013 年：9. 温度，热传递；25. （1）6×10^7 J；（2）2.52×10^6 J；（3）
4.2%；云南省 2014 年：9. 无规则运动，做功；26. （1）4.275×10^4 J；（2）0～0.5min 温度上升
缓慢的主要原因：刚开始加热的时候，电茶壶本身需要吸收一部分热量；云南省 2015 年：2. B；
11. 内；21. 热传递，3.36×10^3 J。

四、典例分析

例 1. D；例 2. A；例 3. （1）（3）（6）（7），（2）（4）（5）；例 4. 化学；内；热传递；内；
机械；水蒸气对活塞做功后内能减少，温度降低，液化成小水滴，形成白气；例 5. D；例 6. 8.4 ×
10^7，40；例 7. （1）6.3×10^7 J；（2）2.04×10^8 J；（3）30.9%；例 8. （1）6.72×10^5 J；（2）
93.3%；（3）2.4×10^3 W；（4）22.4g。

五、课堂达标训练

1. A；2. C；3. C；4. C；5. A；6. D；7. C；8. D；9. A；10. C；11. B；12. 4.2×10^5，14；13. 7
$\times 10^6$，扩散；14. 比热容，4.2×10^7；15. 扩散；温度越高，分子运动越剧烈；16. 分子在不停地
做无规则运动；分子间存在引力；温度越高，分子运动越剧烈；17. （1）内能转化为机械能，机

械能转化为内能；（2）光能转化为化学能；（3）化学能转化为内能；（4）机械能转化为内能；（5）内能转化为机械能；（6）化学能转化为电能；（7）电能转化为化学能；（8）机械能转化为电能；（9）电能转化为机械能。18.（1）秒表；（2）质量；（3）均匀受热，吸收相等的热量；（4）快，水。19.（1）6×10^7J；（2）6.3×10^5J；（3）1.05%；（4）因为沸点随气压的减小而降低，高山上气压小，所以水沸点降低，铁锅里的水尽管沸腾了，但是温度比较低，马铃薯还是煮不软；20.（1）8.4×10^6J；（2）2.1×10^7J；（3）40%；（4）0.2kg。

第十四章　电流和电路

二、知识要点

1.玻璃棒，负，橡胶棒，正；2.得失，负，正；3.排斥，吸引；4.排斥；6.电，其他形式；8.正，正，用电器，负；9.（1）一；（2）会；10.（1）干，支；（2）不会；11.10^{-3}，10^{-6}；12.①串；②"＋"，"－"；③量程；④电源；13.处处；14.等于，之和。

三、云南中考真题分析

（一）云南怎么考

云南省2005年：5.铜丝、电阻丝、超导体、盐水；9.C；10.C；17.0.34；云南省2006年：11.B；云南省2013年：14.S_1、S_2，并。

四、典例分析

例1.D；例2.③④⑦⑨，①②⑤⑥⑧⑩；例3.L_1，L_1L_2；例4.S_1，S_2S_3，0.25，0.25，S_2S_3，S_1，0.45，短路。

五、课堂达标训练

1.A；2.C；3.A；4.B；5.D；6.D；7.A；8.B；9.D；10.C；11.电源，用电器，开关，导线，化学，电，电，机械，电，内；12.正，负，负，正；13.负；14.b，0.6；15.L_1L_2，并，L_2L_3，串；16.并；17.4；18.L_2，0.26A，干路，2.4A，2.14A；19.略；20.（2）断开；（3）让实验结论具有普遍性；（4）在串联电路中电流处处相等。

第十五章　电压　电阻

二、知识要点

1.原因，电源，U，伏特，V，千伏，毫伏，10^3，10^{-3}；2.1.5，2，220，不高于36，3.7；3.①并；②"＋"，"－"；③不能，试触；④电源；4.等于，$U_1 + U_2$，相等；5.阻碍作用，R，欧姆，千欧，兆欧，10^3，10^6；6.材料，长度，横截面积，温度；7.（1）长度；（2）电流，电压；（3）②一上一下，下柱，小，大；③最大值。

三、云南中考真题分析

（一）云南怎么考

云南省2005年：20.（1）A，该材料制成的导体的电阻与它两端的电压无关；（2）电压，长度；（3）该材料制成的导体的电阻，与它两端的电压无关，与它的长度有关；云南省2007年：8.B；云南省2009年：21.（1）长度，横截面积；（2）电流表示数，小；（3）答案一：对，才能由铅笔芯两端电压和通过它的电流准确测出其阻值；答案二：不对，由电流表示数大小能够粗略判断铅笔芯电阻的大小。云南省2013年：8.C。

四、典例分析

例1.A；例2.左，BC（或BD）；例3.（1）AB，②；（2）小灯泡的亮度；（3）乙，小灯泡可以保护电路；例4.（1）断开；（2）L_1断路；（3）不能，电压表的正负接线柱接反了；（4）只有一次实验数据，得到的结论不具有普遍性；换用不同规格的小灯泡重复上述实验，多测几组数据。

五、课堂达标训练

1. 1.5，2，220，不高于36，3.7；2. C；3. 0.28A，1.4A，7V，1.4V；4. 2.4，3.6；5. 0~15，0~3，2.5；6. 3204，0~9999；7. B；8. D；9. 变小，变大，变小；10. D；11. D；12. A；13. 电流，减小；14.（1）杠杆；（2）滑动变阻器；（3）电流表；（4）减小，增大；（5）保护电路；15. 略；16. D；17. ①④；18.（1）略；（2）断开；（3）应选用0~15V进行试触，再选择合适的量程；（4）L_1断路；（5）换用不同规格的小灯泡重复上述实验，多测几组数据。

第十六章　欧姆定律

二、知识要点

1. 电阻，正比，电压，反比；2. 正比，反比；（1）正比；（2）反比；（3）正比；3. 之和，等于；4. 正比，反比；5. 导线，断路。

三、云南中考真题分析

（一）云南怎么考

云南省2005年：2. 36；25.（1）1210Ω；（2）100Ω；（3）导体的电阻与温度有关，如：把一灯泡的钨丝接入电路，保持电压不变，缓慢地给钨丝加热，观察加热前后电流表示数的变化进行比较。云南省2006年：18.（1）略；（2）正负接线柱接反了；接触不良；（3）当电阻一定时，导体中的电流与两端的电压成正比；24.（1）24Ω；（2）6V；（3）24Ω；云南省2007年：12. 0.4，小于；25.（1）电压表；限流或分压，保护电路；（2）R_1、R_2串联，电压表测得R_2的电压，当在A处放置重物时，弹簧被压缩，R_2的阻值发生变化，导致R_2的电压发生变化，则重量表指针发生偏转，从而显示出被称物体的重量；（3）9V；云南省2008年：4. D；14. 不发光，1.5；25.（1）略；（2）833.3N；（3）0.117W；云南省2009年：8. B；15. 0.6，21.6，小于；25.（1）电流越大，风力越大；（2）减小金属杆与圆弧电阻间的摩擦，使用灵敏度高的电流表；（3）168J；云南省2013年：8. C；16. 大，10；云南省2014年：17. 变暗，变大；22.（1）略；（2）11，滑动变阻器；（3）小，灯丝电阻受温度影响；云南省2015年：16. 1：1，小于。

四、典例分析

例1.（1）0.22A；（2）33V；（3）500，0，500；例2. D；例3.（1）①电流表正负接线柱接反了；②电压表没有测量定值电阻的电压；（2）略；（3）滑动变阻器，保持不变；（4）0.2，右；（5）电阻一定时，通过导体的电流与它两端的电压成正比；（6）滑动变阻器的最大值偏小；例4. B；例5.（1）略；（2）11，滑动变阻器；（3）大，灯丝电阻受温度影响；（4）右；（5）小灯泡断路；（6）不能；小灯泡的电阻是变化的，即不能满足电阻不变；（7）滑动变阻器的最大值偏小；例6.（1）B，电阻的温度变化引起电阻变化；（2）0.3，10；（3）6.25；例7.（1）6V；（2）0.45A；例8.（1）电压；（2）0.12A；（3）20。

五、课堂达标训练

1. 8，0.75，0，8；2. D；3. B；4. C；5. 增大，减小；6. 10，小；7. 20，40，4；8. 串，10；9. 6，5；10. 并，3，能；11. 3：2，3：5；12. 5，大，4；13. A；14.（1）断开，B；（2）20，0.2；（3）导体电阻一定时，通过导体的电流与导体两端的电压成正比；（4）A；（5）R_1断路，R_1短路；15.（1）①A，改变R的电压；②R断路；（2）①A；②5；③当电压一定时，电流与电阻成反比；（3）伏安法测电阻；16.（1）20Ω；（2）6V；（3）0.225W；17.（1）12V，60Ω；（2）6V；18.（1）4.5V，10Ω；（2）2.5Ω~10Ω。

第十七章　电功率

二、知识要点

1. UIt；2. 3.6×10^6；3. $W = n/N$；4. （1）快慢；（2）10^3；（3）电功，时间；（4）UI，I^2R，U^2/R；5. 正比，$P_1/P_2 = R_1/R_2$，反比，$P_1/P_2 = R_2/R_1$；6. 正常工作时，额定电压，$>$，$=$，$<$，实际功率；7. 内能；8. I^2Rt；9. 全部。

三、云南中考真题分析

（一）云南怎么考

云南省 2006 年：25.（1）88Ω；（2）触点 3、4；（3）1100W，略；云南省 2007 年：12. 0.4，小于；17. 931.6；18.（1）①滑动变阻器的接线柱接错；②电压表的正负接线柱接反了；（2）①小灯泡断路（或灯座接触不良）；②1.7，0.34；云南省 2008 年：16. 机械，720J；19.（1）略；（2）A；（3）1.2；小林的说法不正确，因为用电器在不同电压下的功率是不同的，求平均功率没有意义；云南省 2009 年：12. 变小，变暗；19.（1）断开，B；（2）电流，电压；（3）0.44，1.1；云南省 2013 年：22.（1）断开，A；（2）电压，0～3V；（3）0.5，变亮；云南省 2014 年：7. D；8. B；17. 变亮，变大；19. 746.8；25.（1）15Ω；（2）2000m；（3）12W；云南省 2015 年：8. C；14. 40；22.（1）略；（2）电压表量程选小了，B，保护电路；（3）1.52，变大；25.（1）12Ω；（2）S、S_1 都闭合时滑动变阻器被短路，则 $U_R = 0V$；（3）1.125W。

四、典例分析

例1.（1）电，内；（2）电，机械；（3）机械，电；（4）电，化学；例2.（1）478.2kW·h，561.6kW·h，83.4；（2）1.8×10^5，200；例3.（1）1.32×10^4J；（2）40W；（3）2kW；（4）25h；（5）4kW·h；（6）88W；（7）3A；（8）200W；（9）250W，1.5×10^4J；例4.（1）断开，最大值；（2）略；（3）0.5，变亮；（4）示数接近电源电压，示数为零；（5）滑动变阻器的最大值偏小；（6）大，小灯泡灯丝温度影响灯丝电阻；例5. A；例6. C；例7.（1）1.6W；（2）0.4；例8.（1）36J，0.6W；（2）4.05W，162J。

五、课堂达标训练

1. 1.44×10^6J，0.5，0.4，1500；2. B；3. 0.1，300；4. 0.05，0.66；5. 25，25；6. 2400，2400；7. C；8. B；9. B；10. A；11. A；12. 10；13. D；14. C；15. C；16. A；17.（1）电阻，多；（2）电流，多；（3）控制变量法，转化法；18.（1）没有断开开关，试触，保护电路；（2）bc 断路；（3）变大，变亮；19.（1）略；（2）小灯泡短路；（3）B，0.6；（4）25；20. 22W，11W，标有"PZ220-50"的灯更亮；21.（1）0.1A；（2）3V；（3）0.6W；（4）72J；22.（1）4.5V；（2）27Ω；（3）160J；23.（1）不能；（2）4A；（3）88W；24.（1）高档位，2.75A；（2）24200J；（3）134.4W。

第十八章　生活用电

二、知识要点

2. 火，零，220，220，试电笔，发光，零；3. 并，串，火线；4. 大，低；7. 短路，大。

三、云南中考真题分析

（一）云南怎么考

云南省 2005 年：7. 36，通电时间；云南省 2006 年：10. C；云南省 2013 年：2. B；云南省 2014 年：2. D；云南省 2015 年：6. C。

四、典例分析

例1. C；例2. B；例3. D；例4. B；例5. D。

五、课堂达标训练

1. 略；2. 略；3. B；4. D；5. B；6. A；7. C；8. B，C；9. D；10. D；11. D；12. C。

第十九章　电与磁

二、知识要点

1. 排斥，吸引；2. 电流或磁体；4. 北（N），力；5. 北（N），南（S）；6. 磁体，南，北，完全重合，沈括；7. 磁场；8. 右，电流，北（N）；9. 有无，大小，线圈匝数；10. 力，电流，磁感线，受力，电，机械；11. 闭合，切割，电流，机械，电。

三、云南中考真题分析

（一）云南怎么考

云南省2005年：4. 电磁感应，电；云南省2007年：3. C；云南省2009年：7. C；云南省2013年：15. 水平，发电；云南省2014年：15. 电动；云南省2015年：14. 动圈式话筒；19. 略。

四、典例分析

例1. 略；例2. A；例3.（1）吸引大头针的数目；（2）线圈匝数，电流越大；（3）1.4（或2.5或3.6），线圈匝数越多；例4. D；例5.（1）电流；（2）磁感线；（3）电，机械，电动机；例6. B。

五、课堂达标训练

1. C；2. C；3. B；4. D；5. D；6. D；7. 电流，电磁感应，机械能，电，发电机；8. 磁体，北，南，完全重合，沈括；9. 略；10. 奥斯特实验，通电导体周围存在着磁场，通电导体周围的磁场与电流方向有关；11. 偏转，切割，发电，机械，电；12.（1）增加，大，强；（2）甲，线圈匝数越多；（3）南（S）；（4）同名磁极相互排斥；13.（1）P向右滑动；（2）是接到"2"或"3"上；（3）取出铁芯A；14.（1）加热；（2）0.02W；（3）保护电路，调节温控箱的控制温度。

第二十章　信息的传递　能源与可持续发展

二、知识要点

2. 电流，不需要，真空；3. 3×10^8，10^3，10^6，λf；7. 电磁波，接收，发射；9. 3；10. 反射。

三、云南中考真题分析

（一）云南怎么考

云南省2005年：14. D；云南省2006年：13. D；云南省2008年：12. 电磁波，3×10^8；云南省2013年：10. 可再生；云南省2015年：9. 3×10^8。

四、典例分析

例1. 不需要，相等，3×10^8；例2. 电磁波，AM；例3. 石油，煤，电；例4. 原子弹，核电站，氢弹。

五、课堂达标训练

1. D；2. D；3. B；4. B；5. D；6. D；7. A；8. B；9. A；10. A；11. C；12. D；13. C；14. B；15. 音色，电磁波；16. 不可再生，不合理的；17. 电磁波，静止；18. 响度，音色，3×10^8，长；19. ①②③④；⑤⑥⑦；20. 裂变，聚变，核反应堆，核电站。